加強判解研究
推進司法改革

肖扬
二〇〇〇年
七月一日

2018 年第 3 辑

总第 85 辑

判解研究

中国人民大学民商事法律科学研究中心　主办

王利明 · 主编

人民法院出版社

图书在版编目(CIP)数据

判解研究. 2018年. 第3辑:总第85辑/王利明主编. —北京:人民法院出版社,2019. 2
ISBN 978-7-5109-2437-8

Ⅰ. ①判… Ⅱ. ①王… Ⅲ. ①判例-研究-中国-丛刊②法律解释-研究-中国-丛刊 Ⅳ. ①D920.5-55

中国版本图书馆CIP数据核字(2019)第028954号

判解研究
总第85辑(2018年第3辑)
中国人民大学民商事法律科学研究中心　主办
王利明　主编

责任编辑	兰丽专　陈晓璇　**执行编辑**　杨佳瑞
出版发行	人民法院出版社
地　　址	北京市东城区东交民巷27号　邮编　100745
电　　话	(010)67550520(责任编辑)　67550558(发行部查询) 65223667(读者服务部)
客服QQ	2092078039
网　　址	http://www.courtbook.com.cn
E-mail	courtpress@sohu.com
印　　刷	三河市国英印务有限公司
经　　销	新华书店
开　　本	787×1092毫米　1/16
字　　数	213千字
印　　张	14
版　　次	2019年2月第1版　　2019年2月第1次印刷
书　　号	ISBN 978-7-5109-2437-8
定　　价	50.00元

目录 CONTENTS

◇专论

商品局部欺诈与我国消法惩罚性赔偿数额计算标准存在问题之探讨
…………………………………………………………………… 马　强(1)

◇法官与学者论坛

向左还是向右:知识产权侵权责任入编民法典的进路抉择
…………………………………………… 朱森蛟　孙世光　张娟娟(13)

以房抵债裁判规则再思考
——从实证分析和比较法角度切入 ……………… 王伯文　李家兴(26)

执行调查中被执行人人格权谦抑保护
——基于实证和法益保护冲突的视角 …………… 田　强　崔析宗(39)

动态质押的物权法解释框架 …………………………… 李　岩　华雪薇(55)

论不动产抵押物转让的法律规制 ……………………………… 蒋子翘(73)

中国民法典分则编纂中的主要问题
——以韩国民法体系比较为中心 ………… [韩]金星洙,蒋晓华译(86)

◇法学专论

落实企业带薪年休假的地方司法探索与理论解构
——基于北京、上海相关劳动争议裁判文书的实证研究 … 曹　燕(113)

合同解除异议权的权利属性及运行规则研究 ………………… 章　扬(132)

知识产权诉讼中不当得利证明责任研究
——基于罗森伯格法律要件分类说的分析 …………………… 陈敏光(148)

◇案例评析

破产程序中税款滞纳金的性质与清偿 ………………………… 乔博娟(166)
“通知—取下”规则背景下权利人的滥用取下通知责任
——以美国 Lenz v. Universal Music Corp. 一案为分析对象
………………………………………………………………… 姜福晓(180)
债权准占有人相关法律问题研究 ……………………………… 魏启证(195)

◇编辑后语 …………………………………………………………… (213)

商品局部欺诈与我国消法惩罚性赔偿数额计算标准存在问题之探讨*

马　强**

一、据以研究的审判案例

2013年8月29日，原告陶雅莉从被告义乌宏通汽车销售服务有限公司处购买白色雪佛兰牌小型轿车一辆，价款为人民币114900元。原告交纳了车辆购置税损失11000元，保险费6298.21元，保证金3900元。2013年9月2日，原告驾驶该车发生交通事故。在原告发现汽车后保险杠油漆内层显露出旧漆后曾与被告交涉，但未果。据被告提供的估价单，修理右后叶子板所需费用为1000元（含工时费400元）。另查明，争议车辆已行驶3000余公里。

经原告申请，原审法院委托浙江省质量检测科学研

* 本文是作者主持的北京市社会科学基金项目“惩罚性赔偿规定适用问题研究与制度构建”（课题编号：16FXB018）的阶段性成果。

** 北京市高级人民法院副院长、民商法学博士、管理学博士后、对外经济贸易大学法学研究员、教育部重点科研基地中国人民大学民商事法律科学研究中心研究员。

究院对雪佛兰牌小型轿车刮擦部分是否进行过二次喷漆进行鉴定，鉴定结论为：该车的右后叶子板刮擦部分在2013年9月2日事故刮擦发生前应进行过二次油漆。

原告陶雅莉于2013年10月22日诉至原审法院，请求判令：(1)解除双方之间的买卖合同。(2)原告退回车辆，被告返还原告车价款114900元。(3)被告赔偿原告因购买车辆缴纳的车辆购置税损失11000元，保险费损失6298.21元，保证金损失3900元。(4)被告按照车价的3倍向原告支付赔偿金344700元。

原审法院认为，本案的争议焦点为：(1)关于法律适用，以法不溯及既往为原则，以溯及既往为例外。新《消费者权益保护法》施行后，因消费者购买日用生活消费品或者接受服务引起的民事纠纷，适用新《消费者权益保护法》的规定，新《消费者权益保护法》施行前成立的生活消费合同发生纠纷的，适用当时的法律规定。本案纠纷发生在新《消费者权益保护法》施行前，故应按当时的法律规定。(2)关于合同应否解除，本案原告购买的车辆虽存在二次油漆，但在原告发现后，尚继续行驶了3000余公里，这表明原告无解除合同之意；另一方面，该瑕疵不影响原告之合同目的，也未构成根本违约，并不符合《合同法》规定的合同解除之条件，双方应继续履行合同，故原告要求退回车辆，被告返还原告车价款114900元，被告赔偿原告因购买车辆缴纳的车辆购置税损失、保险费损失以及保证金损失的请求原审法院不予支持。(3)关于其他损失问题，因被告出卖的车辆进行过二次油漆，被告应承担相应的违约责任，对于原告因此受到的合理损失应予赔偿，即应赔偿原告对二次油漆部件的更换费用及误工等损失，原审法院酌定其损失为1万元。综上，依照《合同法》第94条、第113条，《消费者权益保护法》(1994年1月1日施行)第40条、第44条的规定，判决：被告义乌宏通汽车销售服务有限公司于本判决生效后10日内赔偿原告陶雅莉损失1万元；驳回原告陶雅莉的其他诉讼请求。

陶雅莉不服上述判决，提起上诉称：(1)被上诉人存在明显的、严重的欺骗和欺诈行为。对于这一重要的案件争议焦点一审未予审查，也未予表述认定。依据鉴定报告显示，鉴定部位明确存在售前二次喷漆的事实。被上诉人隐瞒了上述事实，而是按新车卖给我，在整个消费交易过程中及事后的处理过程中，均存在明显的、严重的欺诈消费者的行为和事实；

(2) 无论是修改前还是修改后的《消费者权益保护法》均规定：经营者提供商品有欺诈行为的，应当按照消费者的要求增加赔偿其受到的损失，增加赔偿金额为消费者购买商品的价款的1倍（修改后为3倍）。立法为何趋向严厉？就是要提倡诚信守法经营，保护消费者合法权益。综上，请求二审法院撤销原判，改判被上诉人存在欺诈行为并支持上诉人一审诉讼请求。

被上诉人义乌宏通汽车销售服务有限公司答辩如下：(1) 上诉人一审诉讼请求为解除购车合同、赔偿其购车损失，并未要求一审法院确认被上诉人是否存在欺诈。一审法院对于上诉人提供的所有诉讼请求都进行了审查和辩论，在一审判决书及庭审中均有结论。一审中，上诉人要求被上诉人依据《消费者权益保护法》第49条规定退一赔一，但事实上，被上诉人提供给上诉人的车辆为未销售过的新车，该车既没有被使用过，也没有被修理过。对于一审中出现的鉴定报告，被上诉人已在一审庭审过程中对该鉴定报告的鉴定部位及喷漆时间提出过异议，该车在事故后、鉴定前一直由上诉人使用，无法证明鉴定时车辆喷漆处没有被改变。(2) 鉴定报告中陈述该位置有喷漆事实，但无法确定喷漆时间，说明该喷漆可能发生在出厂前，也可能发生于上诉人购车后。并不能因此证明该油漆为被上诉人所为。被上诉人将车卖给上诉人时，对此情况并不知情，绝无故意欺诈之行为。一审法院依据查明的事实，认定了被上诉人的行为并不构成欺诈。因此，不适用《消费者权益保护法》第49条规定，无须对上诉人承担欺诈责任，而应适用《消费者权益保护法》第44条及《合同法》之规定，承担违约责任。

二审法院经审理认定的事实与原审法院认定的事实一致。

二审法院认为：本案的争议焦点在于：(1) 被上诉人出售上诉人的车辆是否构成销售欺诈；(2) 如何认定被上诉人应负的法律责任。

关于焦点一，从本案证据看，上诉人于2013年8月30日向被上诉人购置雪佛兰牌轿车一辆，同年9月2日发生交通事故。发现汽车油漆内层显露出旧漆。后经原审法院委托浙江省质量检测科学研究院鉴定，鉴定报告结论为该车的右叶子板刮擦部分在2013年9月2日事故刮擦发生前应进行过二次油漆。上诉人从购车到发生交通事故历时仅3天，而鉴定报告确认事故车辆在事故发生前就发生过二次油漆，故可排除第二次涂漆系上诉人所为。被上诉人在上诉人购车时未告知其车辆存在瑕疵的事实，虽然车辆瑕疵的仅为漆面，并不影响车辆的正常使用，但对于消费者而言，如其知情，将对是否购买该车的决策产生影响。本案中，被上诉人不向上诉人告知此信息，属于隐瞒产品事实真相，其行为符合民法中欺诈的特点。该车辆瑕疵在车辆的外表，瑕疵范围不大，被上诉人的欺诈范围在争议标的物的局部，故构成局部欺诈。关于焦点二，虽然上诉人发现所购车辆存在二次油漆的情况，仍继续使用事故车辆，但这不能作为被上诉人免责或减轻责任的事由。如前所述，被上诉人在本案车辆交易过程中存在局部欺诈，按照《消费者权益保护法》（1994年1月1日施行）第49条规定，经营者提供商品或者服务有欺诈行为的，应当按照消费者的要求增加赔偿其受到的损失，增加赔偿的金额为消费者购买商品的价款或者接受服务的费用的1倍。法院适用该法的惩罚性原则的同时，还考虑到民法的公平原则，酌定由被上诉人赔偿上诉人6万元人民币。综上，原审法院认定事实清楚，对本案合同是否解除的分析意见成立，但实体处理欠当，应予纠正；上诉人要求按《消费者权益保护法》（1994年1月1日施行）第49条追究被上诉人的民事责任的部分上诉理由成立，予以支持，其他上诉理由与事实法律不符，该部分上诉请求不予支持。依照《合同法》第113条，《消费者权益保护法》第40条、第49条，《民事诉讼法》第170条第1款第（2）项之规定，判决如下：撤销浙江省义乌市人民法院（2013）金义商初字第2885号民事判决；由被上诉人义乌宏通汽车销售服务有限公司于本判决生效后10日内赔偿上诉人经济损失人民币6万元；驳回上诉人陶雅莉的其他诉讼请求。①

二、问题的提出

本案一、二审法院作出了截然不同的判决，详言之，一、二审法院分歧意见在于被告义乌宏通汽车销售服务有限公司（以下简称销售公司）没有告知陶雅莉所购买的汽车事前经过两次喷漆的行为是否构成欺诈。一审中，原告虽然没有直接指明被告的行为构成欺诈，但其诉讼请求第四项要求惩罚性赔偿显然是以被告行为构成欺诈为前提的，一审法院则从合同是

---

① 参见浙江省金华市中级人民法院（2014）浙金商终字第1726号民事判决书。

否解除出发，判令被告承担1万元的违约责任，没有认定被告的行为构成欺诈，进而驳回了原告要求惩罚性赔偿的诉讼请求。二审法院则认定被告的行为构成欺诈，但并非整车全部构成欺诈，而是局部欺诈，遵循这一裁判思路，在惩罚性赔偿的数额上，没有按照1994年《消费者权益保护法》第49条的规定，支付车价款2倍的惩罚性赔偿金，而是酌定赔偿6万元。此案在消费者权益保护领域提出了局部欺诈的问题，这也是近年来审判实践中出现的一个新问题：对《消费者权益保护法》所规定的欺诈，能否量化，将其区分为全部欺诈和局部欺诈？近年来，消费者购买商品的数额越来越大，随着汽车等大额商品惩罚性赔偿问题的出现，法官们遇到了一个颇为棘手的问题，对于动辄数十万元甚至上百万元的汽车，能不能不分经营者欺诈的情节、程度，一律适用消法惩罚性赔偿标准，判令经营者承担汽车价款3倍的赔偿金？实际上，这折射出消费者权益保护法中一个十分重要的问题：目前立法中惩罚性赔偿数额的刚性计算标准，适用于全部惩罚性赔偿案件中是否妥适？有无修改之必要？

三、局部欺诈问题探讨

严格意义上讲，局部欺诈并非法律术语，乃是近些年审判实践中法官审理具体案件时约定俗成的用语。局部系相对于全部或整体而言，按照汉语词典的解释，局部是指一部分，非全体。① 局部欺诈，就是指经营者销售给消费者的产品在整体上没有进行欺诈，但是在产品的局部或者部分上存在欺诈行为，给消费者合法权益造成损害的行为。② 现实生活中，经营者销售给消费者的商品林林总总，有的浑然一体，局部和整体不可区分，或者区分也无任何意义，如衣服和纽扣，地板等；有的则可分为若干的独立部分，特别是许多商品实际是由若干个零部件组合而成，如汽车，其是由发动机、车轮、车身、挡风玻璃等若干零部件组成。当商品的局部和整体合为一体不可分时，对欺诈进行整体或局部的区分没有实际意义，经营者实施的欺诈行为就是对整个商品实施的欺诈。但是，当商品的各个组成

---

① 中国社会科学院语言研究所词典编辑室编：《现代汉语词典》（第6版），商务印书馆2012年版，第700页。

② 上海市浦东新区人民法院编：《判案研究》，2017年第2期，第40页。

部分是独立的、可分的，如果经营者故意隐瞒其中一个部件的缺陷，此时区分整体欺诈还是局部欺诈，对经营者惩罚性赔偿责任的承担具有重要的意义。

局部欺诈的构成条件如下：

（一）商品的局部存有缺陷

在局部欺诈情形中，商品只是在局部存有缺陷，具体言之就是某一个零部件或者某一个组成部分存有缺陷。例如，本案诉争的汽车，单从汽车性能的发挥看，整车并不存在问题，不影响汽车的正常行驶，仅是外观存在两次喷漆的情形。但经营者故意隐瞒销售前该车被两次喷漆的这一事实，构成对喷漆事件的欺诈。

确定局部缺陷的范围是认定局部欺诈的关键。具体计算方法是缺陷部分的范围或价格与整个商品或价格的比例。只有当缺陷部分所占比例较小时，才可以认定为局部缺陷。至于何谓比例较小，并没有确定的标准，而是由法官根据案件的具体情况酌定。实务界的一种通说认为，可以参考《最高人民法院关于审理商品房买卖合同纠纷案件适用法律若干问题的解释》第14条关于商品房面积误差比绝对值的规定设定界定值。瑕疵部分价格不超过商品总价的3%的，可认定为局部瑕疵。

（二）局部欺诈不会影响商品整体功能，但对商品的价值有所减损

商品虽然局部存有缺陷，但该缺陷的存在不会降低商品整体的质量，也不会影响商品功能的正常发挥，换言之，纵然商品存在局部缺陷，但商品整体上并不存在质量问题，商品整体功能正常。局部缺陷所影响的是商品的价值。按照物有所值的原理，由于缺陷的存在，商品的价值必然有所减损，无法与没有缺陷商品的价值相等。在市场上，缺陷商品一般都要降价出售或者打折销售。如果在消费者不知情的情况下仍然以正常商品价格销售，则损害了消费者的利益。此外，缺陷的存在还会影响消费者购买该商品的主观意愿，进而影响消费者消费选择权的行使。本案中，诉争车进辆进行过二次喷漆，但相对于整车而言，喷漆仅是局部缺陷，可能影响车辆的美观，也可能会对原告是否会购买一辆经过二次喷漆汽车的消费意愿带来影响，但不影响车辆性能的发挥和整车的品质。

局部缺陷是否影响到商品的整体质量和性能，还可以通过缺陷在整个

商品中的位置来判断。商品的构成按其重要性可分为核心部位和非核心部位。通常情况下，核心部位决定着商品的性能，如果局部缺陷存在于商品的核心部位，就可能会影响到商品整体质量和性能。对于影响到商品整体质量和性能的，尽管缺陷很小，但也不宜认定为局部欺诈，而应按照整体欺诈处理。以汽车为例，发动机是汽车的核心部件，关系汽车的正常运行，如果经营者在发动机上造假，则应当按照整车欺诈处理。当然，这一点并不是绝对的，有时候缺陷虽然存在于非核心部位，但也可能会影响整体质量和性能，与此情形，仍然要按照整体欺诈处理。

（三）经营者对于商品的局部缺陷具有故意的主观心理状态

这种心理状态是指经营者明知该缺陷的存在但刻意隐瞒，不告知消费者，致使消费者作出错误判断与经营者进行了交易。值得探讨的是，商品确实存在局部缺陷，经营者没有刻意隐瞒，但是也没有主动说明真实情况，能否认定为欺诈？我们认为，回归欺诈的定义，按照《消费者权益保护法》的规定，经营者如实向消费者披露商品的相关信息是其法定义务，必须履行。应当告知而未告知，属于刻意隐瞒，主观上系故意为之，也应当认定为欺诈。

当经营者的行为符合上述条件时，构成局部欺诈，应当按照局部占整体的比例承担惩罚性赔偿责任。在计算缺陷部分的价格或者价值时，应当特别注意局部和整体的关系，不能仅仅以欺诈部分的具体价格计算，而应当确定这种局部欺诈对于产品整体的价值的关系。

虽然都是三倍惩罚性赔偿，但局部欺诈案件与整体欺诈案件在处理上有所区别：对于整体欺诈案件，只要消费者请求撤销买卖合同，法院一般都支持其诉讼请求，在此基础上，实行三倍赔偿；对于局部欺诈案件，尽管消费者同样会请求撤销买卖合同，但由于欺诈不影响商品的整体质量和性能的正常发挥，合同继续履行不影响双方当事人的利益，因此，法官一般不判令撤销合同，而是仅对局部欺诈部分判处三倍的惩罚性赔偿。

四、我国法律应否承认局部欺诈

——对我国消法惩罚性赔偿数额确定标准的思考

局部欺诈纯粹是审判实践的产物，并非来自法律的明确规定。对局部欺诈的判决，理论界和实务界存有不同的看法，有支持和否定之说，消费者和经营者对此也意见分歧至巨：消费者认为，既然经营者的行为构成欺诈，就应当按照《消费者权益保护法》的规定，予以商品整体价格3倍的惩罚性赔偿；经营者则认为，许多商品都是价值较大的产品，即使存在欺诈，也不是对整个产品的欺诈，而仅仅是在产品的部分进行了不实事求是的说明，构成局部欺诈，不应当承担整体的欺诈责任，否则，赔偿责任过重。

我们认为，无论从概念的提出，到构成条件的证成，局部欺诈都有其不成熟的一面，有待结合具体案件的处理完善深化。但就目前我国立法现状考察，提出局部欺诈的概念并据此作出判决，确实反映出法官坚持问题导向、衡平双方利益解决争议的良苦用心，在当前，作此处理也确实有其合理性。

首先，从定性上看，《消费者权益保护法》规定的惩罚性赔偿责任，以经营者的行为构成欺诈为承担前提，在现行法律并没有将欺诈区分为整体欺诈和局部欺诈的情况下，即使是局部欺诈，也属于欺诈的一种，经营者也应当承担欺诈的责任。如果不追究经营者的局部欺诈责任，不仅会对消费者的权利造成损害，而且也放纵了经营者，使其逃避了应当承担的法律责任。

其次，主张构成商品欺诈就应当对整个商品的价格进行惩罚性赔偿，实行三倍赔偿的意见，有悖民法的公平原则。经营者仅仅是在商品的局部存在欺诈，就对整个商品进行三倍赔偿，不能体现民事责任的公平性。虽然惩罚性赔偿具有惩罚性，但此种责任也必须建立在衡平双方当事人利益的前提下，对欺诈行为的制裁，也应当适度，惩罚性赔偿本身就具有惩罚性，过度的惩罚将使经营者的行为与承受的后果显著失衡，不利于企业生存。

当然，我们在承认局部欺诈的正当性、合理性的同时，也必须承认局部欺诈在法律上尚缺少依据。实践中创设局部欺诈的概念，其根本目的在于解决罚当其责的问题；换言之，实施了不同程度的欺诈，与之相对应的，经营者应当承担与欺诈程度相对应的惩罚性赔偿责任。以汽车为例，同样都是进口宝马汽车，汽车挡风玻璃欺诈和汽车发动机欺诈，其承担的惩罚性赔偿金的额度应当是不同的。在目前《消费者权益保护法》第55条第1款规定的情形下，两者承担的都是汽车价款的3倍的惩罚性赔偿金，这种采用倍数标准的模式，虽然便于法官直接计算惩罚性赔偿金额，但是却过于客观，缺乏灵活性，操作起来过于僵硬，没有考虑各种案件的具体情节。现实中法官发明了局部欺诈的概念，就是为了解决惩罚性赔偿金额过于僵化的问题，实为无奈之举，不得已为之。计算惩罚性赔偿数额时，不应只运用简单而又现成的数学公式，让任何人都可以根据实际损害的多少计算出惩罚性赔偿的数额，而应当赋予法官一定的自由裁量权，由法官根据案件的具体情形，综合各方面因素来确定惩罚性赔偿数额。

惩罚性赔偿制度的核心问题之一是赔偿金额，确定合理的赔偿金额直接关系到这一制度的实施效果。如果赔偿金额过低，难以起到遏制的作用。如果赔偿金额过高，将使过错与责任之间失去平衡，如果客观上超出了企业的赔偿能力，即使法律有所规定也难以执行。此外，在宏观上也有可能不利于我国经济的发展。①

从规定惩罚性赔偿制度的国家的法律考察，在确定惩罚性赔偿金的数额标准问题上，存在着三种立法模式：

（一）无数额限制模式

即没有统一的计算标准，由法官或陪审团根据个案自由裁量。有的国家如英国，在采取无数额限制模式的同时，规定如果惩罚性赔偿金过高，上诉审法院有权撤销，根据案情另行决定赔偿的数额。②

（二）弹性金额模式

即法律对于惩罚性赔偿金规定一定的限制，允许法官或陪审团在规定的范围内自由裁量，此制以美国为代表。弹性金额模式有两种方式：

---

① 全国人大常委会法制工作委员会民法室编：《消费者权益保护法立法背景与观点全集》，法律出版社2013年版，第301页。

② 张晓梅：《中国惩罚性赔偿制度的反思与重构》，上海交通大学出版社2015年版，第71页。

一种是直接规定惩罚性赔偿金的最高数额。如美国弗吉尼亚州规定，惩罚性赔偿金不得超过35万美元，德克萨斯州规定不得超过2倍财产上的损害额或25万美元，加上低于75万美元的非财产上的损害赔偿。① 我国台湾地区“消费者保护法”第51条规定：依本法规定所提之诉讼，因企业经营者的故意所致之损害，消费者请求损害额三倍以下之惩罚性赔偿金；但因过失所致之损害，得请求损害额一倍以下之惩罚性赔偿金。即便美国有些州对惩罚性赔偿数额有上限规定，但同时规定，法官在特定情形下，可以不受上限规定的限制。例如，被告不法行为显然恶性重大，或被告继续为不法行为，或原告提出明白而有说服力的证据等，以免因限定过于严苛而丧失惩罚性赔偿制度的功能。② 我国《消费者权益保护法》第55条第2款规定的“所受损失二倍以内的”惩罚性赔偿也采取了这种模式，只不过该款适用于侵权的惩罚性赔偿，对于违约的惩罚性赔偿，则采取的是该条第1款固定数额模式。

另一种是同时规定惩罚性赔偿金的上下限。即法律对某一行为应判决的惩罚性赔偿金既规定了最低限额，又规定了最高限额，法官或陪审团只能在规定的上下限幅度内确定惩罚性赔偿金的数额。例如，我国台湾地区“公平交易法”第32条规定，法院因前条被害人之请求，如已为事业之故意行为，得依侵害情节，酌定损害额以上之赔偿。但不得超过已证明损害额之三倍。

（三）固定金额模式

即法律直接规定统一的惩罚性赔偿金额或计算标准，裁判者只需要根据法律规定的金额或规定的计算标准计算金额进行判决，不需要也不允许裁判者根据自己的主观判断或者案件的具体情况作出调整。在美国的制定法中基本采取这一模式。例如，根据《美国谢尔曼法》，无论损害大小，一律给予损害额的3倍赔偿。

反观我国，现行法上的惩罚性赔偿金数额的计算标准有两种模式：一种是固定金额模式，有明确的计算标准，《消费者权益保护法》第55条即属于此例，惩罚性赔偿金是商品价款的3倍；另一种是无数额限制模式，

---

① 王利明：《美国惩罚性赔偿制度研究》，载《比较法研究》2003年第5期。

② 陈聪富：《侵权归责原则与损害赔偿》，北京大学出版社2005年版，第282页。

只是在条文中笼统地表示受害者可以要求惩罚性赔偿，《侵权责任法》关于恶意产品侵权的惩罚性赔偿规定即属于此例。

固定金额模式的优点是计算简单，不受裁判者主观因素的影响，也很少引起争议，但缺点是计算标准过于僵化，容易导致当事人双方利益的失衡，当消费者购买的标的物是家电、服装、鞋帽等单价不大的商品时，因其价格不高，往往不至于使消费者的损失与经营者的三倍赔偿数额之间相差悬殊，惩罚性赔偿金的数额基本不会失衡，但是，如果消费者购买的是汽车等价格较高的商品，按照车价款的三倍赔偿，则会导致双方当事人利益的严重失衡。此外，这种计算方式，虽然简单易行，但根本不考虑经营者欺诈行为的主观恶性程度，完全限制了法官的自由裁量权，一律适用三倍惩罚性赔偿，确实容易产生过罚不当的问题，前引案例即暴露了这个问题。也正是因为固定模式存在的上述缺点，法官为在具体案件中衡平各方利益，才创造出局部欺诈的概念。

我国目前法律规定的无数额限制模式，其优点是能够有效地针对各种不法行为判处适当的惩罚性赔偿金，从而更好地达到惩罚和制裁不法行为的效果，但由于对其没有最高限额的限制，将惩罚性赔偿额的确定完全交由法官自由裁量，没有任何参照标准，会不会产生过高的惩罚性赔偿金，造成对经营者的过度惩罚，不得不引起重视。况且无数额限制模式在我国仅适用于侵权行为的惩罚性赔偿，对于合同则不适用。

比较而言，弹性金额模式既避免了固定数额模式和无数额限制模式的缺点，又在一定程度上保留了这两种模式的优点，更易于实现惩罚性赔偿制度的遏制、制裁、惩罚的功能，更能平衡双方当事人的利益，我国立法应当采取这一模式。具体言之，未来立法可以考虑将惩罚性额赔偿金的基准确定为一个弹性标准，即以补偿性赔偿金或者商品价格的 4 倍以下来确定惩罚性赔偿金，由法官根据具体案件中经营者行为造成的损害、经营者的主观恶意程度等因素综合考量确定惩罚性赔偿金的数额，以前引案例为例，虽然经营者的行为构成欺诈，但其仅仅是隐瞒了车辆二次喷漆的事实，对车辆的正常使用并无影响，故可以推定其主观恶性是轻微的，可以在车价款的 4 倍以内确定较低的惩罚性赔偿金的数额，这样，就可以避免法官造法，将欺诈分为局部欺诈与整体欺诈。

我们之所以建议采取弹性数额模式中仅规定惩罚性赔偿金上限的方

式，主要是考虑我国的惩罚性赔偿制度适用范围非常广泛，不仅适用于小额商品的购买，也适用于大额商品的购买，如果采取既规定下限又规定上限的模式，难免还会发生固定数额模式下产生的弊端，仍然会造成当事人双方利益的严重失衡。我们仍以前引案例为例，假设我们规定惩罚性赔偿金的额度为商品价款的1倍到4倍，本案诉争汽车的价款为12万元，即使以1倍计算，被告尚需支付12万元的惩罚性赔偿金，因为二次喷漆就支付12万元赔偿金，依然过高。相反，取消了最低数额限制，可以赋予法官以自由裁量权，根据案件的性质，具体确定数额。

我们之所以建议以消费者所受损害或所购买商品的价格为基数计算惩罚性赔偿金，理由在于，我国的惩罚性赔偿制度与其他国家主要适用于侵权领域的情况不同，而是广泛适用于合同领域，最为典型的是买卖合同、网络购物合同和服务合同，就这些合同的签订与履行而言，很难造成消费者的直接损害。如果以损害作为基数，将会使大量的合同纠纷无法适用惩罚性赔偿，这与我国消法的立法宗旨是不相适应的。有鉴于此，我们建议以损害或商品的价格作为确定惩罚性赔偿金的基数，这就会使惩罚性赔偿制度涵盖侵权和合同领域，对于侵权行为产生的惩罚性赔偿，以损害结果作为计算惩罚性赔偿金的基数，对于合同所产生的惩罚性赔偿，则以商品的价格作为计算惩罚性赔偿的基数。判

（本文仅代表作者本人观点）

向左还是向右：知识产权侵权责任入编民法典的进路抉择

朱森蛟[*]　孙世光[**]　张娟娟[***]

一、问题的引出：知识产权侵权纠纷审理的难点

A 公司为一家生产原料药的企业，研发出某种药物中间体，因此获得该药物中间体的生产方法、工艺及根据该生产方法和工艺而制定的专用设备所组成的商业秘密，成为该商业秘密的权利人。甲曾在 A 公司任职多年且实际接触到前述商业秘密。2008 年，B 公司从甲处购得整套技术资料，甲使用化名至 B 公司工作。2011 年，B 公司股东成立 C 公司，前述项目移至 C 公司，甲至 C 公司任职。2015 年，B、C 公司及甲被一审法院以侵犯商业秘密罪判处刑罚，二审法院维持原判。C 公司在刑事案件发生乃至刑事判决生效后仍有大规模销售药物中间体的行为。

2014 年 12 月，A 公司以侵害商业秘密为由将 B、C

* 浙江省新昌县人民法院党组书记、代院长。
** 浙江省绍兴市中级人民法院金融庭副庭长。
*** 浙江省新昌县人民法院民二庭副庭长。

公司及甲诉至法院，要求判令三被告立即停止侵害商业秘密的行为，并赔偿经济损失5000万元及为制止侵权行为所支出的合理开支100万元。2017年1月，法院对该案作出一审判决，判决三被告立即停止侵害A公司商业秘密的行为；C公司赔偿A公司经济损失3500万元，并赔偿A公司因维权支付的合理费用22万元，B公司与甲承担连带赔偿责任。2018年6月，法院对该案作出二审判决，维持原判。至此，A公司的商业秘密被侵权已历经十年之久。A公司为维护自身所享有的商业秘密权利，花费了大量的成本，在诉讼过程中仍然遭遇举证难、保护难等问题。如何防止"二次泄密"、各被告主体是否适格及是否构成侵权；如构成侵权，相应的民事责任该如何承担，均系法院审理的难点。

商业秘密系知识产权法律规范所保护的客体，我国对商业秘密采取以《反不正当竞争法》保护为主的模式，但该立法模式忽略了商业秘密的私权属性。虽然司法实践中商业秘密类案件的审理可参照《专利法》《著作权法》的相关规定，但仍无法涵盖商业秘密的保护。我国现行知识产权立法缺乏统一的法律责任制度，民法的基础性地位在知识产权立法体系中未能充分体现，由此造成现阶段知识产权侵权纠纷案件审理难的困局。目前法律供给不足主要表现在：一是法律体系分散不统一，管理上多头、失衡。二是相关制度规范不明确，如现行侵权责任法虽然明确了知识产权系受其保护的民事权益，但未明确知识产权侵权系一般侵权亦或特殊侵权。三是证据规则规定较为笼统，未明确证明责任分担，由此导致原告在诉讼中遭遇举证难的困境。知识产权侵权案件审理过程，也是法官不断找法的过程，司法系统实现有效救济的能力拓展和策略安排明显无力。

我国《民法总则》第五章第123条将知识产权作为一项基本民事权利予以确认，① 标志着我国民法典概括地接纳了知识产权，迈出了我国知识

---

① 《民法总则》第123条规定："民事主体依法享有知识产权。知识产权是权利人依法就下列客体享有的专有的权利：（一）作品；（二）发明、实用新型、外观设计；（三）商标；（四）地理标志；（五）商业秘密；（六）集成电路布图设计；（七）植物新品种；（八）法律规定的其他客体。"

产权法典化的第一步。[1] 目前，民法分则各编的制订正紧锣密鼓进行，在民法分则中编撰知识产权编已成为当今世界民法典编纂发展的趋势，且为我国多数学者所主张。[2] 但关于知识产权侵权行为应选择何种进路，系放入知识产权编，抑或放入侵权责任编，如何使民法典成为商业秘密等知识产权保护的基本法律，如何将民法的救济手段运用到知识产权保护中，这些都值得深入思考和努力探索。

二、逻辑起点：传统侵权话语体系保障知识产权的兼容性阐释

（一）知识产权侵权的法律特质

侵害知识产权与传统侵权所需承担的民事责任形式大体相同，但其仍具有自身的法律特质。

1. 行为违法性

知识产权侵权是行为人未经法律规定或未经权利人许可，侵害了他人受国家强制力保护的专有权利，其行为为法律所禁止。[3] 我国现行知识产权法律规范通过列举式明确了知识产权侵权行为类型。《反不正当竞争法》第9条第1款和第2款即通过列举明确规定了侵犯商业秘密的行为："经营者不得实施下列侵犯商业秘密的行为：（一）以盗窃、贿赂、欺诈、胁迫或者其他不正当手段获取权利人的商业秘密；（二）披露、使用或者允许他人使用以前项手段获取的权利人的商业秘密；（三）违反约定或者违反权利人有关保守商业秘密的要求，披露、使用或者允许他人使用其所掌握

---

① 吴汉东教授指出，中国知识产权法的法典化道路，宜采取"两步走"：第一步，在民法典中设"知识产权编"，实现知识产权作为私权的理性回归。第二步，制定专门法典，实行知识产权法一体化、体系化的理性安排。吴汉东：《民法法典在运动中的知识产权法》，载《中国法学》2016年第4期。

② 相关论述可见吴汉东：《民法法典化运动中的知识产权法》，载《中国法学》2016年第4期；吴汉东：《知识产权应在未来民法典中独立成编》，载《知识产权》2016年第12期；李琛：《论中国民法典设立知识产权编的必要性》，载《苏州大学学报（法学版）》2015年第4期；邓社民：《我国民法典分则编纂中的知识产权立法构想》，载《法学评论》2017年第5期；浩然、麻锐：《知识产权的解构与我国民法典立法体例结构》，载《河南社会科学》2014年第5期。

③ 孙玉红：《论知识产权侵权归责原则》，载《河北法学》2006年2期。

的商业秘密。第三人明知或者应知商业秘密权利人的员工、前员工或者其他单位、个人实施前款所列违法行为，仍获取、披露、使用或者允许他人使用该商业秘密的，视为侵犯商业秘密。”该条款明确了上述行为系法律所禁止的“违法行为”。可见，行为违法性是知识产权侵权行为的首要条件，缺乏这一要件则不能被认定为侵害知识产权。在上述民事案件审理中，法官在判断被告行为是否构成侵犯商业秘密时，即将B、C公司及甲的行为对照前述侵犯商业秘密的认定进行判断，最终认定B、C、甲实施了侵害A公司商业秘密的行为。

2. 停止侵害适用无过错责任

知识产权具有无形性、隐蔽性特点，无法像对物一样实体占有，如若要求权利人证明侵权人主观上存在过错且造成损害，才得以行使停止侵害请求权，则可能造成损害后果的不可逆转。因此，知识产权的停止侵害不要求侵权人存在主观过错，只要侵权人实施了某种侵害行为或有发生侵害的危险，权利人即可行使不作为请求权，要求侵权人承担停止损害、排除妨害、消除危险等民事责任。另外，知识产权的停止侵害不单单意味着侵权人要停止本次侵权，更意味着侵权人今后将不得再侵权。一旦向侵权人发出停止侵害的禁令，该禁令将是永久性的。可见，知识产权的停止侵权对侵权人的影响更为深远。

3. 损害赔偿适用过错推定

知识产权损害赔偿请求权的构成要件包括损害事实的发生、侵权行为的违法性、侵权行为与损害事实之间具有因果关系和行为人的主观过错四个方面。① 可见，在损害赔偿方面，知识产权需要以行为人过错为要件。侵权人以其自身的过错行为为限承担损害赔偿责任，如此，既可“填平”权利人所遭受的损失，又可将该赔偿数额限制在合理范围内。侵权人的主观过错仍然较难以证明，法律规范通过对举证责任规则作出调整达到利益的平衡，即适用过错推定原则，采用举证责任倒置。当损害结果发生时，知识产权权利人只要证明因侵权人的行为给其权利造成了损害的事实，而侵权人此时又无法证明其无过错，便可推定侵权人对损害事实的发生存有

---

① 欧修平、李嵘：《论知识产权侵权行为与民事责任的关系》，载《科技与法律》2009年第3期。

过错，要求侵权人承担损害赔偿责任。需要注意的是，过错推定系一种特殊形式的过错责任，适用应以法律名明文规定为限。

4. 预防性责任的扩容

知识产权保护中预防性责任强调的是预防和补偿的司法实效，不要求权利人的权利遭受事实上的破坏，只要能依据常识推断出侵权行为可能影响到其权利的圆满状态时，即便并未造成实质损害，也可向司法机关寻求保护，行使不作为请求权。这种特质有利于将知识产权面临的潜在危机扼杀在初始状态，防止发生难以弥补的损害。另外，知识产权的排除妨碍将行为扩展到了侵权的工具，如要求法院判令销毁侵权人的原料及生产设备，也是预防性责任扩容的体现。在上述民事案件中，A 公司即有权向法院诉请要求判令 B、C 公司、甲立即销毁生产、实验设备及其掌握的载有 A 商业秘密信息的图纸、技术文档。

（二）传统侵权话语体系保障知识产权的兼容性

尽管与传统民事侵权行为相比，知识产权侵权在构成要件、归责原则、损害赔偿上具有特殊性，但知识产权侵权与传统民事侵权法律制度更具有兼容性。

1. 权利性质的契合性：内融公权的私权

知识产权法律规范有大量行政命令式制度手段，离不开国家强制力的干预。但本质上知识产权属于新型的无形财产权，其权益保护及侵权行为的判定涉及产权确认、利益归属、权利人利益保护等问题。因此，从本质上看知识产权是一种私权利，是一种内融公权的私权利，是民事权利的重要内容。侵权责任法明确了对民事权益的保护，可见，知识产权的权益属性与侵权法语境所保护的对象是相契合的。

2. 制度创新的同步性：传统侵权法的开放性回应

法律的开放性是与封闭性相对应的，是指法律能够容纳全部现实社会的需求并能适应法律自身不断发展需要的特性。① 知识产权因其客体的无形性，造就了其在保护方式上的特殊性。侵权法律制度是一个开放的、与时俱进的制度体系，具有进化、适应的内在属性。我国现行《侵权责任

---

① 麻昌华：《〈侵权责任法〉的解释论与立法论》，载《法商研究》2010 年第 6 期。

法》第2条①采取了列举式规定了其所保护的客体范围，用“等”字对其他民事权利和权益作了兜底说明。随着社会的进步，侵权法律制度也在不断对新事物的回应中完善和成长，适应时代发展的需要，所保护的民事权利范围将继续逐步扩大。因此，开放的知识侵权法律体系会再次实现自身的超越，采用适宜手段给予发展着的知识产权以保护。

3. 适用价值的补充性：对侵权行为的全方位规范

我国现行知识产权制度各单行法尚不能完全实现自给自足，权利保护、侵权认定、责任承担等方面仍需以民法的基本精神和基本原理为参考和指引。侵权责任法律制度的补充适用价值可以发挥其对知识产权侵权行为的整体规范作用，为知识产权侵权保护提供制度框架，必要时法官在审理案件时可直接援引《侵权责任法》的具体规范。如《反不正当竞争法》第17条第3款系对侵犯商业秘密民事责任的规定，仅规定了侵权人承担损害赔偿的民事责任。然而在司法实践中，当事人就侵权行为所提出的诉讼请求除了赔偿损失之外，还要求侵权人立即停止侵权行为。前述案例中，A公司即提出了停止侵害请求权，且此时停止侵害显然比赔偿损失的救济手段更为重要。此时，援引关于《侵权责任法》的一般规定就具有重要的指引和补充作用。

三、分析进路：知识产权侵权责任的两种立法模式及依据

关于知识产权侵权责任在民法分则中的编排体例，有两种模式可供选择：一种是在知识产权编中创设知识产权请求权；另外一种是沿用现有的侵权责任保护模式，即将知识产权侵权纳入民法分则的侵权责任编中。

（一）知识产权编模式

知识产权具有排他性、绝对性、支配性等与物权相类似的特性。有学者认为，知识产权在效力上存在“物上请求权”。为排斥他人对物权进行不法侵占或毁损，物权请求权设置了返还原物、恢复原状、排除妨害、消除危险等保护方法。知识产权侵权人无需通过实体控制即可实现“占有”，

① 该条规定：本法所称民事权益，包括生命权、健康权、姓名权、名誉权、荣誉权、肖像权、隐私权、婚姻自主权、监护权、所有权、用益物权、担保物权、著作权、专利权、商标专用权、发现权、股权、继承权等人身、财产权益。

该“占有”无法通过有形交付的“返还”行为而恢复原有权利状态。[①] 知识产权可同时为多人使用，且对其非法使用并不导致知识产品本身的“损耗”，无法通过有形“修理”而恢复权利圆满状态。可见，知识产权所有人难以援用请求返还原物、恢复原状之传统民事救济措施。[②] 有观点认为，有必要将物权法领域的“物上请求权”引进到知识产权领域，在民法典中设立知识产权请求权，具体包括停止侵害、排除妨碍、消除危险等责任形式，保障知识产品的独占权归属于某人。在知识产权受到侵犯或有受到侵害的危险时，权利人可像物权所有人行使物权请求权一样，要求行为人停止侵害、排除妨害。采用知识产权编模式的观点认为应将具有绝对权请求权性质的知识产权请求权放入知识产权编中，将基于债权请求权的赔偿损害请求权放入侵权责任编中。[③] 该模式可以将知识产权侵权的特殊性体现在立法例中，扩张知识产权请求权的预防作用。

（二）侵权责任模式

侵权责任模式是不设立知识产权请求权概念，将知识产权侵权全部归入民法典侵权责任编中。现行侵权责任法将停止侵害、排除妨碍、消除影响与赔偿损失等民事责任形式统一规定，体现了在损害赔偿之外，还将停止侵权、排除妨碍、消除影响等作为责任承担方式，能够对民事权利提供更加丰富和全面的保护。[④] 将知识产权侵权纳入侵权责任法中保护，可单独或同时适用侵权责任的多种责任形式，为知识产权提供灵活多样的保护。同时，该种模式也与现行《民法总则》与《侵权责任法》的多元责任体系模式相符合。

（三）两种模式的选择

知识产权侵权责任承担虽然存在一定的特质性，但从权利属性来看，

---

① 刘建辉：《论我国知识产权宪法规范体系的完善》，载《长江大学学报（社会科学版）》2010 年 2 期。

② 吴汉东：《罗马法的“无体物”理论与知识产权制度的学理基础》，载《江西社会科学》2005 年 7 期。

③ 徐家力、张军强：《民法典背景下的知识产权侵权责任》，载《人民论坛》2017 年第 4 期。

④ 王轶：《论侵权责任承担方式》，载《中国人民大学学报》2009 年第 3 期。

知识产权本质上属于民法所规范的私权范畴。为保持立法的完整及统一协调性，应当将知识产权侵权责任纳入传统侵权法的话语体系，用传统侵权责任体系为知识产权保护提供理论范式。

第一，《民法总则》确立了知识产权系民事权利的一种，《侵权责任法》是对包括知识产权在内的各项民事权利进行保护的多元化责任体系。将知识产权侵权责任纳入侵权责任法范畴，有利于体现其民事责任的一般性，符合我国现行立法体例的传承性，避免现行侵权责任立法及知识产权各单行法律制度的重大变革。

第二，创设知识产权请求权概念，将其下停止侵害、排除妨碍规定在知识产权编，虽然可以在一定程度上体现该种侵权的特殊性，但以停止侵害、排除妨害等为主要形式的知识产权请求权不是终局性的责任形式，不具有惩戒力。停止侵害后，若侵权人再次出现侵权行为，权利人仍然需要通过诉诸国家强制力保障其权利的完整，而此时最能保障其权利的责任形式便是侵权损害赔偿。若将二者分别放入不同的章节，则容易使得以停止侵害等形式为主的知识产权请求权保护目的落空，更难以体现侵权责任形式的完整性与连接性。

第三，采用知识产权编模式，在知识产权编中规定停止侵权、排除妨碍等责任形式，如在侵权责任编中仍要一般性地规定停止侵权、排除妨碍的责任形式，将会造成重复立法和语义混乱。

第四，将知识产权侵权责任规定在侵权责任编中，并明确不同责任形式的构成要件，规定停止侵权、排除妨碍等责任形式不需要主观过错要件，损害赔偿责任则需要以侵权人存在主观过错为前提。如此，侵权责任法律体系中的侵权行为概念内涵及体系构成可对知识产权侵权行为及其责任体系等相关问题提供强有力的理论支持，缓解由于知识产权侵权的法律特质而导致传统民法理论对其产生的疏离感，保证知识产权编与民法典的协调性和整体性。

四、规则设计：知识产权侵权责任的立法表达

知识产权侵权责任在民法典编撰中应当采用侵权责任模式，将散见于各知识产权单行法的侵权责任概括抽象出一般规则，置于侵权责任编中予以明确规定。

（一）引入惩罚性赔偿责任

司法实践中知识产权侵权案件判赔金额普遍偏低，造成知识产权侵权成本低而收益高。如前述民事案件中，原告遭受了巨大的损失，但法官在案件审理过程中就被告的赔偿数额却无高位阶法律规范可引用，明确惩罚性赔偿的适用十分迫切。在侵权制度中设置惩罚性赔偿可提高知识产权侵权成本，遏制当前知识产权侵权的泛滥。

1. 取消赔偿数额基准的适用位序

我国知识产权法单行法设置了认定损害赔偿数额的方法，规定了较为严格的适用顺位：首先，“应当”以权利人因侵权行为而遭受的实际损失为依据；难以计算实际损失时，“可以”以侵权行为人获利额为依据；在专利、商标侵权诉讼中，实际损失或侵权所得难以确定的，“参照”许可使用费的倍数确定；仍然无法确定的，人民法院根据侵权情节判决赔偿。此规定可能造成司法实践中权利人所获损害赔偿数额过低。在民法分则侵权编中，应取消前述计算方法的先后适用规则，采取赋予当事人自由选择侵权损害赔偿额的计算方法，即允许权利人在起诉时或者在一审法庭辩论终结前根据损害程度、证据材料、自身利益等具体情况，自行选择对其最为有利的救济方式。

2. 提高惩罚性赔偿倍数

惩罚性损害赔偿也称示范性赔偿或报复性赔偿，是指由法院所作出的赔偿数额超出实际损害数额的赔偿。① 要求侵权人承担惩罚性赔偿的目的和功能主要是为了惩戒和遏制严重侵权行为，防止侵权行为再次发生。侵权编中应明确规定知识产权侵权适用惩罚性赔偿责任的一般性规则。在前述合理确定损害赔偿基数的基础上，对于主观过错恶性较大的，酌定设定较高的赔偿额。具体而言，惩罚性赔偿数额不能仅是补偿性赔偿数额的一倍，而应当是二至三倍，方能实现惩罚性赔偿的功能预期。

3. 明确惩罚性赔偿的适用条件

惩罚性赔偿作为一种惩戒性手段，其适用前提应当是侵权人故意或恶意实施侵权行为，造成严重损害后果的；换言之，惩罚性赔偿的适用应当

---

① 余中、郑宁：《论侵犯商业秘密的惩罚性赔偿》，载《湖北师范学院学报》2008 年第 5 期。

限于“恶意”或“严重后果”的存在。只有在侵权人明知自身行为将侵犯他人知识产权，或收到权利人警告仍继续实施侵权行为，甚至在被法庭判决侵权后仍继续侵权行为或者在实施侵权时不仅明知侵权而为之，且采取措施掩盖其侵权行为的，才构成恶意，应当受到惩罚。[①] 前述案件中，C公司在刑事案件发生乃至刑事判决生效后仍有大规模销售药物中间体的行为，因此，法院在民事判决中判令C公司承担惩罚性赔偿责任。

（二）明确共同侵权责任

1. 共同引起损害结果发生

知识产权侵权行为中存在客观上未直接实施侵权行为，但在侵权中起辅助性作用的行为。在我国现行知识产权保护体系中，知识产权侵权行为系指未经法律规定或未经权利人许可侵害了他人知识产权的圆满状态。可见，知识产权侵权行为并不仅限于“实施行为”。知识产权遭受损害的客观事实是由某一种或多种行为引起的，则该些行为即构成侵犯知识产权，而不论该些行为在侵权过程中所起的作用。因此，知识产权侵权与传统侵权法理论相同，教唆或者帮助侵权行为属于共同侵权行为。两个或两个以上行为人侵犯知识产权时，权利人可寻求侵权法的多主体侵权制度予以保护，司法实践中亦是以共同侵权作出裁判。

2. 承担连带清偿责任

明知某种行为构成侵犯他人知识产权，而仍然教唆、引诱或者帮助他人实施这种行为，构成共同侵权，应当对侵权行为的损害后果承担连带清偿责任。因为此时行为人明显具有主观过错，造成了损害后果，且其协助行为与损害后果之间具有因果关系，故应与具体实施侵权的行为人承担连带清偿责任。根据知识产权共同侵权规则，权利人可以对那些并未直接实施侵权行为但是为直接侵权提供了便利或者有能力控制直接侵权行为的特定主体提起诉讼，通过追究这些主体民事责任的方法实现充分保护知识产权的目的。[②]

---

① 罗莉：《论惩罚性赔偿在知识产权法中的引进及实施》，载《法学》2014年第4期。

② 朱冬：《知识产权间接侵权连带赔偿责任的反思与重构》，载《法律科学（西北政法大学学报）》2017年第6期。

3. 协助侵权人的过错责任

知识产权共同侵权中，教唆、引诱、帮助侵权的侵权协助人，在共同侵权中发挥次要作用，侵权协助人承担责任的前提应当限定为过错责任。只有在侵权协助人明知某种行为可能会导致权利人的知识产权遭受侵害，仍然实施教唆、引诱，或者对他人的侵权行为提供实质性帮助等协助行为时，行为人与侵权人构成共同侵权，权利人才可以要求该行为人与直接行使侵权行为的侵权人承担连带赔偿责任。

（三）强化预防性规则设计

1. 诉前责令禁止侵权制度

知识产权侵权行为具有持续性，如侵权人的市场优势地位等损害后果具有不可逆转性，事后需要耗费巨大的成本甚至难以恢复。为制止侵权行为的发生及持续性损害后果的扩大，知识产权侵权诉讼可突破传统民事诉讼事后救济和事后惩戒的理念。因此，根据预防原则，可在司法实践中引入诉前禁止令制度。在危急情况下，需要立即停止某种侵权行为的实施以避免其对知识产权权利人造成难以弥补的损害时，法院可经原告申请或依职权对被告发出禁止令，要求被告临时停止或立即采取某一措施，而无需待到法院判决生效时。人民法院发出的禁止令自该裁定书送达之日起生效，可有效防止侵权行为带来更为严重的后果。

2. 诉前证据保全制度

鉴于商业秘密等知识产权侵权行为具有持续性，直至案件进入起诉阶段后侵权行为仍在进行，但侵权人往往难以收集侵权持续进行的证据。为了有效平衡诉辩双方的力量，缓解商业秘密等权利人取证难的司法困境，在证据可能灭失或事后以后难以取得时，起诉前知识产权权利人可以向人民法院申请诉前证据保全，发现和固定知识产权的侵权证据，从而为权利人提供及时有效的司法救济。

3. 停止侵权制度

知识产权停止侵害请求权与权利人的行业竞争优势或市场交易机会直接相关，可有效制止侵权活动的继续，该种请求权在未来侵权编中应当明确体现。在具体表现形式上，知识产权侵权停止侵害请求权不仅包含制止正在进行的侵权行为、消除现实的侵权危险，还包含消除侵权人侵权或预备侵权造成权利危险的手段，前者是指停止正在进行的侵权行为或解除侵权危险性，如制止正在进行的侵犯专利行为等；后者是指消除继续侵权或对权利造成侵权危险的手段，如销毁、封存或没收其侵权产品及直接用于侵权活动的工具、模具等。①

（四）彰显知识产权侵权责任的特殊性

1. 定位于特殊侵权行为

现行《侵权责任法》列举了所规范民事权益的内容，将知识产权侵权的类型定位为一般侵权行为。一般侵权行为的责任构成要件是统一的，法律只需作出概括性规定即可，无需另行作出列举。如前文所述，知识产权侵权责任在归责原则、预防性功能上与一般侵权责任不同，且责任承担方式的构成要件亦有所区别，应将其归入特殊侵权责任。现行《侵权责任法》将一般侵权责任规定于前三章，将特殊侵权责任规范于第四至十一章。故在侵权责任编增设“侵害知识产权的侵权责任”章时，应将该章置于特殊侵权责任，即在第四章与第十一章中间插入“侵害知识产权的侵权责任”。

2. 一般规则规定于知识产权编

民法分则设置知识产权编，主要用来规范知识产权的一般制度，是对现行知识产权单行法的提炼和归纳，应是从各项知识产权制度中提炼出来的一般规则。将知识产权制度中的基本原则、基本内容纳入知识产权编，促进民法典与知识产权法价值目标和制度规范之间的协调，以此实现民法典对知识产权单行法的引导。提炼、整合现行知识产权专门法后，知识产权编应当具体包含基本原则、权利主体、权利范围、权利内容和期限、权利的取得、权利利用与行使、权利限制等内容。

---

① 王利明：《民商法前沿论坛16》，吉林摄影出版社2005年版，第101页。

五、结语

《民法总则》的出台是我国法治建设和法律体系完善的重要事件。民法是保障民事活动或者市民生活秩序的基本私法，知识产权法与侵权责任法关系密切，既需要将知识产权侵权纳入侵权行为的大视野中进行定位，又要充分注意知识产权侵权行为的固有属性。鉴于传统侵权制度的开放性与创新性，将知识产权侵权纳入侵权话语体系，对于弥补现行知识产权侵权责任制度的缺陷有着重要的意义。可以预见，传统侵权话语体系下的知识产权侵权制度体系，将成为我国司法领域保护知识产权的有力武器。

（本文仅代表作者本人观点）

以房抵债裁判规则再思考
——从实证分析和比较法角度切入

王伯文* 李家兴**

一、案例追踪：以房抵债纠纷不同裁判结果的法理考量

案情概要

【案例1①】王松与伍洋有其他债权债务纠纷，在债务尚未清算的情况下，双方签订了涉案《房屋买卖合同》，约定“伍洋将涉案房屋卖予王松……”。该合同签订后，伍洋向王松出具了收到王松约定的首付购房款的收条一张，但王松并未实际支付购房款；伍洋还应王松的要求，将涉案房屋的钥匙交给王松。后伍洋作为卖方又与作为买方的第三人洪玲签订《房地产居间买卖协议》，将涉案房屋卖于洪玲。该协议签订后，第三人洪玲于先后依约支付了购房款。伍洋又将涉案房屋更换了钥匙后交付洪玲，洪玲于2017年4月装修入住至今。王松诉请伍洋继续履行双方签订的《房屋买卖合同》。

---

* 重庆市第五中级人民法院民四庭副庭长。

** 重庆市第五中级人民法院民四庭法官助理。

① 参见重庆市第五中级人民法院（2018）渝05民终353号民事判决书。

【案例2[①]】2014年，万华公司与渝龙公司签订涉案《工程施工合同书》，约定渝龙公司承建万华公司的涉案工程，郎小红以渝龙公司委托代理人的名义在该合同上签名并加盖私章。后涉案工程经过了竣工检查验收。2015年，渝龙公司出具法人授权委托书，委托郎小红为代表，全权办理涉案工程决算、支付等，工程款支付给郎小红。后郎小红与万华公司签订重庆市商品房买卖合同，约定万华公司将涉案房屋出售给郎小红，并约定了价款等内容；郎小红必须按涉案工程合同要求完成结算、验收，在2015年9月20日前万华公司可以代卖所得款项支付郎小红工程款，如在2015年9月20日前万华公司付完工程款后则本合同失效。因万华公司未能按照约定支付工程款，遂按合同约定将房屋交付给郎小红。郎小红诉请确认郎小红和万华公司于2015年签订的重庆市商品房买卖合同有效。

【案例3[②]】朱俊芳诉嘉和泰公司民间借贷纠纷一案中，朱俊芳向嘉和泰公司提供借款本金及借款期限，并约定如到期不能偿还借款，借款人自愿将其开发的涉案房屋抵押给朱俊芳；若借款期限到期时，嘉和泰公司已偿还完毕借款，前述抵押房屋约定自动失效。后在该借款到期后，嘉和泰公司仍未偿还完毕借款本金，朱俊芳则诉请借款人履行以房抵债协议。

裁判要旨

案例一：重庆市巴南区人民法院审理认为，王松提交的银行取款凭证、个人客户交易明细、收条、借记卡交易明细、支付宝转账记录、录音等，与伍洋提交的重庆市北碚区人民法院民事判决书，恰证明王松与伍洋存在债务纠纷，不能证明王松为购买涉案房屋支付购房款。王松为追讨债务，在债务尚未清算的情况下，双方于2015年11月11日签订的《房屋买卖合同》，属于流质契约，该合同并不能改变双方之前已存在的民事权利义务关系的性质，该合同违背法律规定，系无效合同。

案例二：重庆市石柱土家族自治县人民法院经审理认为，依法成立的合同，自成立时生效。本案中朗小红和万华公司于2015年签订的重庆市商品房买卖合同系双方真实意思表示，不具备法定无效情形，且万华公司已将房屋交付给朗小红，该合同应为有效。判决郎小红与万华公司签订的重

① 参见重庆市石柱土家族自治县人民法院（2016）渝0240民初3200号民事判决书。
② 参见最高人民法院（2011）民提字第344号民事判决书。

庆市商品房买卖合同有效。

案例三：山西省太原市小店区人民法院判决涉案合同有效，嘉和泰公司应当按照合同继续履行；山西省太原市中级人民法院判决驳回诉讼，维持原判；而山西省高级人民法院再审判决：撤销本案一、二审判决，驳回朱俊芳诉讼请求。后最高人民法院作出（2011）民提字第344号判决：撤销山西省高级人民法院的前述判决，维持山西省太原市中级人民法院的民事判决。其理由认为，《物权法》第186条的立法目的是防止损害抵押人的利益，以免造成对抵押人实质上的不公平。而本案《借款协议》中“如到期不能偿还，或已无力偿还，乙方（嘉和泰公司）将用于以上抵押物来抵顶借款，双方互不再支付对方任何款项”的约定，并非法律上禁止的流押条款。

评析

根据上述三个案例可知，案例一中双方签订的以房抵债协议以违反流质契约之禁止而被简单地认定为无效；案例二中，因双方签订的房屋买卖合同不具有法定无效情形为由，而认定为有效的协议；案例三中，对流质禁止的立法意旨作出了解释，即为避免造成对抵押人实质上的不公平。很明显，该三案例对涉及以房抵债协议的裁判思路存在不同认识。应当意识到，虽然我国《合同法》并未明确约定，但在建设工程施工合同纠纷、民间借贷纠纷等民商事案件中，当事人往往将房屋作为抵债的标的物。如双方并未履行以房抵债协议的内容，则面临着诸多法律问题。

如何界定以房抵债协议的性质，是担保性质抑或确系以房抵债的真实意思表示？如何对以房抵债协议的效力作出认定，有效抑或无效？因并未有明确的法律规定，导致不同层级的法院对此产生了不同的理解。有鉴于此，笔者试图在不同裁判结果中探寻可能的裁判路径，以期能够更好地维护裁判尺度的统一。

二、实证分析：以房抵债协议效力认定的规则反思

以房抵债，根据双方签订以房抵债的时间，进而区分为债务履行期限届满前的以房抵债协议和履行期限届满后的以房抵债协议。根据所抵债务不同，又可分为民间借贷纠纷涉及的以房抵债协议及建设工程施工合同纠纷涉及的以房抵工程款等问题，故以房抵债的法律性质、履行等存在着较

大区别。

（一）以房抵债纠纷立法沿革

有关以房抵债效力认定规范性文件统计表（表 1）

序号	法律依据	实施时间	主要内容
1	《担保法》第 40 条	1995 年	订立抵押合同时，抵押权人和抵押人在合同中不得约定在债务履行期届满抵押权人未受清偿时，抵押物的所有权转移为债权人所有
2	《担保法》第 66 条	1995 年	出质人和质权人在合同中不得约定在债务履行期届满质权人未受清偿时，质物的所有权转移为质权人所有
3	《物权法》第 186 条	2007 年	抵押权人在债务履行期届满前，不得与抵押人约定债务人不履行到期债务时抵押财产归债权人所有
4	《物权法》第 211 条	2007 年	质权人在债务履行期届满前，不得与出质人约定债务人不履行到期债务时质押财产归债权人所有
5	第八次全国法院民事商事审判工作会议（民事部分）纪要第 16 条	2016 年	当事人达成以房抵债协议，并要求制作调解书的，人民法院应当严格审查协议是否在平等自愿基础上达成；对存在重大误解或显失公平的，应当予以释明；对利用协议损害其他债权人利益或者规避公共管理政策的，不能制作调解书

总体来讲，在涉及以房抵债协议效力的规定上，我国立法从《担保法》到《物权法》，再到对法院审判具有实际指导意义的《第八次全国法院民事商事审判工作会议（民事部分）纪要》（以下简称《八民会纪要（民事部分）》），经历了一个从严格限制到逐渐注意平衡双方利益的演变过程。而立法及司法裁判尺度的变迁，应当是伴随着我国司法实践中对以房

抵债类案件的审理发生的变化而改变的。(见下图①)

2014～2017年全国法院涉及以房抵债事由审判案件数量统计

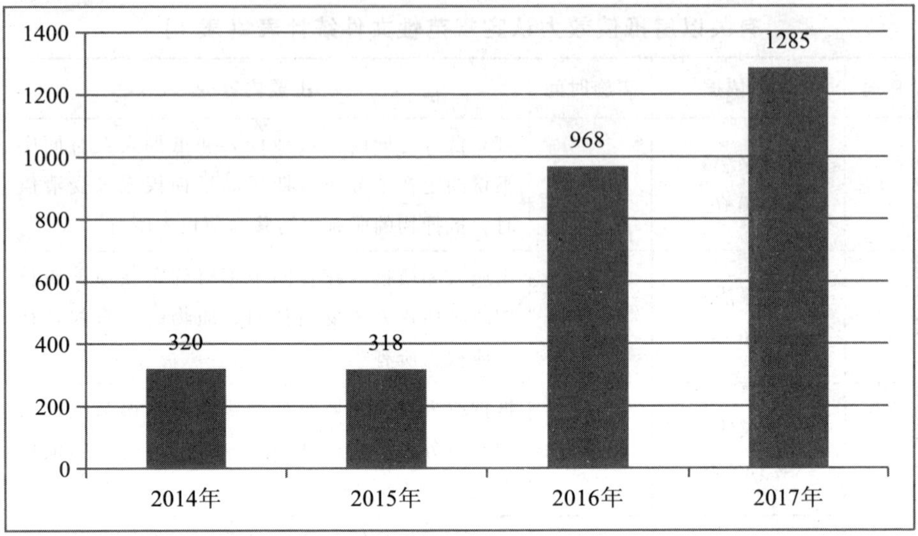

笔者认为，尽管上述法律是包括动产、不动产等财产的抵押、质押的相关法律规定，但因以房抵债产生的纠纷，亦须参照上述相关法律规定。但应当认为，在实践中有的当事人为了规避前述规定，在签订借款合同时或债务履行期限届满前，双方又签订房屋买卖合同，将借款本金或应付工程款折算成购房款，这实际上是“以房抵债”的变形。②

(二)对以房抵债处理原则之探析

是否实际履行完毕对以房抵债协议的成立有无影响?笔者认为，因其直接关系到当事人权利义务，是审理涉及以房抵债纠纷的前提。以房抵债协议到底应当认定为诺成还是要物，不应简单划分。且在审判实务中还应对以房抵债与流质禁止等关系进行区分，故应当厘清以下认识：

① 该图统计资料详见中国裁判文书网(以房抵债协议的民事纠纷检索截至2018年5月31日止)。

② 杜万华主编：《〈第八次全国法院民事商事审判工作会议(民事部分)纪要〉理解与适用》，人民法院出版社2017年版，第311页。

1. 不应当将以房抵债等同于代物清偿。所谓代物清偿，是指债权人受领债务人提出的他种给付代替原定给付，并使原定给付消灭的有偿要物契约。[①] 笔者认为，代物清偿仅系以房抵债中的一种情形或可选择方式之一，而不能据此便认定代物清偿就是以房抵债的全部。因此，虽然传统民法理论认为，代物清偿协议应当为要物合同，因代物清偿是为保护第三人合法权益和交易安全，但并未对债权人利益进行足够保护，故不能因此便认为所有的以房抵债协议都属于要物合同。

2. 诺成合同与要物合同的区分，是沿袭罗马法而来。从严格的角度来看，诺成合同的范围是在逐渐增加的。[②] 而在近代民法上，均采契约自由原则，对于合同的类型不作强制规定由于绝大多数合同都从双方达成合意时成立，属诺成合同；而要物合同则必须有法律特别规定，属特殊合同。[③] 我国司法认为，若将以房抵债作为诺成合同，则可能为规避债务而发生虚假诉讼，进而反推出以房抵债协议约定为要物合同的观点。笔者认为，该观点明显不能成立，并不能因可能产生虚假诉讼而直接认定以房抵债协议应当为要物合同。

3. 以房抵债协议的效力认定，必须以尊重协议当事人真实意思表示为基本原则。协议当事人基于真实意思表示而发生的以房抵债，因为是当事人真实内心意思而达成的协议，应得出以房抵债协议于当事人达成合意时已经成立的推论。

（三）以房抵债协议的类型化分析

对司法实务中各种以房抵债协议进行类型化分析，能够更为清晰地对各种以房抵债协议的效力进行更为明确的理解与适用。

1. 根据以房抵债协议的发生时间进行类型化，能够区分为三种：一是在债务发生同时就达成如届期不能偿还债务则以房抵债的约定；二是在债务发生之后，履行期限届满前，双方签订以房抵款协议；三是在双方约定履行期限届满之后，双方因债务的履行，重新约定用房屋折抵债务的意思

---

① 史尚宽：《债法总论》，中国政法大学出版社 2000 年版，第 815 页。

② 参见［日］松坂佐一：《民法提要债权各论》（第 5 版），日本有斐阁 1993 年版，第 9 页；韩世远：《合同法总论》（第三版），法律出版社 2011 年版，第 59 页。

③ 参见韩世远：《合同法总论》（第三版），法律出版社 2011 年版，第 59 页。

表示，应对视为双方重新达成合意。

2. 按照以房抵债协议是否已经实际履行，能够区分为两种：一是已经将抵债房屋交付给了债权人，并已在债权人的占用控制之下，即前述案例二为典型；二是双方达成了以房抵债协议，但并未现实交付了房屋，且所抵债房屋并未在债权人占用控制之下（前述案例一）。

3. 按照以房抵债协议是否附条件和达成的时间，能够区分为附条件的以房抵债协议和确定的以房抵债协议。其中，前者主要是发生在债务履行届满前，而后者主要发生在履行期限届满后。

（四）对以房抵债与流质契约关系的价值平衡

当事人签订以房抵债协议后，一旦双方当事人因以房抵债协议的履行产生争议并进入到诉讼程序后，作为司法审判部门，则无疑必须对双方签订的以房抵债协议的效力问题作出效力评价，即该协议是否有效、无效或是否存在可撤销情形。故对于以房抵债协议的效力评判，无疑应当对以下问题进行分析：

1. 是否违反关于“流质契约之禁止”的规定。流质契约的通说认为，可将其划分为狭义与广义，其中，前者仅指质押行为，而后者还包括流抵契约。凡是在债权已届清偿期后达成的协议，为抵押财产折价协议；相反，凡是在债权尚未届清偿期之前达成的以债务人不履行债务时直接转移抵押财产所有权为内容的协议，则为流质契约。①

而我国《合同法》并未对以房抵债协议的效力作出明确规定，但因以房抵债协议中抵债房屋系不动产，其所有权变动涉及我国物权法的相关规定。所以，对以房抵债协议纠纷案件的审理，仍应当依据我国物权法的相关规定。前述法律和司法解释虽是针对担保关系作出的规定，但均认可了以物折抵债务以消灭债权债务关系的效力。我国《物权法》第186条对担保关系中履行期限届满前以物抵债作出了明确规定，而此时，作为以物抵债范围内的以房抵债协议，更因涉及不动产所有权的法律关系，而更加拷问着司法审判部门对法律的理解与适用的能力。同时，应当认识到，我国禁止流质契约的立法意图无外乎三点：第一，平衡抵押人与抵押权人利

---

① 高圣平：《物权法担保物权编》，中国人民大学出版社2007年版，第142页。

益，避免利益抵押人弱势地位损害抵押人的合法财产权益。第二，基于对抵押物上其他担保物权保护的考量。对于发生的抵押，如果流质未被禁止，则有可能损害已经发生在该抵押物上的其他抵押权的利益，同时，也为避免抵押人与抵押权人恶意串通，逃避债务。第三，基于对担保法基本特征的考虑。应当说，担保行为的发生本质上是以抵押物的真实价值为基础而保障抵押权人将来债权的实现。

2. 流质契约与以房抵债协议的区别。以物抵债协议与流质契约表面看有共同之处，部分法官主张，债务履行期限届满前达成的以物抵债协议就是流质契约，但笔者认为两者本质上存在不同：

首先，是否存在担保合同。流质契约往往以合同约定条款形式而存在，是担保合同中的条款；以物抵债协议则往往是单独成立的协议，系双方当事人对债务履行内容的变更。

其次，物的价值与债权数额的关系。两者区分的关键在于合同是否排除了债权实现时对物的真实价值衡量。担保法要求担保标的应等于或高于债权，而以物抵债协议中所抵标的不得明显高于债权，其等价衡量标准既可参考市场价值，也可参考合同双方订立该协议时的内心意思表示。

最后，合同目的方面。传统民法上认为，流质契约发生了严重损害债务人利益的结果；以物抵债则是市场经济参与人真实意思表示，并不具备侵害抵物人的现实危险，应予以保护。

3. 以房抵债协议是否具有为躲避债务而进行的虚假诉讼的虚伪意思表示。这主要是指通过诉讼方式，债务人通过以房抵债方式，将其所有的房屋以合法形式转移到他人名下，进而规避自己对其他债权人的合法债务。此时，法院对此类案件的审理，无疑面临着极大的困难。因为，此种情况下的以房抵债协议的查明，往往是双方当事人同谋而为，如果其他债权人不参与到该案件中，则法院对此类通谋而为的当事人签订的以房抵债协议的效力的认定，很有可能出现错误。在司法实务中，最高人民法院对以房抵债可能涉及的虚假诉讼，因其可能损害抵押人利益及其他债权人利益，采取了非常严格的规制措施，具体详见前述法律规定。

三、域外探寻：比较法视野下的“以房抵债”协议的相关立法规定

域外司法实务中对以房抵债行为的处理，对我国当前在民商事审判工作中的以房抵债案件的审理必定有所裨益。而对以房抵债协议的处理，在实务界与理论界的分歧主要集中在履行期限届满前双方达成的以房抵债协议效力的认定上，即双方在履行期限届满前达成的以房抵债协议是否符合流质契约的规定而应当直接认定为无效合同。而笔者通过考察，大致可以将流质契约的立法分为三类：

1. 对流质契约采取放任主义。以美国为代表，如《美国统一商法典》规定：“受担保方……可以就其权利主张获得法院判决，也可以断赎担保物，或者以其他方式通过可行的法律程序兑现担保权益。”① “占有担保物的受担保方可在发生违约后提出保留担保物以抵偿债务的建议……涉及消费品时，仅需作出上述通知即可。”大陆法系的《俄罗斯民法典》对流质契约亦持放任态度。

2. 对流质契约持有条件保留态度。如《法国民法典》规定对提供担保的抵押财产应当由第三方评估机构对抵押物价值进行评估后方可进行流质、抵押，其目的就是为保护抵押人的正当利益。日本对民事质权担保中流质契约进行禁止，而对抵押担保中流抵条款和商事活动中的流质条款许可。《日本民法典》第349条规定：“出质人不得设定行为或债务清偿期前的契约，使质权人取得作为清偿的债务的所有权，或使质权人不依法律所设定方法处分质物。”② 但此项禁止，仅于质权有效之，于抵押则否。③《日本商法典》第515条规定：“民法第349条的规定，不适用于为担保商行为债权而设立的质权。”我国台湾地区“物权法”规定：“约定于债权已届清偿期而未为清偿时，抵押物之所有权移属于抵押权人者，非经登记，

---

① 参见《美国统一商法典》第9-501条。

② 《日本民法典》，王书江、殷建平译，法制出版社2000年版，第62页。

③ [日] 三潴信三：《物权法提要》，孙芳译，中国政法大学出版社2000年版，第155页。

不得对抗第三人。”[①] 采取了登记对抗主义，而未直接否定其效力。

3. 对流质契约持绝对禁止态度。对流质契约持绝对禁止的典型代表是德国。同时，德国部分法学家对本国立法绝对禁止亦持批评态度，并主张应当与英美法系关于流质契约规定进行借鉴融合。

四、规则完善：对现行以房抵债纠纷裁判规则的再次思考

应当认识到，每年法院均审结大量的以房抵债类型的纠纷，对以房抵债协议的效力的认定，无疑是处理此类问题的关键。如何构建出涉及以房抵债纠纷审判的统一裁判标准，对增强司法公信力具有重要意义。

（一）直接通过立法将房抵债协议明确为诺成性合同

理由在于：（1）在现行法律规定并未规定以房抵债协议为实践性合同或诺成性合同的情况下，不宜生搬硬套适用代物清偿的理论，而更应当从关注现实交易模式、鼓励与维护市场交易的原则出发，从更加尊重当事人意思自治出发，援引诚实信用和公平原则，对涉及以房抵债协议履行的案件作出客观公正的裁判；（2）从合同法理论发展趋势来看，实践性合同在类型方面已呈逐渐较少的趋势，在强调意思主义的背景下尤甚。我国《合同法》的基本立场亦是以诺成性为原则，实践性为例外；（3）维护债权人利益是民法特别是合同法的重要价值取向。一般来说，以房抵债协议的签订前提是债务人难以履行其对债权人应付的金钱债务。而在当前房价上涨的大背景下，房屋作为折抵债务的标的物，能够更好地保障债权人的利益；（4）对于可能存在的通过以房抵债协议而损害其他债权人利益的行为，可以通过合同无效制度、债权人撤销权制度、第三人执行异议之诉等予以纠正。

综上，尽管我国《第八次全国法院民事商事审判工作会议（民事部分）纪要》对于以房抵债协议的性质没有明确规定，[②] 但笔者认为，为顺

---

① 夏明：《两岸法律对流质契约的态度分析》，载《重庆科技学院学报（社会科学版）》2011 年第 11 期。

② 杜万华主编：《〈第八次全国法院民事商事审判工作会议（民事部分）纪要〉理解与适用》，人民法院出版社 2017 年版，第 324 页。

从当前合同法发展理念及解决司法实务中遇到的问题，仍应当以司法解释的形式将以房抵债协议明确为诺成性合同。

(二) 对履行期限届满之前双方达成的具有担保作用的以房抵债协议可有条件予以承认

我国当前相关立法规定之所以对流质契约采取全面禁止态度，基本理由在于为切实保护担保人及其他债权人的利益、维护担保物权理论。但笔者认为，为更好地应对快速发展的现实生活产生的复杂纠纷，真正做到尊重当事人的意思自治，应当对履行期限届满之前达成的以房抵债协议的效力区分具体实际情况予以认定，而非全部认定为流质契约并径行全部否定以房抵债协议之法律效力。理由在于：

禁止流质契约不具有天然的合理性。承认履行期限届满之前达成的以房抵债协议效力，可为未来对流质契约理论的修订积累经验。我国《物权法》关于流质禁止的相关法律规定的立法意旨，在于避免履行期限届满前达成的以房抵债协议过分损害债务人的利益。传统民法认为禁止流质是契约争议对契约自由的矫正，但用直接否定的方式来弘扬契约正义，将契约自由完全扼杀，却未免矫枉过正。①

长期以来，我国司法实务中已对流质禁止规则的适用形成了较为固定的司法实践，且我国《物权法》亦作出明确规定。同时，在司法实践中，即便双方当事人在债务履行期限届满前达成以房抵债协议，往往亦是双方作为理性人达成的真实意思表示，若此时仅仅因我国相关法律对流质禁止作出了明确规定，而径行否定了双方当事人的意思自治，明显与合同法所应当遵循的意思自治原则相悖。应当意识到，因为折抵房屋在双方签订以房抵债协议时，债务人在未受到胁迫、欺诈且无显失公平的情况下，《物权法》第186条系单方地赋予了以房抵债协议中债务人违约的权利，有违诚信原则及公正原则。

综上，笔者认为，即使符合《物权法》第186条所规定的以房抵债协

---

① 参见冯永强：《论以房抵债行为的性质与效力》，载《新疆社会科学》2015年第3期。

议，仍应当根据具体案情进行类型化区分，即采取以下认定原则：

1. 如存在符合我国《民法总则》第146条、第154条情形的以房抵债协议，应认定该以房抵债协议无效。前述系民事法律行为涉及当事人虚假、恶意的意思表示而导致民事法律行为无效的法律规定，虽然我国《合同法》已经对民事法律行为的无效作出了规定，但在我国《民法总则》已经涵盖了《合同法》相应无效规定的情况下，应当针对以房抵债协议是否存在虚假或恶意的意思表示作出认定。如以房抵债协议当事人确系存在虚假或恶意的意思表示，并因该协议而损害了其他债权人的合法权益，应当直接认定该以房抵债协议为无效协议。

2. 如存在符合我国《民法总则》第147条至第151条情形的以房抵债协议，则由撤销权人依法予以撤销。以房抵债协议，其本质上仍是当事人的意思表示，从合同法尊重当事人意思自治原则的角度出发，笔者认为，司法的裁量仍应当尊重当事人的意思自治。因为只有以房抵债协议的当事人在签订协议的内心意思表示，才是认定以房抵债协议效力的关键。如果当事人在签订该以房抵债协议时，确系存在前述《民法总则》规定的重大误解、欺诈、胁迫及显失公平之情形的，应当赋予享有撤销权一方当事人撤销以房抵债协议的权利，或赋予其重新进行协商的权利。从鼓励与维护交易安全的角度考量，以房抵债协议的履行，并不必然损害以房抵债人的利益。故只有在可撤销法定情形出现时，享有撤销权的一方可依法申请法院或仲裁机构予以撤销，而非直接认定以房抵债协议无效。

3. 如并不存在前述两项规定之情形，且该以房抵债协议确系双方当事人真实意思表示，应当认可该协议有效，而非简单地认定该协议因违反流质禁止之规定而直接认定为无效。此情形下双方达成的以房抵债协议确系双方真实意思表示，以此时的协议违背流质契约为抗辩事由，明显系以房抵债人不诚信，并侵犯了债权人的合法可信赖利益。且从以房抵债协议诺成合同性质考量，以房抵债协议当事人达成的协议，在已经成立并生效的情况下，单方面地赋予一方以流质契约禁止为由而享有撤销的权利，无疑造成了双方当事人实质上的不公平，亦有违诚信原则。

五、结语

法律是实践的产物，其生命在于经验。在我国涉及以房抵债协议案件的处理和制度设计中，如何处理债务人与债权人的利益平衡，妥善处理可能涉及的虚假诉讼案件，无疑在当前的司法实践中仍存在诸多法律问题亟待解决。笔者通过上述对以房抵债协议认定原则的类型化区分，能够更好地对以房抵债协议的实际情况进行处理，进而在当事人的利益衡平之间作出更好的选择，亦更符合我国当前的司法实践。判

（本文仅代表作者本人观点）

执行调查中被执行人人格权谦抑保护

——基于实证和法益保护冲突的视角

田　强　崔析宗*

一、问题的提出——实践中执行调查权面临的三重困境

案例引发的思考：李某与A公司执行一案，生效裁决书确定A公司支付李某劳动补偿金、伤残补助金、解除劳动合同补偿金共计20余万元。但A公司在劳动仲裁期间即搬离原经营地点，注销公司银行账户，并将公司股权转让、变更公司法定代表人，从形式上完全剥离实际控制人、经营人与公司的关系。因无财产可执行，案件执行陷入困境。

李某有极强的调查欲望，向前工友打听A公司法定代表人杜某下落并前往杜某户籍登记地址、经常居住地址蹲守近一个月，无果；前往A公司原经营地询问搬迁去向，被拒绝；前往公司债务人B公司处询问是否偿还A公司款项，被拒绝。李某律师申请法官赋予其调查令，

* 作者单位：北京市朝阳区人民法院。

调查内容为：前往社保部门确定劳动裁决书确定的工伤补偿金额以及该补偿金额是否支付。但持令调查时被社保部门以核准仅能公对公进行为由拒绝。执行法官根据案情逐步推进，进行了七项调查①。根据调查结果认定：虽然公司登记股权所有权人已经变更，公司法定代表人亦有变化，但是公司的实际负责人仍然是原法定代表人杜某，故依法对杜某采取间接强制执行措施，② 最终杜某到庭履行全部义务。

本案执行结果最终圆满，但是案件调查过程的曲折，折射出执行调查的困境。一方面，现有的调查权力分配语境下，有限的司法资源无法满足全部执行案件的需要，社会调查资源却未能有效利用；另一方面，在实际的社会调查中还存在着被执行人的隐私权保护和债权人债权实现的法益之争，甚至上升到人权保护的层面；第三方面，法院执行力量有限，在个案中耗费大量的执行时间，实际上对其他申请人也意味着分配的非正义。实际上，此类案件在执行中极为常见，它折射出的是执行调查困境的三重门：

1. 积极但无权调查之困。表现为当事人调查的积极性和无调查权，调查没有权力来源，动辄引发侵犯人权、人格权、隐私权的质疑。如有学者认为应当保护被执行人的休息权，不应当在夜间、节假日或特定日期执行。

2. 调查令适用之困。表现为律师持调查令调查受阻，持令调查困难。

3. 调查运用高能耗之困。表现为执行调查全部有赖于执行法官完成，当事人、代理律师及社会力量无法参与执行调查，社会司法资源无法有效运用。

---

① 具体包括：(1) 前往公司前经营地址，询问公司迁入地点，并向物业部门调取原租赁合同。(2) 前往工商机关调取A公司全部工商登记信息。(3) 前往公司登记经营地址，向物业与社区核实公司登记经营地点与实际经营地点。(4) 前往公司原法定代表人和股东户籍登记地址，向当地派出所核实法定代表人和股东下落。(5) 根据申请人提供线索，前往B公司调查A公司债权实现情况；(6) 前往公司原开户银行，调取公司账户注销前出、入账明细。(7) 前往社保部门，核实本案裁决书确定伤残补助金金额。

② 采取了以下间接执行措施：限制出入境、载入失信被执行人名单、以在法治节目中刊登被执行人信息方式对A公司及杜某施加压力。

二、我国执行实践中调查权运行模式

三重困境的凸显表面原因是执行调查权分配和使用不畅，寻根溯源则是立法与当前现实已经脱节的后果。我国现有执行调查权行使仍恪守以法院为主导的传统调查模式，调查令制度已被视为调查权的大胆突破。悬赏调查、审计调查等社会化调查措施作为后续工作展望，在立法中赋予了美好理想，① 但适用和推广任重道远。实践中，调查权分配和司法改革实践远远无法满足执行工作需要，当事人则在利益的驱动下通过各种方式调查和实现调查结果，游走在合法与非法的边缘。以下对现存三种执行调查模式作简要分析：

（一）法院主导传统执行调查模式

民事案件执行中，财产发现权的实现主要包括以下三种方式：执行人员主动查询被执行人名下财产、被执行人进行财产申报、申请人提供财产线索。

其中，法院依职权查找是最主要手段。对于财产的查询包括存款、动产、不动产、投资、其他财产利益和非财产利益等内容。“执行难，千难万难，第一难在查人找物上。法院在不断的司法改革中，已经充分认识到了这个问题，通过大力推进执行信息化建设，建立健全法院网络执行查控系统，来解决查人找物难的问题。”② 随着信息化查询手段不断进步和各级法院执行部门的努力和推动，最高人民法院开通被执行人银行查询系统以来，通过逐步提高查询的深度和广度，已经可从该系统查询被执行人在100余家银行的存款信息以及支付宝、京东账户等互联网第三方支付平台账户内存款信息，为法院集中查询被执行人银行存款信息打开局面。

但是，法院当前网络查询的步伐还远未跟上信息查询不断变化的节奏：

---

① 沈咏德主编：《最高人民法院民事诉讼法司法解释理解与适用》，人民法院出版社2015年版，第1291页。

② 《解题“执行难”：法院执行在行动——专访最高人民法院审判委员会副部级专职委员、执行局局长刘贵祥》，载中国法院网 http://www.chinacourt.org/article/detail/2015/01/id/1535346.shtml，访问时间：2015年6月22日。

首先，我国银行除传统国有五大银行，还有华夏、兴业、浦发、中信等12家股份制商业银行，渣打、花旗、汇丰等外资银行，更有各城市、农村的信用社转变的地方银行以及AMC、互联网金融平台、汽车金融平台等。据不完全统计，截止到2017年，最少有4800家银行及非银金融机构，要通过系统整合实现全部银行查询，最高人民法院查询系统就从数量上看仅完成了5%，后续查询任务任重道远。

其次，随着科技进步和投资方式的多元，除了支付宝、微信钱包等第三方支付平台，还有各种理财宝、理财通、股权投资平台、私募基金等多渠道投融资渠道，现有的银行查询手段远不能跟上被执行人藏匿和转移财产的手段，执行法官在查找被执行人财产的道路上疲于奔命，往往被执行人简单的一个藏匿或规避行为需要执行法官几步甚至十几步的调查深入挖掘。调查权力的单向行使和调查任务的巨大工作量已成为执行法官不能承受之重。①

最后，法院依职权调查过程中，常遇到协助执行义务人不配合法院调查的情况，常表现为积极不配合即明确拒绝法院调查和消极不配合即提供虚假信息或者以不知道、不清楚推诿两类。这也是法院主导的传统调查模式无法破解也成为执行第一难“被执行人财产难找”的原因之一。

（二）法院授权律师以调查令调查模式

此模式是当下正在探索和实践的模式。其司法实践适用最早可追溯到1998年上海法院尝试授权律师使用调查令。2007年最高人民法院第一次在《最高人民法院关于全面加强知识产权审判工作为建设创新型国家提供司

① 本文所举案例调查中，执行法官共调查7次，路程、调查等待用时、调查及制作调查询问笔录用时共计20小时，每次调查均用时2.86小时。2014年北京市朝阳区人民法院收案共17400件，除去主动履行案件约3480件，剩余14000余件需要法官进行调查，乐观假设3次调查即可结案，执结全部案件需要进行120120小时调查，按照每天8小时工作制，法官需要工作15015天，按60名法官人次计算，单纯调查就需250天，更不用说调查后产生的冻结、扣划、变现等司法程序。

法保障的意见》[①] 明确调查令制度的司法应用，该应用主要适用于审判阶段的调查。执行中最早见于 2011 年《最高人民法院关于依法制裁规避执行行为的若干意见》，明确各地法院也可根据本地的实际情况，探索尝试以调查令、委托调查函等方式赋予代理律师法律规定范围内的财产调查权。

关于调查令模式，北京[②]、上海[③]、河南[④]、重庆[⑤]、安徽[⑥]等地法院均尝试让律师参与执行调查。此模式具有以下特点：（1）调查令依申请发放，执行法官无权依职权要求律师调查；（2）调查范围不明确，依照申请人申请，只要不违反禁止性规定与案件有关的均可作为调查内容；（3）调查有时间限制；（4）调查令无统一格式；（5）持令调查人需为代理律师。

特别是 2011 年后，各地均开展调查令进行财产调查实践，但仅仅开展了一段时间即告暂停，此方式因为协助机关的不配合，未能达到理想效果，故律师调查令申请积极性也大打折扣。据统计，北京市朝阳区人民法院执行局 2014 年共收案 17400 余件，经申请向律师发送调查函 315 件，回馈 186 件，通过调查令提供线索结案 78 件。调查令申请率不足 2%，回馈率更低至 1%，调查令推动实际结案率 0.4%。

---

① 《最高人民法院关于全面加强知识产权审判工作为建设创新型国家提供司法保障的意见》规定：探索当事人举证指导制度；探索试行调查令制度，对于属于国家有关部门保存而当事人无法自行取得的证据和当事人确因客观原因不能自行收集的其他证据，可以探索由法院授权当事人的代理律师进行调查取证。

② 北京市高级人民法院于 2004 年 8 月 16 日发布《关于委托调查制度的若干意见（试行）》的通知。

③ 上海市高级人民法院早在 2001 年 6 月就发布《关于在执行程序中使用调查令的若干规定（试行）》，并于 2004 年再推修订稿。

④ 河南省高级人民法院于 2009 年 9 月 22 日推出《河南省高级人民法院关于在执行程序中使用调查令的若干规定（试行）》。

⑤ 《重庆一中法院发律师委托调查令律师可协助调查》一文报道重庆法院首例律师委托调查令，载中国新闻网 http://www.chinanews.com/fz/2011/07-14/3183888.shtml，访问时间：2015 年 6 月 22 日。

⑥ 安徽省高级人民法院于 2013 年 8 月 14 日发布《安徽省高级人民法院关于民事诉讼调查令的实施办法（试行）》。

（三）当事人自力救济下的全民调查模式

此种方式具有极大争议，备受诟病却有拥有强大生命力。一方面，在执行难的语境下，申请人的权利实现成为难题，申请人作为权利实现主体有极强的实现权利愿望——无论是继续求助于公权力机关，还是通过私力救济或救助于民间，只要有机会，申请人自然会尝试。当公权力救济进展缓慢时，申请人会通过信访等各种形式向公权力示威或示弱，以督促执行进展。但当以上方式无效时，申请人自然会转向私力救济方式，如通过自行侦查、蹲守方式查清被执行人行踪，或者通过登报悬赏调查①、求助民间调查机构等方式寻求民间或社会救济，甚至通过对被执行人采取侮辱、隐私曝光等方式进行羞辱。实践中，申请人参与调查积极性较高时往往有助于案件执行困局的解决，实践表明，为申请人提供参与调查的合法渠道，是当下进一步破解执行调查难的一条有效路径。

另一方面，国家严令禁止开设“私人侦探所”②，明确禁止民间讨债公司存在。2010年，北京法院开展了集中审理私家侦探刑事案件，对50余名私人侦探进行集中审理，以非法经营罪、非法拘禁罪等罪名追究刑事责任。与之相悖的是，虽然诸多私人侦探被法律制裁，但是民间存在的私人侦探公司数量之大令人咂舌，③ 究其原因，有需求就有市场。

以上为现有的三种财产调查模式的尴尬困境：自力救济的全民调查模式游走于法益冲突的边缘，虽然生命力顽强但稍有动作即碰触刑法红线；律师调查令调查模式作为探索的突破口面临着被调查人不配合、调查效果式微、调查权力疲软的境况；法院依职权传统调查模式作为最合法、最有

---

① 2002年四川甚至出现法院和民间调查机构合作抓老赖的案例，民间调查机构也因及时有效提供被执行人线索按照悬赏通告获得奖励。

② 公安部1993年7月1日发布《关于禁止开设“私人侦探所”性质的民间机构的通知》要求：严禁任何单位和个人开办各种形式的“民事事务调查所”“安全事务调查所”等私人侦探所性质的民间机构。对现有“私人侦探所”性质的民间机构要认真清理，会同工商行政管理部门予以取缔。禁止以更换名称、变换方式等形式，继续开展类似业务。

③ 百度搜索中键入“私人侦探”提示找到相关结果约1亿个，还有专门的中国侦探网，提供全国各地侦探公司及婚姻调查、商账追收、全国找人等各类侦探活动链接。

利、最应该的表现，因功能错位和角色错位导致效果缺陷。换言之，单一依赖法院依职权调查形式，正是造成现有执行难困境的主要原因，需要对现有的调查权分配进行重新定位、制度反思和权力重构。

三、执行调查权法律属性和权利定位

（一）法律属性

执行权存在着两权论、三权论、四权论、五权论、六权论①等说法，执行权作为调查权的母权利本身也有司法权、行政权②、复合权③等说法。

笔者认为，现有的司法框架下，抛开司法讨论执行权性质有悖于执行实践要求，强制执行应属于在司法行为控制下与审判行为平行的一种司法性质的强制行为。④《最高人民法院关于执行权合理配置和科学运行的若干意见》明确人民法院可以将执行实施程序分为财产查控、财产处置、款物发放等不同阶段。将执行调查权作为执行两元权利构成中执行实施权的子权利存在，调查权是控制权、处置权的前提和启动，在整个执行权力中处于重要位置。

但是，需要明确的是：（1）执行调查权不仅是执行法院的权力，更是法院的义务；（2）执行调查权不仅是申请人的义务，更是申请人的权利，执行调查权行使非排他性、禁止性法律规定；（3）执行调查权非垄断权，更非公权力机关授权方得行使；（4）执行调查权不同于审判阶段的调查权，执行阶段律师的调查令不同于审理阶段调查令；（5）执行调查权的授权或委托使用属于执行改革领域，更不能以违法为由遏制改革尝试；（6）执行调查权与被执行人的隐私权（以及更多的人格权内容）保护并非尖锐冲突非此即彼，被执行人的隐私权、名誉权、荣誉权等人格权在执行阶段应当谦抑保护。

（二）执行调查内容类型化分析

执行调查中，最主要的是查明财产权属状况，根据权属登记是否明

---

① 童兆洪：《民事执行权研究》，法律出版社2004年版。

② 孙小虹：《体制突破：执行工作新思路》，载《云南法学》1999年第1期。

③ 孙加瑞：《强制执行实务研究》，法律出版社1994年版，第6页。

④ 江必新：《强制执行法理论与实务》，中国法制出版社2014年版，第42页。

确、是否需要有权机关协助，财产性质归属，可以作以下八类划分（详见下表）：

调查类型	具体内容	是否需要协助	协助部门
存款	16家代表银行，中资、外资、合资银行，支付宝、微信钱包	是	银行及其主管部门 第三方交易管理部门
动产	车辆、船舶、飞行器	是	车、船、飞行器管理部门
	机器设备	否	
	产品、商品、仓单、提单	否	
	收藏品（古董、字画）	否	
	牲畜、农产品	否	
不动产	房屋（期房和现房）	是	房屋管理部门
	国有土地使用权	是	国土资源管理部门
	农村集体土地使用权	是	村委会
	农村宅基地使用权	是	村委会
	拆迁安置房	是	拆迁办
	林权	是	林业管理部门
投资	股票	是	证券登记结算机构
	证券	是	证券登记结算机构
	基金	是	基金管理公司
	保险	是	保险公司
	股权	是	公司

调查类型	具体内容	是否需要协助	协助部门
其他收入	债权	是	债务人
	公积金	是	公积金管理中心
	退休金、养老金、部队转业安置金、下岗补偿金	是	对应管理部门
	拆迁补偿	是	拆迁部门
	应退税款	是	税务管理部门
	保险理赔	是	保险公司
其他财产利益	商标权	是	国家商标局
	专利权	是	专利局
	探矿权、采矿权	是	国土资源管理部门
	虚拟财产	是	网络管理公司
	经营权	是	工商管理部门
非财产利益	人身依附性利益（如自由、名誉、荣誉、信用等）	是	对应管理部门
	复合型利益（如微博、微信、特殊手机号码等商业性利益；工商信息变更、特许经营权、从业资格等许可性权益；公务员考录、升职、入党提干等政治性权益）	是	对应管理部门
人身		否	

由上表可见，除部分动产、人身外，绝大部分财产或财产利益均需要第三方部门协助调查。很多人担心的调查权社会化或者赋予申请人后的权利滥用，可以通过权利授予机关的精确授权和第三方协助部门的书面审查

进行规制，即无论是法律授权还是法院授权，均可以考虑通过协助调查机关对申请人及其代理人的调查权滥用进行控制。

（三）执行调查权再分配的可行性分析

1. 因势利导——基于成本和效果的考量

法院应行使调查权的理想和实际行使调查权的现实。为厘清应实施调查权和实际调查权行使的现实，笔者以开篇案例为样本，考虑制度成本（交通成本、管理成本、人力成本）和时间成本，分析应然情况下案件办理成本：其中制度成本和时间成本均由法院承担，被执行人因为拒绝履行承担的成本是法院的惩罚措施，如对个人的罚款、拘留。但实际上因为罚款、拘留措施也会增加法院的成本，并不会对法官产生更大的收益，故很多环节，此类惩罚措施可能被选择性忽略。法院从执行中获取的对价是案件执行费和社会正义实现，惩罚性措施在实践中常作为督促执行措施而非真正出于惩罚被执行人目的。

法律未授权申请人行使调查权的理想和申请人全面自力行使各种调查权的实际情况。虽然法律未明确授予申请人调查被执行人财产线索的权利，仅有申请人有义务向法院提供被执行人财产线索一项规定，但实际情况是申请人提供的财产线索越明确、越有效，案件执行效果越好。若申请人不积极调查被执行人的财产线索和下落，仅依靠法院的调查，很多案件进行过四查后无财产即告终结本次执行程序，成为沉睡的未执结案件。法官更多的精力用于其他案件的高效、快速执结。

以上制度的偏差使用，除了人为原因，也有制度因素。因为我国市场经济发轫较晚，相应的法律法规明显滞后，现有的法律规定是在市场转型的不稳定状态下制定的，具有一定的不稳定性和滞后性。我国市场经济法律制度首先是尚未经过成熟的市场考验，其次是大多市场法律制度源引或借鉴西方法律体系的内容，很难在短时期完全吻合中国特定社会经济的现实条件。[①] 现有的财产调查制度并不完全符合我国司法实践的需要。在司法资源极为有限的情况下，理性人的选择会趋利避害，更高效地利用资源。

---

① 卢宏定：《法的成本与法的幼稚——对市场经济法律制度的一种经济学分析》，载《法律科学》1998年第1期（总第85期）。

2. 因利乘便——制度不均衡下的交换正义

对于被执行人而言，现代法治人权保护的理念已经给了债务人太多的保护，被执行人只需声明本人没有履行能力，采取简单的规避执行措施即可保留必要的生活财产，逃避法院的执行。即便是最后查清有履行能力，最大的损失不过履行义务外加迟延履行利息，对于被执行人而言，积极履行义务本身并不划算，因而大多被执行人面临执行案件时第一选择都是逃避。但是这种博弈的结果本身是不合理的，博弈的规则出现了偏差，因为申请人在承受以人权保护、文明社会的名义下，给予被执行人优惠下的牺牲，这种牺牲是在个人利益受损的基础之上作出的，故更应当充分给予申请人知情权的保护，即能够全面了解被执行人的财产状况，并有权力要求被执行人提供与其财物有关的全部文件资料。这是根据权利义务对等原则自然得出的结论。如果被执行人拒绝提交或虚假提交本人的财产状况，可以理解为申请人就此天然产生对被执行人财产调查的权利，因为这里面也隐藏着一种正义，一种交换正义，被执行人以他的合作换取种种执行豁免，以他的不合作换取申请人对其全部财产的调查权。

对于申请执行人及其代理人而言，高效率地实现个人利益最大化，是在案件中的价值追求，无论采取什么办法，只要能够快速实现权利，本人就会积极采用。一旦权利受到遏制，自然会转向其他救济渠道，民间各种调查公司、讨债公司由此滋生。若权力的赋予是平衡而循环的，阳光可以照遍每个角落，自然讨债公司、私家侦探会因制度的顺畅运行而无利可图。就法官而言，在执行中遇到可为可不为的问题时，常会选择不为，因为为之则意味着更多的执行风险和来自被执行人对法官自身廉洁的质疑，会耗费更多司法资源，而本案耗费的司法资源完全可以快速执结其他案件。对于制度本身而言，一个制度对一个博弈者而言的机会成本应当定义为那些没有得到实现但经由他的影响可能实现的博弈均衡中具有最高价值的均衡的价值。①

3. 利不亏义——公力救济与自力救济的互补

自力救济引起最多争议和担心的逻辑是公力救济途径已经可以满足申

---

① 汪丁丁：《制度成本，博弈均衡，与知识结构》，载 http//www. docin. com/p - 25456251. html. 访问时间：2015 年 5 月 28 日。

请人的需求，自力救济继续存在会打破代表公权力的国家和代表私权利的被执行人的平衡，形成不对等的事态，继而对于社会秩序造成影响。但笔者认为，这是一个伪命题。首先，在实证分析的语境里，执行难持续数十年，公力救济很难满足申请人的需求，同时大量调查公司①存在并实际提供调查服务体现明令禁止和实际存在的双重事实；其次，"历史上亦有类似现象，古代西方社会的判决执行，很多情况下其实是私人执行的。其主要原因是国家公权力尚不发达，有些类似于所归纳的当代中国现象——个人权力压倒法律规则、家族私益压倒国家公益、自上而下的不法横行。因此，在国家不能切实执行判决的情况，或许可以通过考虑某种制度设计，交由私人来执行。"② 当然，这种设想较为大胆，现阶段调查权部分授予申请人行使有更大可行性。再次，霍布斯的《利维坦》揭示了一种唯一的政治理论，根据这种政治理论，国家的基础并非某种立宪法则——无论是神圣宗教法则、自然法则或者社会契约法则——它们是根据公共事务来判定个人利益的正确或错误；国家的基础是个人利益本身，因而"个人利益等于公共利益"。个人特别是申请人本人行使调查权更是维护个人利益和公共利益的双赢行为，既有利于申请人，又不亏社会公共利益。最后，可调查财产范围极广，不加分析就全面否定或全面肯定当然会有不确定的恐慌和担忧。若将财产细化分类，明确个人调查范围，可以对民间调查权运行进行有效掌控和利用。

4. 义利互换——被执行人权利保护的逆向思维

英国的执行权反向权利授予的模式可以给我们很好的启发，在英国，有特殊的欠租扣押与没收租权的自力救济制度，持证的私人执行员有权处置被执行人的财产，若被执行人认为不应执行或者无能力履行，则可通过法院救济，申请法院保护。法院根据申请人申请决定是否继续执行。③

上述执行权的逆向操作方式给了我们很好的思路。单就执行调查权而

---

① 在百度搜索上键入"调查公司"显示搜查结果为1350万件；键入"私人调查"显示搜查结果为970万件；载 https://www.baidu.com/，访问时间：2015年6月27日。

② 季卫东、徐昕：《执行难的理论争鸣：公力救济和私力救济之间的竞争与互补》，载《时代法学》2007年第1期。

③ 张永红：《英国强制执行法》，复旦大学出版社2014年版，第33~63页。

言，执行实践中面临大量的执行调查困难，若将调查权利授予申请人或将调查权利社会化，由被执行人负担由于执行行为产生的成本，一是经济成本，二是信用成本，并将该成本以规则形式固定和公开，会增强执行威慑功能，执行局面会由申请人追逐要求被执行人履行义务变为被执行人要求在履行期内履行义务，当被执行人认为不应当履行或者申请人采取措施不当时可申请法院的保护，中止案件执行。一方面，法院中立位置不会改变；另一方面，法院执行的工作重点由执行行为回归到执行裁判，更契合审执分离的司改大环境要求。

当然，他山之石未必攻玉，对于英国执行权借鉴应当关注我国的执行实践和基本国情，并非按照他国形式建立起被执行人个人保护制度即万事大吉，对于有巨大人口量的国家而言，温和推进制度变革或许是最好的选择。

四、三层四类执行调查权分配方式的构建

（一）关于调查权的权利分配

建立三类调查权互补体系。公权力调查为义，是社会秩序维护之道；私权利调查为利，是私人权利保护自然使之；代理人调查为义利集合，为社会秩序维护及能力不逮之人所列救济，由法院和申请人共同授权为调查授权。当前以公权力为主其余二权为辅，三者互为结合，互为补充。

法院调查权。有权查询被执行人的人身信息和财产信息，有关单位必须协助调查。

申请人调查权。有权调查被执行人无登记财产、非财产利益以及人身等内容，经过法院调查权授予可以调查被执行人的有登记财产。需要明确的是，根据权利义务对等原则，生效法律文书确定双务文书，则双方当事人均拥有基于此份文书的调查权。

代理人调查权。有权根据法院和申请人授权及委托调查被执行人无登记财产、非财产利益以及人身等内容。基于现有民间调查机构的乱象，现阶段可将代理人调查权参照民诉法代理人限制限于律师以及被代理人近亲属、工作人员等。其规则可制定为：

第一条

执行立案后，执行法院应当启动财产调查程序。

申请执行人及其代理人应当积极提供财产及与被执行人相关线索。

被执行人应当接受执行人员对被执行人的财产状况和履行义务能力的调查，并如实申报个人财产状况。

第二条

法院应当积极行使调查权，申请人应当积极调查并及时向法院提供被执行人财产及身份信息，可以授权申请人、代理人参与调查。

（二）关于四类可调查内容的类型区分

可以根据需调查内容做以下四类划分：（1）有登记财产（现金和可变现财产）。此类财产调查权可授权申请人及其代理人持证进行调查，所持证明为判决书原件以及申请法院执行后由执行法官发放的有印章的调查详表，协助调查部门在调查结束后，在调查详表内加盖印章，标明是否有财产，若无财产，可由申请人持本调查详表继续调查；若有财产，申请人即时持证向法院汇报，由法院对财产采取控制、变现措施。（2）无登记财产（动产）。此类财产调查权应属于申请人的自然权利，通过询问、查找、暗访等方式查清被执行人占有或控制的财产，将知晓的财产状况及时告知法院。（3）非财产利益（不可变现财产）。此类财产虽不可变现，但对被执行人有利益，对此类利益的控制和限制会对被执行人产生强烈威慑作用，可通过间接执行措施迫使被执行人履行义务，申请人可通过对非财产利益调查向被执行人施加压力。（4）人身。被执行人往往通过失联的方式规避执行，此时需要对被执行人进行人身控制，法院本身没有公安机关的侦查条件和侦查手段，民事执行中能否适用刑事侦查工具也尚存争议，此时需要申请人多方查找被执行人的下落，并将查找结果通知法院，此调查权利理应赋予申请人。悬赏调查作为非官方调查手段，可以由申请人在此阶段行使，此处悬赏调查应属于民事行为范畴，在此不多阐释。其规则可拟为：

第三条

法院依职权查找被执行人的财产信息和身份信息，有登记财产可以授权申请人及其代理人调查，无登记财产、人身、非财产利益等可由申请人及其代理人自行调查。

第四条

申请执行人及其代理人应当向法院提供被执行人的财产线索或被执行人的下落情况。经调查属实的，法院应当及时采取相应措施控制财产。

（三）调查令制度的应用

调查令作为现阶段代理人调查权的权力来源，应当在调查令状的制作、发放、文字表述、时限、调查申请限制上精细和明确。其规则可拟为：

第五条

申请执行人或经其特别授权的代理人可以书面申请法院发出调查令。接到申请执行人的申请后，执行人员应当及时审查，符合条件的，签发调查令。调查令内容应当明确，具体。

调查令应当一查一令，调查内容为有登记财产和有登记非财产利益。调查财产已足够执行标的，申请调查令的，不予准许。

第六条

申请执行人和代理人持调查令进行的调查，视同执行人员的调查。

持令人应当按照法院的要求正确使用调查令，并确保调查收集的证据和资料真实、完整。

（四）调查权行使权力控制和限制

避免负面结果对调查权行使的反抑制，需要从调查令的审核发送、调查令的协助控制、调查令时间控制以及禁止使用调查令内容等方面加以限制。其规则可拟为：

第七条

涉及下列情形之一的，不得使用调查令进行收集：（1）国家机密的；（2）商业秘密的；（3）与执行案件无关的；（4）不宜持调查令调查的。

第八条

调查令内容不明确的，接受调查人有权拒绝协助调查。调查令内容涉及国家机密的，接受调查人有权拒绝协助调查。

第九条

持令人应当将调查收集的证据于调查结束后七日内连同接受调查人填

写的回执提交人民法院。持令人因故未使用调查令的，应当于调查令有效期限届满之日起七日内，将调查令正本及回执交还法院。

（五）重视调查被执行人信息的安全

被执行人的人身权和财产权的保护在调查权运行中会产生权利冲突，因此有必要对权利的滥用加以节制，附加法院工作人员、申请人及其代理人的保密义务。其规则可拟为：

第十条

执行人员、当事人及代理人不得调查或调取与执行案件无关的证据材料。

调查取证中，涉及国家机密、商业秘密以及他人隐私等的内容，执行人员、当事人及代理人应予保密。

五、结语

从执行调查权行使角度来看，我国法律和司法解释对社会化的调查权权利赋予和行使滞后于经济发展和执行实践的需求。笔者建议，在法律没有明确禁止申请人行使调查权的情形下，充分保护申请人的调查权，扩大申请人代理人作为可调查人的范围，在合理控制的前提下，理性地将调查权合理分配，及时地将调查权授予申请人及其代理人，充分调动申请人私力救济的积极性，为破解执行调查难开辟一条新的思路。

（本文仅代表作者本人观点）

动态质押的物权法解释框架*

李　岩** 　华雪薇***

动态质押并非一个规范的法学概念，在我国《担保法》以及《物权法》中都没有对质押的形态进行描述。动态质押这一用语出现在商务部发布的《动产质押监管服务规范（报批稿）》中，该文件明确将质押分为静态质押（*static pledge*）和动态质押（*dynamic pledge*）。① 文件为商事主体进行动态质押提供了标准上的依据，各大银行也都针对动态质押开展了相关业务，而这也让动态质押的纠纷显性地出现在实务中。笔者以北大法宝数据库为研究工具，不限定案例发生时间，输入“动态质押”的关键词，可查找到相关案例 195 个。上述案例查找结果包括物权纠纷案例 16 个，合同案例 162 个，侵权案例 3 个，另有其他案例 14 个。动态质押的案例发生一方面反映了其已成为商业领域中重要的融资方式，但同

* 本文是国家社科基金一般项目：《第三人侵害合同缔结利益法律问题研究》(16BFX110）和 2016 国家法治与法学理论《民事立法中非规范性条款扩张现象研究》(16SFB3031）的阶段性成果。

** 辽宁大学法学院教授、法学博士、博士生导师。

*** 辽宁大学私法研究中心研究人员。

① 载中华人民共和国商务部官方网站，http：//www.mofcom.gov.cn/article/b/g/201303/201303000659 16.shtml，访问时间：2018 年 7 月 8 日。

时也表明动态质押需要法律定位的明定。上述大部分案例都并未提及动态质押的法律效力而直接默认了其有效进而处理相关的纠纷，但仍有一部分案例对动态质押的合法性进行了否定，主要理由在于动态质押违反了物权法定原则：第一，动态质押的质押物并不固定，违反了物权特定性的要求。第二，动态质押不转移标的物的占有，没有完成质权交付的生效要件。本文将对动态质押进行制度上的界定，分析其制度价值，并重点对其合法性进行论证。

一、动态质押的概念界定及运作模式

（一）动态质押的概念界定

敏感的市场总是催生法律的变更，市场总是在法律范围内发展但又会逐渐衍生出超越法律范围的新生事物。动态质押是与静态质押对应的称谓，依常态理解，质押应为转移占有质物而设定之担保物权，不涉及质物是否动和静之问题，因为质物一旦发生变动，按照《物权法》之规定，失去占有即丧失质权，上述规定是衡量质权是否有效的重要标准。动态质押的出现对物权法定原则构成了挑战，有必要对动产质押的内涵进行界定以便论证的展开。

动态质押是金融业务的产物，从业务角度上看，所谓动态质押是指在质押期间，质物可以增加、置换、部分解押的业务形态。该种业务的实现除传统质押的债权人（银行）和债务人之外还需要有第三方监管企业。学者多从业务的角度将三方的业务流程进行描述进而界定动态质押，即“指客户企业以其合法占有的成品、半成品、原材料等动产质押给银行等金融机构，作为质权人向出质人授信融资的担保，第三方物流企业接受质权人的委托授权，根据与质权人之间的质押监管协议对质物进行监管，同时还根据与出质人之间的协议向出质人提供物流服务的业务模式”。① 也有学者将其解释为：“处在供应链中的第三方物流企业，通过对融资企业的原材料或产成品等质物的监管作用，将有形的商品质押给银行获取银行资金的

① 周金亮、李少娟：《动产质押监管业务的法律探析》，载《法制与社会》2012年第8期。

监管模式。”① 上述学者给出的界定均清晰描述了业务流程，但前者明显以债权人和债务人为界定的落脚点，即从银行商业融资业务角度进行描述，而后者则以第三方物流企业为界定的重点，即从物流金融业务角度出发进行描述。无论如何，上述概念都是一种非法学的界定方式，《动产质押监管服务规范》中关于动态质押的定义亦是被侧重解读为一种经济业务模式。本文主要探讨动态质押的法律属性，即从物权法角度来看，确定其是否为一种新型的担保方式还是可以通过法律解释在既有的物权法权利体系中得以定位。笔者倾向于将动态质押界定为：出质人以其自有的合法动产向质权人出质，作为其偿还债务的担保，监管人在一定期间内代质权人管理质物，同时在一定条件下，出质人可以对质物进行提取置换的融资担保方式。

在名称上，有的法院在判决中将其称为“浮动质押”，有的称为“动态质押”，学者们对此称谓以“动态质押”居多，考虑到商业融资中银行的业务模式以及商务部的上述规范均以“动态质押”为称，另以区别“浮动抵押”，本文亦称其为“动态质押”。

动态质押的最大特点在于其动态性，即“质押人与质押权人约定，在质押设定后，质押人可以随时处分所质押的部分质物，但需要用其他价值相当的质物予以补足代替，只要质物的总价值始终不低于约定的金额即可，而不苛求质物的具体形态。对于大宗金额的借款，涉及的质物数量多，体积大，对存放地点要求较高，且须方便出质人使用、补足，在监管措施合理的情形下，尽可能利用出质人的仓库既可解决上述困惑，又有利于降低成本，方便生产。”②

（二）动态质押的运作模式

动态质押在实践中的运行模式多样，因此，其法律属性及面对的法律

---

① 王业芳：《物流企业在质押监管业务中的风险及应对》，中国海洋大学2011年硕士学位论文。

② 【法宝引证码】CLI. C. 48488914，江西省萍乡市安源区人民法院（2017）赣0302民初801号民事判决书，2018年7月8日访问。另参见【法宝引证码】CLI. C. 52885605，江西省萍乡市安源区人民法院（2017）赣0302民初258号民事判决书，2018年7月8日访问。

问题也不尽相同，需要结合具体模式分别加以研判，不可一概而论。有学者对动态质押的实际操作进行了总结，根据动产存放地的不同可以分为两种模式：质押动产不从出质人场库转移出的模式和质押动产转移至监管人场库内的模式。① 本文将对上述模式分别进行分析。

1. 质押动产不从出质人场库转移出的质押监管模式

质押动产不从出质人场库转移出的模式是指出质人不需要将出质的动产从场库中转移出，质押物可存放在自有场库内且可以在一定范围内自由流动，同时，由质权人委托第三方监管机构驻场对动态质押物进行监督管理的模式。以《上海浦东发展银行动产质押业务管理办法》为例，具体流程如图1所示。

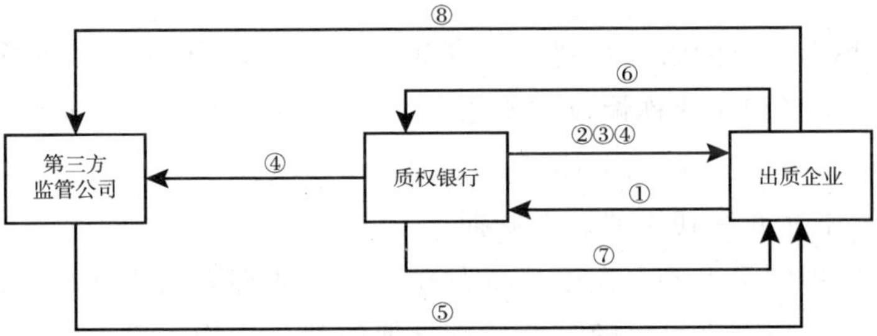

图1　动态质押业务流程示意图

其具体操作流程如下：

（1）由出质企业向质权银行提出动态质押业务授信申请。

（2）质权银行按照货物特性、仓储条件、授信申请人专业能力以及自身的行业经验与变现渠道，谨慎选择质押货物品种，合理评估货物价值，审慎设定适用的质押率。

（3）出质企业与质权银行签订《借款协议》。

（4）出质企业、质权银行和监管公司三方共同签订《动产质押监管协议》。

（5）出质企业将质押物放入自有场库内，并在质押物贴上标签，划定

---

① 陆晓燕：《动产"动态质押＋第三人监管"模式下权利冲突的解决路径》，载《人民司法》2016年第1期。

质押物特定存放区域。由质权银行委托监管企业派员驻场监管。通过现场监管人员在仓库现场对质物实物入库保管情况以及仓库的管理情况进行监督、核实，以确保质押货物无误并处于良好的保管状态中。检查内容包括：质物的数量是否与台账相符，质物是否完好无损、质物是否处于良好的保管状态等，并完成书面核库报告。

（6）出质企业须向质权银行出具加盖其公章的《质押物清单》，并列明质押的货物明细该行最低控制价值或数量，包括但不限于货物种类、名称、规格、重量、数量、单价、凭证号和货位号等内容。

（7）质权银行审核授信及放款条件后，发放与授信条件相符的授信或贷款。

（8）质押期间，出质企业可在动产质押监管协议约定的授权范围内，自行向监管公司提出申请，监管公司确定其提取置换的质押物数量或价值在银行规定的最低控制线上时，即可与出质公司开展相应操作。

（9）在动态质押授信业务操作过程中，如果出质企业的质押货物跌价达到约定的幅度时，应按照约定的期限补充相应价值的货物或其他担保。如在规定的跌价补偿时间内出质人不能按约定办理追加相应价值货物或其他担保的，质权银行有权宣布授信提前到期并行使质权。

（10）贷款本息清偿后，出质企业可向质权银行提交《质押解除申请书》，质权银行向监管企业出具《质押解除通知书》，由监管企业落实质押解除手续后，该项业务全部结束。

2. 质押动产转移至监管人场库内的质押监管模式

质押动产转移至监管人场库内的模式是指出质人需将出质的动产转移并存放到质权人指定的监管人场库内，质押动产的自由流动范围需在质权人授权范围内，由监管人对动态质押物的“补新出旧”等进行监督管理的模式。

该模式的流程示意图可参见图 1，但在具体操作流程中需要特别说明的是，质押动产在该模式下是从出质企业转移出库的，因此，具体操作流程中的（5）应体现为：该出质人应及时至监管仓库，办理质押货物的入库保管手续，将质押货物存放于银行指定作为质物仓储监管人的仓库，质权银行应根据动产质押监管协议向仓库送达《出质通知书》，经监管人验收货物无误后，现场取得其签发的《入库保管凭证》。其余 9 项具体流程与上述流程并无二致。

二、动态质押制度合理性之证成

(一) 浮动抵押制度难以在安全和效率价值之间进行衡平

动态质押一般适用于中小企业融资中，中小企业的融资困境成为中小企业发展的掣肘。为解决中小企业的融资困境，《物权法》已经从担保种类方面进行了拓展，其中最为重要的是引入了英美法系的浮动抵押制度，解决了“传统的担保物权强调担保标的物的特定性、担保标的物价值的可预测性和可保全性，但担保的灵活性、融资性功能不强”的弊端。① 但浮动抵押也存在诸多的制度缺陷。

浮动抵押制度在追求效率价值的同时对安全价值的维护不够。浮动抵押设定后债务人的正常生产经营不受影响，这可能会导致抵押财产的减少。减少的原因可能是正常的利润降低，也可能是债务人的恶意转移财产等行为。这也导致实践中债权人对浮动抵押的接受度并不高，即使接受了浮动抵押，也要采取多种风险防控方式确保抵押物价值的稳定性。实践中，债权人往往采取“定期检查抵押物的变动情况，防范担保风险”;②“监管方每日向银行报送监管财产的数量，每月对监管场所进行实地检查、核货”;③“现场随机抽查，跟踪检查，低于评估价值时，银行必须及时进行干预，要求抵押人补充抵押物”;④“最低限额控制措施，设置专人负责监管，低于库存限额等额现金作为补充”⑤ 等方式防范风险。上述实践中债权人的做法在降低自我风险的同时，也让立法追求的效率价值消耗殆尽。企业的正常生产经营不得不面对债权人为追求自我安全而设置的种种

---

① 王仰光:《动产浮动抵押权制度研究》，法律出版社2012年版，第88页。

② 《青岛：进出口银行青岛分行——铜产品浮动抵押》，载刘萍主编:《中国动产担保创新经典案例》，中信出版社2010年版，第206~207页。

③ 《深圳：民生银行深圳分行——黄金饰品浮动抵押》，载刘萍主编:《中国动产担保创新经典案例》，中信出版社2010年版，第208~209页。

④ 《湖北：京山县农村信用联社——活物浮动抵押》，载刘萍主编:《中国动产担保创新经典案例》，中信出版社2010年版，第210~212页。

⑤ 《大连：大连德朋元孚担保有限公司——浮动抵押反担保》，载刘萍主编:《中国动产担保创新经典案例》，中信出版社2010年版，第213~214页。

风险防控措施。设想，如果企业时时面对债权人的随机抽查、跟踪检查、定期检查、补充担保等行为，其正常的生产经营必将受到影响。

实际上，浮动抵押制度在设计上已经从主体角度进行了限制，即将浮动抵押的制度适用限制于商事主体，以期凭借商事主体的偿债能力保障债权的顺利实现。按照我国《物权法》第 181 条的规定，经当事人书面协议，企业、个体工商户、农业生产经营业可以将现有的以及将有的生产设备、原材料、半成品、产品抵押。但立法者主观意图达到的偿债能力并不能因为商事主体的适用限定得到保证，因为上述经营者缺乏完善的企业治理结构和资本制度、公示制度让正常的生产经营中的处分行为缺乏制度上的约束。另上述经营者经营管理经验缺失、经营能力不强也让债权的实现险象重生。作为商业主体的债权人，如银行为趋利避险当然不愿意接受债务人的信贷要求。① 即使银行勉为其难地接受了债务人的贷款要求，也必然要采取更多的质物监管措施，而如上所述，这对银行和债务人都是一种负累。

如能在制度上设计一种兼顾债权人安全价值和债务人效率价值的担保方式，则两全其美。动态质押制度克服了浮动抵押的两个弊端，成为新兴商业融资青睐的对象。

（二）动态质押的出现缓和了质押财产交付后原所有权人利用的困境

从担保发生的历史上，质押的出现远早于抵押，但动产质押逐渐走向衰败，原因恰在于其两个致命弱点：其一为必须转移担保物占有，导致债务人不能占有质押物从而无法实现对质押物的利用；其二为无体财产上不能设定质押。依赖后来发展的登记公示制度以及抵押物标的从物到权利的拓展，抵押制度异军突起取得了“担保之王”的美誉。抵押制度取得这样的桂冠称号是因为它在抵押人和抵押权人之间进行了完美的制度衡平，通过登记制度解决了抵押权人对抵押物实现风险的顾虑，无需占有的移转又让抵押人可以利用抵押物。面对质押的上述弊端，各国秉承“担保多样化”的立法目标，将质押的标的从物拓展到了可公示的权利进而产生了权利质权，大大拓展了其适用的担保范围。但面对转移占有导致的对质押物

---

① 参见马新彦：《浮动抵押制度的价值冲突与解决》，载《山东社会科学》2015 年第 11 期。

的利用限制各国并不多见。美国为克服债权人直接占有标的物的弊端，实务中发展了由第三人占有标的物的质押形式——现场仓库（*field warehousing*）。债务人将标的物交由债权人雇佣的第三人看管和控制，但仍存放在债务人的场地内，债务人必要时仍可以接触标的物。债务人如需使用标的物则要取得债权人同意。① 我国金融实践中衍生的动态质押突破了债权人占有质押物的限制，这让质押制度彻底摆脱了其两个致命弱点，让其获得制度新生，更有利于发挥担保的制度价值。

动态质押出于生产经营的需要可以置换和处分财产兼顾了效率和安全双重价值。对出质企业来说，不能对传统的静态质押的质物进行置换处分，质权人即使占有质押物亦不能处分，这往往使得质押物闲置而不能发挥其物的经济价值。动态质押制度在理念和运行模式上都是对传统静态质押的突破，其制度价值在于它可以一定程度上克服动产物权占有与使用权能分离的弱点，保障企业生产经营过程的连续性，使得出质人可以在正常经营活动中享有使用的权能，从而最大程度上地发挥物的效用价值。对于部分中小企业而言，其固定资产的总规模有限，但是原材料、成品及半成品等动产总体价值较大。动态质押过程中，质押物不是以个体价值体现，而是以整体表现其总体价值。如果能以此类动产担保债权，则极大地开拓了企业的融资渠道。对商业银行而言，动态质押制度拓展了银行的业务模式，扩大了商业放贷规模，增加了主营业收入。同时，商业银行通过对第三方监管的方式，对出质企业的质押物的库存等情况进行监督，一定程度上降低了放贷风险。相较于动产浮动抵押制度，动态质押的担保物时刻处于监管之下，其可控性更强。而且在动态质押权实现环节，如出质企业不履行债务，商业银行可以不经过法院直接选择拍卖或变卖质押物，其变现能力更强，这也进一步保障了商业银行放贷资金的安全性和效益性。

（三）动态抵押的形态符合中小企业资产构成融资的现状

我国物权法对浮动抵押的主体进行了较为严格的限定，但动态抵押的设定主体并无特别要求，只要能提供质押物，且价值能被债权人接受，都

---

① 参见阎秋平：《论美国统一商法典第九编》，对外经贸大学法学院1999年博士论文，转引自高圣平：《动产担保交易制度比较研究》，中国人民大学出版社2008年版，第54~55页。

可以设定动态质押。至于设定之后能否进行置换取决于债务人的库存总量。中国人民银行天津分行于2009年的调研结果表明，我国企业存货总量约为5.5亿万元，其中各类中小企业资产中的60%以上是以存货等形式存在的动产。而大多数中小企业处于创业初期和成长期，有着较强的资金需求，且企业内能够用于抵押贷款的固定资产较少，相对而言流动资产较多，这也就使中小企业的资产和产品结构的矛盾愈发突出。针对我国中小企业现有资产构成的特点，商业银行亦积极推进质押融资贷款产品的创新，顺应企业存货数量多和总体价值大的特点，盘活中小企业部分沉睡型资产，缓解企业融资难的困境，创新出的动态质押制度。这无疑为中小企业融资提供了一种新的担保方式。尽管关于动态质押制度并没有明确的法律规定，但是仍可以通过对其进行深入分析，得出其符合动产质权法定要件的结论，进而在实践中认可其作为质权担保方式的法律效力，从而扩大中小企业自由选择担保方式的范围，充分保障个体的自由选择权。

三、动态质押制度合法性证成之一：动态质押符合担保物特定性之要求

动态质押中质押物的流动性是其区别于传统质押的最显著的特征，由于质押物需要在一定条件下补新出旧，存货的品种及数量因经常出入场库而发生变化，进而有学者提出，在实践中，质押物因其流动性无法逐一设定担保物权，因此，其违反一物一权的法理原则。另在赣州银行股份有限公司等诉三瑞科技（江西）有限公司别除权纠纷案①中，被告三瑞科技公司辩称：原告主张的质权未设立。原告抗辩的理由是，涉案商品融资质押监管协议约定的质押模式为存货动态质押。存货动态质押的特点在于质押的动产客观上难以特定，对于担保物不特定的情形，我国《物权法》明文认可了动产浮动抵押的担保，但并未规定质押方式。根据《物权法》第5条“物权的种类和内容，由法律规定”的规定，存货动态质押不为现行法

---

① 【法宝引证码】CLI. C. 48488914，江西省萍乡市安源区人民法院（2017）赣0302民初801号民事判决书。

律认可。① 上述抗辩主要从动态质押的动产并不特定角度上展开，即缺乏担保物权的特定性，但上述观点是对担保物权特定性的片面理解。

第一，动态质押财产的特定化不等于固定化。质权的基本要求在于质押财产即质物的特定性，特定性不等于固定性。对此观点，无论实务界还是理论界均有认识。如浮动抵押制度设立后生产经营不受影响，所以其抵押财产不断处于变动当中，但一旦接近抵押财产仍然会实现确定。另最高人民法院指导案例54号“中国农业发展银行安徽省分行诉张大标、安徽长江融资担保集团有限公司执行异议之诉纠纷案”认为：“保证金以专门账户形式特定化并不等于固定化。案涉账户在使用过程中，随着担保业务的开展，保证金账户的资金余额是浮动的。担保公司开展新的贷款担保业务时，需要按照约定存入一定比例的保证金，必然导致账户资金的增加；在担保公司担保的贷款到期未获清偿时，扣划保证金账户内的资金，必然导致账户资金的减少。虽然账户内资金根据业务发生情况处于浮动状态，但均与保证金业务相对应，除缴存的保证金外，支出的款项均用于保证金的退还和扣划，未用于非保证金业务的日常结算。即农发行安徽分行可以控制该账户，长江担保公司对该账户内的资金使用受到限制，故该账户资金浮动仍符合金钱作为质权的特定化和移交占有的要求，不影响该金钱质权的设立。”在此指导案例之前的其他判例，如张智全诉济南市历城区农村信用合作联社外人执行异议之诉案②、卢静诉济南市历城区农村信用合作联社案外人执行异议之诉案③、中国建设银行股份有限公司潍坊分行诉杨清金等借款担保合同纠纷案④都表达了同样的观点。在54号指导案例发布后以北大法宝为查找对象，约有143个案件采用了上述观点。

以此推论，无论是否以金钱为质押对象，只要质物价值保持恒定范围

---

① 【法宝引证码】CLI. C. 52885605，赣州银行股份有限公司等诉三瑞科技（江西）有限公司别除权纠纷案，(2017) 赣0302民初258号。

② 【法宝引证码】CLI. C. 7287684，山东省高级人民法院（2014）鲁民申字第885号民事裁定书。

③ 【法宝引证码】CLI. C. 7382972 山东省高级人民法院（2014）鲁民申字第886号民事裁定书。

④ 【法宝引证码】CLI. C. 16401391 山东省潍坊市中级人民法院（2015）潍执复字第18号执行裁定书。

之内，因质物的更换影响质权的效力实不必要。质权的实现取决于质物的存在，而质物以何种方式表现出来并非债权人关注的焦点，质物的价值才是债权优先实现的根本。对此，程啸教授认为："表面上看质押财产似乎处于变动状态，但是由于质押财产是可替代物，且其价值或数量均已特定，并非如动产浮动抵押那样，在抵押权实现前抵押财产并未确定，因此质物已经被特定。"① 因此，认定动态质押能否有效应将关注点从质物的固定性转向质物价值的固定性。

第二，动态质押满足了担保物价值恒定这一担保权效力的决定性因素。担保物权本质上是一种价值权，担保物权的设立意在债务不履行时对担保物价值的实现，因此，价值的存在是担保优先效力实现的关键。担保物权的制度设定也都以价值权及其实现为内核，如在担保物的选取上要通过市场价值判断其担保之充分性；在担保期间要保证担保物价值的恒定，增担保等制度确保了担保物在担保实现之前的价值稳定性；担保物在利用时要取得抵押权人同意，以免债务人私自使用给担保物价值造成损失；在未经抵押权人同意转让时，抵押权人可以提前实现担保物的价值。从担保物权的产生到消灭来看，其始终都与担保物的价值密不可分。担保物权的价值权属性当然可适用于质权，德国学者亦将这质权称为"物上变卖权"，即质权仅限于当被担保的债权未支付时对质物的变卖。② 传统的静态质权固然严格遵守质物的恒定价值，让质权的实现有了现实的价值保障，但不免过于僵硬。现代商业发展的动态质权则深刻理解了担保物权的价值权属性，让价值权的恒定不再和质物的固定划上等号。大部分的质权设定均以种类物为标的，因此，决定了具有高度市场替代性的种类物可以被替换，只要价值保持恒定即可。少部分的质权设定以特定物为标的，但如能确定他种特定物价值不比前种质物特定物价值少，也没有必要作限制。

---

① 程啸：《担保物权研究》，中国人民大学出版社 2017 年版，第 495 页。

② 参见［德］M. 沃尔夫：《物权法》，吴越等译，法律出版社 2004 年版，第 345 ~ 346 页。

四、动态质押制度合法性证成之二：货物不转移出库模式下交付多重含义之理解

（一）货物不转移出库模式下占有并未移转的反对观点

有学者提出，在质押动产不转移出库的模式下，标的物仍处于出质人自有仓库中，并未发生占有转移。此种情形时是在设定不转移占有的动产质权，其与物权法定原则中的内容法定相悖。① 质物不转移出库的模式，可以再细分为第三方监管人驻场监管和监管人租赁出质人场库后进行质押监管两种模式。此两种模式本质上都指向同一个问题，即第三方监管人对质押动产是否具有实际控制和支配管领力，质押物不发生实际位移，而是交付于监管人监管能否被认定为动产交付，是否违反了质权交付原则。有学者认为，质物不转移出库时，出质人仍占有质物，即使监管人驻场监管，也只是形式上的交付，不符合动产质权的交付原则。② 同样，还有学者指出，由于质押物并未发生现实的位移，因此，该模式究其本质是动产抵押，存在违反物权法定原则之嫌。③ 理论上的质疑也在审判实践上有所反映。在上海邦成典当有限公司与上海茂融印务有限公司、许健等典当纠纷一审民事判决书中，法院认为：涉案《质押合同（货押业务专用）》虽系原告与被告钢誉公司合意订立，但由于双方约定的动态质押的担保形式在我国法律中没有相应的规定，因此，原告应举证证明其在诉讼中实际占有的质物的具体范围，现因原告和仓储方、监管方均确认被告钢誉公司提供的质押钢材已经灭失，故对原告的该项诉讼请求不予支持。④ 在该案中，法院态度上仍然以实际占有的质物作为质权的标的，并不承认动态质押的法律效力。在安徽明光民丰村镇银行有限公司诉明光市振宇电源有限公司

① 翟立新：《从法律角度看动态动产质押的风险点》，载《现代金融》2011年第4期。

② 参见翟立新：《从法律角度看动态动产质押的风险点》，载《现代金融》2011年第4期。

③ 参见孟祥金：《担保行业存货质（抵）押法律问题研究》，吉林大学2010年硕士学位论文。

④ 【法宝引证码】CLI. C. 3094856 上海市闸北区人民法院（2013）闸民二（商）初字第147号民事判决书。

等金融借款合同纠纷案[1]中，被告提出了本案担保形式是动态质押，被告并未实际占有质押物。该种担保形式不符合担保法的规定，质押无效。但因诉讼标的不同，法院虽未作出担保的效力认定，但也反映了当事人对动态质押效力的质疑。上述抗辩理由均集中在动态质押交付的判断上，而这一问题直接产生于上述的动态质押运作的不同模式，以下将分别论述。

（二）货物不转移出库模式下动产质押交付之分析

1. 监管人驻场监管下占有的心素：动产质押合同的订立

根据我国《物权法》第 23 条规定：动产物权的设立和转让，自交付时发生效力，但法律另有规定的除外。该条是《担保法》第 23 条的翻版。《最高人民法院关于适用〈中华人民共和国担保法〉若干问题的解释》第 87 条则规定：出质人代质权人占有质物的，质押合同不生效；质权人将质物返还于出质人后，以其质权对抗第三人的，人民法院不予支持。该条规定虽然没有遵循区分原则，但按照现在的理论理解应是出质人代质权人占有质物的，质权不生效，而非质押合同不生效。因此，动产物权的设立必须遵循交付原则，没有交付应视为没有效力，交付即为占有的转移，其与占有是一衣带水的关系。然而对占有概念的界定，自古以来都难以确定一个统一的学说观点，英国学者甚至认为在整个法律理论中，没有什么概念比占有更难定义，占有确实是一个非常含糊的字眼。但是，英美学注重法律概念和法学理论实用性，而对占有的含义到底是什么并没有太在意，并没有花费数代学者的精力去探讨这个概念本身。[2] 从占有本质出发，占有即为对物事实上的控制与支配。占有的构成需具备心素和体素两个要件。从心素角度来看，占有人必须有占有的意思表示。债权人和质押人签订动态质押合同设定动态质押表明双方有通过质物设定质权的意思表示，而第三方监管人的派出则意味着占有的意思表示已经付诸实施。

---

① 【法宝引证码】CLI. C. 54290931 安徽省明光市人民法院（2017）皖 1182 民初 3391 号民事判决书。

② A. E. S. Tay, The Concept of Possession in the Common Law Foundations for a New Approach, Melbourne University Rev, Vo14. 1964. , 转引自吴文嫔：《所有权产生的法理基础》，载《法制与社会发展》2004 年第 3 期。

2. 监管人驻场监管下占有的体素：统一的共同占有

该模式的核心争议点在于监管人驻场监管能否被认为完成了占有的转移。占有的转移需具备两个条件：一是占有转移的意思表示，此时要求双方有移转占有的合意；二是占有物的交付，动产一般表现为场所的变动；而不动产不可移动，故常表现为对其管理或利用的移转。① 场所的变动只是动产为区别于不动产的一般表现形式，而并非要求所有动产的交付都发生标的物的实际位移。在动态质押中，出质企业和质权银行双方均具有转移占有的合意，质押物是由出质企业交付于监管人监管，虽然质押物仍在出质人场库内，但出质人必须划出质押物单独存放区域，将其与未设质押的动产隔离开来并置于监管人监管之下。质押物并未发生物理上的位移不代表未完成动产交付，如果以物理上的位移来判断是否构成转移占有实在是有失偏颇。因此，监管人驻场监管应当被认定为完成了占有的转移，质押动产已现实交付于监管人，符合质权交付原则。

此时债权人对质物的占有状态有三种观点：第三方占有、占有改定、担保人与第三方共同占有。② 以下针对三种观点分别阐述。

第三方占有即由物流企业占有质押物，但从法律关系上看，第三方物流企业并非占有人而系占有辅助人，即接受银行债权人的指派进行占有之人。对此种情况，隋彭生教授在其专著中对这种情况专门进行了说明，即“动产质权人与出质人协议质物由第三人占有并设定足以使外界识别的标记的，该第三人为辅助占有人。”③ 这种观点的得出采取了“视为”的技术手段，解决了争议，避免了实务无所适从的“理论指导”。④ 该种拟制技术的适用表面上确实平息了理论争议，但实质上是一种逃避，且拟制技术的运用必须法定，在法律并未明定之前，仍需要从学理上进行解释。所谓

---

① 杨佳红：《民法占有制度研究》，西南政法大学2006年博士学位论文。

② 上述三种观点为刘保玉教授总结，参见谢在全：《担保物权发展的新动向》讲座刘保玉教授的与谈内容，载 http://civillaw.com.cn/zt/t/? id = 34231，访问时间：2018年6月24日。

③ 隋彭生：《民法典“占有与本权章”建议稿——条文说明、案例模式和理论阐释》，北京大学出版社2017年版，第65页。

④ 参见隋彭生：《民法典“占有与本权章”建议稿——条文说明、案例模式和理论阐释》，北京大学出版社2017年版，第80页。

占有辅助人，可参考《德国民法典》第855条：“因家务、营业或类似关系，依照他人有关其物之指示，而对于该物为事实上之管领者，仅该他人为占有人。”① 辅助占有人判断的标志系“社会从属关系”，即基于从属关系受他人指示而为占有，一般以受雇人、学徒、家属或类似关系存在为前提。从动态质押的法律关系来看，物流企业与质权人银行之间存在合同关系，虽合同关系的性质有保管合同、监管合同和委托合同等不同观点，但合同关系的存在对物流企业对质押物的占有性质构成了挑战，即物流企业是否因合同关系构成了对质押物的直接占有，而质权人系间接占有人。此处涉及占有辅助人和间接占有的区分问题，理论上认为两者的区分点在于是否存在占有媒介关系。所谓占有媒介关系，即“产生间接占有的法律关系”。② 以此分析物流企业和银行之间确实存在上述的合同关系，但这种观点混淆了占有媒介关系和基础法律关系。占有媒介关系和基础法律关系的差别在于是否存在交付的事实。在基础性法律关系发生时，如并未发生交付的事实并不产生占有媒介关系，也就不存在间接占有。物流企业单纯是依照合同关系受银行指示占有动态质押物，并未发生依合同关系银行交付物流企业的事实，因此，并不构成占有媒介关系，物流企业作为第三方只是单纯的占有辅助人，并非占有人。

占有改定以法律关系产生的间接占有代替了直接占有。在动态质押的实际操作模式中，监管人租赁出质人厂库模式表面上确实符合占有改定的构成要件，而按照传统质权理论，占有改定不能设定质权。但是分析占有改定后会发现，在基于无论是保管还是租赁关系产生间接占有关系后，均会有物流企业受银行委托对质押物进行监管，也就是说，质权人并没有让出质人代替自己占有质物，因此，这种模式并非占有改定。

占有以人数为标准可区分为单独占有和共同占有。共同占有又可分为共同直接占有或间接占有。共同占有又区分为重复共同占有和统一共同占有。所谓重复共同占有谓各共有人于不妨害他共同占有之情形下，各得单

---

① 台湾大学法律学院、台大法学基金会编译：《德国民法典》，北京大学出版社2017年版，第770页。

② 隋彭生：《民法典“占有与本权章”建议稿——条文说明、案例模式和理论阐释》，北京大学出版社2017年版，第83页。

独管领其物的占有，此为共同占有的常态。作为异态的统一共同占有指全体共同占有人对于占有物仅有一个管领力，为共同管领之占有。此种共同占有人不得单独管领占有物。谢在全先生以数人共管一粮库，而有不同之锁、钥匙分别为数人保管，任何一人均无法单独开库取粮为例说明统一共同占有。① 上述统一共同占有理论为解释货物不出库的交付状态提供了理论依据。在货物不出库的动态质押模式下，虽然理论上债务人仍然以所有人身份占有质押物，但其处分权限已经受到限制。质物的处分必须要以新的质物进行置换，因为监管人的占有对其处分构成了实质上的限制。只有债务人提出处分某部分质物并提供新的质物再加上监管人同意债务人进行质物置换两个条件均得到满足后，才能实现质物的处分行为。从货物不出库的质物处置模式上可以看出，这就是统一的共同占有在质物上的反映。综上，货物不出库的动态质押符合交付占有的构成要件，加之占有的意思表示，构成了占有的体素和心素，质权已经生效。

五、动态质押：动产质押的一种表现形式

最高人民法院民事审判第二庭新类型担保调研组将动态质押作为一种新类型的担保方式提出，② 而法院、金融机关及相关各方均倾向于不否认新型担保方式的法律效力。动态质押因而可以归属于非典型的担保物权之列。在实践中，存在着诸多非典型担保物权，部分在法律中有着明确的规定，另一部分则虽有较为成熟的运行规则且被广泛应用，例如在不动产交易中的让与担保，但《物权法》中却没有相关的明文规定。如果《物权法》实行严格的物权法定原则，则此类非典型担保物权不应当被认定为物权，其当然不具备物权的效力。然而，随之而来的后果就是法律的极端滞后性被无限放大，人们只能固守单一的交易模式，扼杀新兴担保方式的产生，进而严重阻碍经济社会的健康发展。

在坚持物权法定原则的前提下，确立物权法定原则的缓和既符合物权

---

① 上述理论参考谢在全：《民法物权论》（下册），中国政法大学出版社2011年版，第1156页。

② 最高人民法院民事审判第二庭新类型担保调研小组：《最高院：新型担保的法律效力及其裁判观点》，载《担保案件审判指导》，法律出版社2015年版。

法立法的趋势，同时也是妥善解决上述问题的一剂良药。物权法定原则缓和的一个表现即为："仅对具有一定的物权效果就可以符合社会需要的法律关系，可以依个别具体的情形赋予若干物权的效果；物权法对一定权利内容的规定，可以依照该权利的性质及目的，在不逾越或抵触其权利核心的范围内予以类推适用；积极或用其他物权制度，使之获得与物权相同或相当的法律利益；习惯法形成的物权如果类型固定，明确合理，不违反物权法定主义存在的旨趣，且有公示只可能，社会上确有其实益及需要，并且通过上述物权法定缓和的运用，又超过了解释的界限，有于习惯法的物权加以承认的余地。"① 采物权法定原则缓和说则可以承认动态质押等具有争议的非典型担保物权是非典型物权，而并非不是物权。这就把上述非典型物权从被判处"死缓"的命运中解放了出来，② 可以自由地存在并发挥作用了。因此，动态质押是由动产质押衍生出的一种新型的非典型担保方式，其基本属性仍属于动产质押权，并非创设新的物权。如果仅因其具备质物可流动的属性就否定其担保物权的属性，实在有失偏颇。通过对物权法定原则的软化解释确定其法律地位，就可达到兼顾法理基础与适应市场经济发展需要的双重效果。

马克斯·韦伯曾对法律和经济的关系进行过阐述，他认为："任何保障法律秩序的权威，都要以某种方式依赖于构成性社会群体的共识性行动，而社会群体的形成在很大程度上要依赖于物质利益的格局。"③ 商业融资的需要对传统静态质押的变性——动态质押符合商业利益主体的利益需求，满足了债权人的担保需求，也为债务人的融资提供了新的渠道，动态质押也已经成为业界通行的方式。按照韦伯的观点，"某种反复实施的行动产生了心理上的调试，它所引发的行为现实构成清晰的习惯，后来被体验到具有约束力；随着意识到这种行为在众多个人间的扩散，它终于作为共识融入人们半自觉或自觉的预期中，即预期他人也会有意义相同的行为。最终，这些共识性认识会要求得到强制执行的保证，由此他们便与单

---

① 谢在全：《民法物权论》（上册），中国政法大学出版社 2011 年版，第 37～38 页。

② 杨立新：《物权法定原则的缓和与非法定物权》，载《法学论坛》2007 年第 1 期。

③ ［德］马克斯·韦伯：《经济与社会》（第一卷），阎克文译，世界出版集团上海人民出版社 2010 年版，第 453 页。

纯的惯例产生了区别。"① 作为商业规则存在的动态质押需要得到法律地位的明确承认，完成从非典型物权向典型物权的转换。

另有学者建议在《物权编》质权条款下增加一条，即"企业、个体工商户、农业生产经营者以可以替代的生产设备、原材料、半成品、产品出质后，又以同种类物替代原质押财产的，质权不受影响。"② 笔者对该条的设计总体上表示赞同，这样的立法模式意味着并未增加新的物权类型，仅是对质权的运行状态进行了扩张，总体上保持了物权法的稳定性。但笔者认为，对于动态质押的主体无需进行限制，因为质物的替换性确保了质权的实现，因此，无论是否商事主体愿意以同种物品进行替代，均应承认其效力。人为地限定动态质押的适用范围反而是对浮动质押缺点的回归，限制了动态质押制度适用的空间。

（本文仅代表作者本人观点）

---

① ［德］马克斯·韦伯：《经济与社会》（第二卷），阎克文译，世界出版集团上海人民出版社2010年版，第891页。

② 刘保玉：《完善我国质权制度的建议》，载《现代法学》2017年第6期。

论不动产抵押物转让的法律规制

蒋子翘*

一、问题的提出

甲公司将其所有的房屋连同该房屋所占的建设用地使用权抵押给乙银行。后甲公司欲将该房屋出售于丙公司，签订有书面房屋买卖合同。丙公司诉至法院要求甲公司履行合同交付房屋，甲公司以抵押物转让未经银行同意为由主张合同无效。①

针对此类案情，不同地区的法院存在完全不同的判决理由和结果，即便是在最高人民法院以公报案例的形式公布其裁判观点之后依然如此。比如，在辽宁省高级人民法院（2015）辽审一民再终字第1号民事判决中，辽宁高院认为："某达公司与某城市信用社签订房地产抵押合同，以农贸大厅的产权作抵押向城市信用社借款320万元，并办理房屋他项权证。在该农贸大厅抵押权存续期间，在未经城市信用社同意，亦未清偿债务消灭抵押权的情况下，某达公司与黄某约定将该农贸大厅转

* 江苏省南京市秦淮区人民法院法官助理、法学硕士。

① 典型案例参见"重庆索特盐化股份有限公司与重庆新万基房地产开发有限公司土地使用权转让合同纠纷案"，载《最高人民法院公报》2009年第4期。

让给黄某，违反了《物权法》第191条第2款的规定。故原审法院认定某达公司与黄某签订的《协议书》无效，并无不当。”再如，在重庆市高级人民法院（2015）渝高法民终字第00410号民事判决中，重庆高院认为：“签订《商品房买卖合同》的行为作为债权行为系抵押财产物权变动的原因行为，该债权行为是否有效应当根据《合同法》的相关规定进行评判，本案中前述《商品房买卖合同》并不存在《合同法》第52条规定的无效情形，同时该合同系各方当事人的真实意思表示，故该合同合法有效。”

在单一制国家体制下，存在同案不同判的现象，法律的安定性无从体现。而这正是本文意欲针对此类案情而尝试解决的问题。于此，不动产的所有权人将该不动产抵押给抵押权人后，未经抵押权人同意与他人签订买卖该不动产的合同，合同的效力如何？能否实现物权的变动？法官面对此类案件，如何适用法律？

二、不动产抵押物转让的物权变动效力分析

（一）法律适用：探究物权变动的前提性问题

在统一的民法典制定之前，可以调整该法律关系的规范包括《最高人民法院关于贯彻执行〈中华人民共和国民法通则〉若干问题的意见（试行）》（以下简称《民法通则意见》）、《担保法》《最高人民法院关于适用〈中华人民共和国担保法〉若干问题的解释》（以下简称《担保法解释》）以及《物权法》，各个规范性文件的实施时间不一致，新法也没有直接否定旧法，导致在对于同一法律关系的调整方面出现新法与旧法的冲突，一定程度上导致出现同案异判的现象。

《民法通则意见》第115条第1款①以“行为无效②”的措辞否定了抵

---

① 抵押物如由抵押人自己占有并负责保管，在抵押期间，非经债权人同意，抵押人将同一抵押物转让他人，或者就抵押物价值已设置抵押部分再作抵押的，其行为无效。

② 所谓无效，即转让抵押物的合同或抵押合同自始无效、绝对无效。参见《最高人民法院关于如何认定中国农业银行湖北省分行国际业务部申请宣告武汉货柜有限公司破产一案中两份抵押合同效力问题的复函》（1995年4月10日 法函〔1995〕33号）。

押物转让行为的效力。《担保法》第 49 条第 1 款①在一定程度上突破了《民法通则意见》的规定，在满足如下四个条件的情况下允许抵押物转让：(1) 通知抵押权人；(2) 告知受让人其所购标的物已经抵押；(3) 转让价款与该物价值相当；(4) 所得价款须得清偿该物所担保的债权或与抵押权人协商提存。《担保法解释》第 67 条第 1 款②并没有直接言明即便是所有权人没有通知抵押权人和受让人转让行为也有效，进而推翻《担保法》的规定树立起新的裁判规则和行为规范，但是该条第 1 款中“取得抵押物所有权的受让人”采取的是对于既成事实的陈述方式来表达，可以推知《担保法解释》在实质上通过受让人可以取得抵押物所有权的表述肯定了即便是未通知抵押权人和受让人的前提下的抵押物转让行为的效力，但是抵押权人可以追至抵押物的当前所有人处行使抵押权，至此《民法通则意见》时代树立的规则已经完全被颠覆。《物权法》第 191 条③则采取了折中的限制主义的规定，抵押物转让的核心要件在于抵押权人的同意，或者受让人通过代为清偿债务而消灭该项抵押权。

针对同样一种法律关系，不同时间阶段由不同主体制定的规范性文件所赋予的法律效果完全不同，而作为法律所不懈追求的价值准则之一，公平原则要求对于同一行为赋予同样法律效果，否则法院无以裁判，民事主体的行为也不知何以指引。从法律的体例来看，《物权法》第 191 条位于该法担保物权编下抵押权一章中，《担保法》第 49 条位于该法抵押权一章中，在该两条法律之间完全不存在新的一般法与旧的特别法的区分，无需依照《立法法》第 94 条由全国人大常委会裁决，完全可以依照《立法法》

---

① 抵押期间，抵押人转让已办理登记的抵押物的，应当通知抵押权人并告知受让人转让物已经抵押的情况；抵押人未通知抵押权人或者未告知受让人的，转让行为无效。

② 抵押权存续期间，抵押人转让抵押物未通知抵押权人或者未告知受让人的，如果抵押物已经登记的，抵押权人仍可以行使抵押权；取得抵押物所有权的受让人，可以代替债务人清偿其全部债务，使抵押权消灭。受让人清偿债务后可以向抵押人追偿。

③ 抵押期间，抵押人经抵押权人同意转让抵押财产的，应当将转让所得的价款向抵押权人提前清偿债务或者提存。转让的价款超过债权数额的部分归抵押人所有，不足部分由债务人清偿。抵押期间，抵押人未经抵押权人同意，不得转让抵押财产，但受让人代为清偿债务消灭抵押权的除外。

第92条规定的新法优于旧法的规则作出判断——针对该当法律关系应适用《物权法》第191条而非《担保法》第49条。[①] 此外，就规范此种法律行为的司法解释而言，《立法法》第104条规定："最高人民法院、最高人民检察院作出的属于审判、检察工作中具体应用法律的解释，应当主要针对具体的法律条文，并符合立法的目的、原则和原意。"鉴于《民法通则》中并无规范不动产抵押物转让行为的条文，《民法通则意见》的规定既不符合《立法法》关于司法解释的针对性的要求，且与其后颁布的《担保法》的规定不相一致，进而没有可得适用的空间。《担保法解释》第67条虽系针对《担保法》第49条而进行的解释，但其所谓的"解释"已经远远超出了《担保法》第49条立法的原意，况且与之后颁布实施的《物权法》的规定相去甚远，同样不能据此作为裁判的大前提。故就抵押物转让行为的效力判断而言，仅有《物权法》第191条可得适用。

（二）债权形式主义下的物权变更登记不能

我国民法奉行物权变动的债权形式主义，在该物权变动模式下，物权变动法律效果的发生，并非法律行为这一单一民事法律事实的作用，而是以债权合同这一法律行为与交付或者登记这一事实行为的相互结合为依据，[②] 就不动产而言，除需要双方当事人就不动产买卖达成合意之外，还要在不动产登记簿上完成变更登记。《物权法》第14条"不动产物权的设立、变更、转让和消灭，依照法律规定应当登记的，自记载于不动产登记簿时发生效力"的规定，即采纳了物权变动的登记要件主义，未经登记，不发生物权变动的法律效果。

不动产登记机关为配合《物权法》的实施，对于不动产物权变动的规

---

① 四川省成都市金牛区人民法院于2013年11月5日作出的（2013）金牛民初字第3923号民事判决中，即以《担保法》的规定判决"金创公司现无权将产权过户至黄振永名下，对黄振永的该项请求不予支持"。在陈某与李某、杨某房屋买卖合同纠纷一案中，四川省江油市人民法院作出的（2013）江油民初字第4237号一审判决以及四川省绵阳中院作出的（2015）绵民终字第956号终审判决，均以涉案合同违反《担保法》第49条的强制性规定为由，认定合同无效。

② 肖立梅：《论我国的物权变动模式》，载《政法论丛》2009年第1期。

则在实践操作层面进行了细化规定，《房屋登记办法》第34条①、《土地登记办法》第43条第1款②（《不动产登记暂行条例》《不动产登记暂行条例实施细则》未对此进行规定）均将“抵押权人同意转让的书面文件”作为不动产抵押物所有权变更登记的必备材料之一，完全契合《物权法》第191条“抵押人未经抵押权人同意，不得转让抵押财产”的规定。物权变动的要件有三：一是标的物客观存在并且已经特定化；二是处分人具备处分权；三是交付，动产进行实际交付，不动产进行拟制交付（登记）。由此在逻辑上可以推论出，在一般情况下（排除登记机关工作人员因为疏忽或者其他非正当的事由而违反法律和办法的规定而操作的可能），买卖双方如未出具抵押权人同意转让抵押物的文件，登记机关不予办理物权变动的登记。在程飞诉抚顺市房产管理局不履行房屋登记法定职责一案中，二审法院即认为“被上诉人申请房屋所有权转移登记，需经抵押权人同意或清偿债务消灭抵押权，在上述条件尚未具备的情况下，要求原审被告为被上诉人办理房屋所有权转移登记于法无据”。③ 在上诉人何博因与被上诉人招行首义支行、武汉市市房管局和第三人武汉洪山区房管局、中太公司房屋转移登记及行政赔偿一案中，法院认为：“市房管局在中太公司、何博未提交抵押权人同意抵押房屋转让的书面文件等情况下，将中太公司抵押给原告的房产转移登记在何博名下，属于未履行审慎的形式审查义务的行为，市房管局作出的涉案房屋转移登记行为事实依据不充分，违反了法律规定”，判决撤销武汉市房管局为何博作出的房屋转移登记行政行为。④

司法实践中涉及《物权法》第191条的案件，大多也是因抵押权人的不同意导致不动产不能进行变更登记而产生的纠纷。比如，在上诉人陈某与被上诉人金某甲、金某乙房屋买卖合同纠纷案中，陈某与金某甲签订房屋买卖合同后，金某甲到期未履行协助办理房屋过户的义务，二审法院基

---

① 抵押期间，抵押人转让抵押房屋的所有权，申请房屋所有权转移登记的，除提供本办法第33条规定材料外，还应当提交抵押权人的身份证明、抵押权人同意抵押房屋转让的书面文件、他项权利证书。

② 土地使用权抵押期间，土地使用权依法发生转让的，当事人应当持抵押权人同意转让的书面证明、转让合同及其他相关证明材料，申请土地使用权变更登记。

③ 辽宁省抚顺市中级人民法院（2014）抚中行终字第00055号行政判决书。

④ 湖北省武汉市中级人民法院（2015）鄂武汉中行终字第00520号行政判决书。

于抵押权人未同意该房屋的买卖，判决驳回了陈某要求协助办理房屋过户的诉请。① 与物权登记机关的形式审核不同的是，此类纠纷诉至法院之后，法院会对抵押权人是否同意抵押物的转让进行实质性审查，从而判定当事人变动抵押物登记的诉请是否应当予以支持。在抵押权人未明确表示同意的情况下，买受人请求法院确认该讼争房屋产权归属的条件尚未具备，如法院判决作出确认该讼争房屋产权归属的判决有可能会给抵押权人造成损失，② 除买受人愿意清偿债务以消灭抵押权外，③ 要求出卖人进行变更登记的诉请一般不会得到支持。

（三）买受人亦不能依善意取得制度取得不动产物权

由于不动产需得变更登记系不动产善意取得的构成要件之一，按照前段所述的规则，变更登记一般是不能实现的，从而更加无从主张善意取得。在上诉人绿莹公司、同享公司与被上诉人甘肃陇西农村合作银行借款合同纠纷一案中，甘肃高院二审认为："上诉人同享公司虽上诉称其是善意取得抵押物，但绿莹公司在未征求陇西合作银行同意的情况下将抵押物转让给同享公司，不符合物权法及担保法的相关规定。"④ 故未支持上诉人善意取得的主张。在正常的不动产交易过程中，买受人一般会到房产登记部门对房屋的权属情况进行了解，⑤ 是否存在抵押等直接且严重影响标的物价值的事项更应当给予高度注意，这并非是额外科以买受人的注意义务，而是一个正常且理性的交易主体所应当付出的交易成本。既然不动产的抵押以登记为生效之要件，且在本案中已经办理抵押登记，买受人一经

---

① 浙江省嘉兴市中级人民法院（2011）浙嘉民终字第11号民事判决书。

② 广西壮族自治区百色市中级人民法院（2014）百中民一终字第207号民事判决书。

③ 在此类型的案件中，法院的判决一般会言明如下事项：（1）买卖合同有效；（2）买卖双方清偿抵押权人的借款；（3）出卖人协助买受人办理不动产过户手续。参见四川省成都市中级人民法院（2014）成民终字第3579号民事判决书、四川省资阳市中级人民法院（2014）资民初字第107号民事判决书。内蒙古自治区呼伦贝尔市中级人民法院（2014）呼民终字第720号民事判决书中更是将抵押权人未同意和不动产买受人未代为清偿作为此种情形下"办理涉案房屋过户手续的合法阻却事由"。

④ 甘肃省高级人民法院（2015）甘民三终字第57号民事判决书。

⑤ 海南省第一中级人民法院（2015）海南一中民一终字第118号民事判决书。

查询不动产登记即可知晓标的物抵押与否，即便其并未实际知晓标的物已经被抵押的事实，但由于其并未尽到正常交易主体应尽的注意义务，应推定买受人已经知晓标的物存在抵押的事实，否则不动产登记簿的公示效力便无从彰显。如此，买受人便不符合《物权法》第106条第1款第（1）项关于“受让人受让该不动产或者动产时是善意”的构成要件，无从主张善意取得不动产抵押物。

三、不动产抵押物转让合同的效力证成

针对合同效力问题，无效说主要存在以下两种观点：第一，根据《物权法》第9条“不动产物权的设立、变更、转让和消灭，经依法登记，发生效力；未经登记，不发生效力”的规定，房屋买卖合同无效。[①] 第二，抵押人既未证明抵押权人同意被告转让抵押物，也没有代抵押人清偿债务消灭抵押权，违反《物权法》第191条第2款的规定，故合同无效。[②]

（一）区分原则：不能以物权未变动为由否定合同效力

所谓区分原则，即在依据法律行为发生物权变动时，物权变动的原因与物权变动的结果作为两个法律事实，它们的成立生效依据不同的法律根据的原则。[③] 虽然我国立法和学界通说均不承认物权行为的无因性，[④] 但物权行为的无因性的核心内涵系如果债权行为的效力被否定，与之相关的物权行为的效力并不随之而被否定，物权行为的独立性更为强调物权行为和债权行为在性质上的区分，在相互独立的逻辑基础之上，二者之间是否存在效力上的因果联系（即有因性或者无因性）则取决于立法者的政策考量，即独立性并非一定指向无因性，即对于无因性的不认可在逻辑上并非必然导致对于区分原则的否认。

---

① 四川省达州市中级人民法院（2015）达中民终字第160号民事判决书。

② 山东省德州市中级人民法院（2014）德中民字第115号民事判决书；高圣平：《担保法论》，法律出版社2009年版，第352页。

③ 孙宪忠：《中国物权法总论》，法律出版社2014年版，第276页。

④ 梁慧星：《如何理解〈合同法〉第51条》，载《人民法院报》2000年1月8日；王利明：《物权行为若干问题探讨》，载《中国法学》1997年第3期，第58~70页；王轶：《物权变动论》，中国人民大学出版社2001年版，第88页。

《物权法》第15条“当事人之间订立有关设立、变更、转让和消灭不动产物权的合同，除法律另有规定或者合同另有约定外，自合同成立时生效；未办理物权登记的，不影响合同效力”的规定，以不可置疑地方式将物权变动的完成与旨在达成物权变动效果的合同的效力之间的关系彻底斩断，彻底否定《担保法》时代物权不变动合同即未生效的规定，① 将物权变动的原因行为和结果行为之间的关系区分开来，合同是否成立以及能否生效应当按照合同法上的相关规定来判断，物权变动纵然系合同所追求的目的，亦不能以物权未能发生变动为由否定合同的效力。物权和债权作为现代民法中相互区分的两大支柱，其变动也应当遵循不同的理论轨迹。

《物权法》第15条的规定颠覆了《担保法》部分的规定，由于其在物权法的体系中处于总则的地位，故对于所有涉及物权变动的法律行为均有效力，对于买卖合同中标的物的物权变动与否是否涉及合同效力的问题也当然地具备拘束力。在逻辑上，不动产抵押物的物权变动不能并非合同效力被否定的充分条件。前述第一种合同无效的观点系典型的以物权没有发生变动而否定合同效力的情形，故此种说法明显违背物权法关于区分原则的规定，不能以此观点否定不动产抵押物转让的合同效力。物权转让不能成就，并不导致物权转让的原因即债权合同无效。

（二）基于规制对象的考察：合同非因违反《物权法》第191条而无效

无效说认为，如果抵押人未经抵押权人同意而转让抵押财产，该转让合同无效。② 因为《物权法》第191条第2款属于效力强制性规范。其目的在于通过禁止抵押物的转让使得第三人不能获得该财产之所有权，从而保障抵押权人利益。如果将该条规定认定为管理性规范，就意味着抵押人未经抵押权人同意转让其抵押财产的合同仍然有效，这会使得法律关于抵押权人同意的规定形同虚设，无法实现其立法目的。因此，违反该规定将

---

① 以《担保法》第41条和第64条第2款的规定为主。

② 高圣平：《担保法论》，法律出版社2009年版，第352页；“袁安琨与黄秀桂、建行园湖支行、广西桂嘉汇房地产集团有限公司所有权确认纠纷案”，广西壮族自治区南宁市兴宁区人民法院（2013）兴民一初字第1908号民事判决书。

导致合同无效。① 本文第一部分提及的辽宁省高级人民法院（2015）辽审一民再终字第1号民事判决书即持此观点。

从《物权法》第191条第2款的法条结构分析，其积极的构成要件有二：一是抵押期间，二是转让抵押财产未经抵押权人同意；消极的构成要件系受让人代为清偿债务消灭主债权进而消灭抵押权；法律效果是不得转让抵押财产。从该法律效果的表述方式来看，该款规定的性质确系强制性规范无疑，其直接否定抵押财产转让的法律效果的措辞也表示出其系效力性的强制性规定。我国法律中使用“不得转让”“不得抵押”等表述的地方甚多，但这些“不得……”的含义并不相同，有的是指不发生物权变动的效果，有的则是指转让合同本身无效等。② 故该款法律的规制对象依然是需要探究的问题，如果该法条的规制对象并非合同的效力，而仅仅系对于物权变动的调整，则不能以其系效力性的强制规定而武断地否定合同的效力。

以可能的文义出发，在法律的体系之内寻求确定的意涵，总是事后可以合乎逻辑的方式进行检验的解释方法。“转让”在物权法全文中共出现73次，其中绝大多数是与物权或者表示特定种类物权的名词相连用，即便是与债权连用时，其也是旨在表达一种权利或者权益的主体变动，结合《城市房地产管理法》第37条“房地产转让，是指房地产权利人通过买卖、赠与或者其他合法方式将其房地产转移给他人的行为”的规定可知，转让乃是财产或者权利在民事主体之间的移转，③ 于此，即物权变动。《物权法》第191条第2款虽然系效力性的强制性规定，但其调整对象并非抵押物转让合同的效力，而是对于物权变动的规定，旨在阻却抵押权人未同意情况下抵押物的变更登记，以保护抵押权人的利益。关于未经通知抵押权人而导致物权不能转让的规定，其效力不应及于物权变动的原因行为。④

---

① 王利明：《物权法研究（第三版）》（下卷），中国人民大学出版社2013年版，第1225页；刘智慧主编：《中国物权法释解与应用》，人民法院出版社2007年版，第556页。

② 崔建远：《物权法》，中国人民大学出版社2011年版，第464页。

③ 陈永强、王建东：《论抵押物转让的法律效果——以对我国〈物权法〉第191条的解释为中心》，载《政治与法律》2009年第9期。

④ 广东省肇庆市中级人民法院（2014）肇中法民二终字第102号民事判决书。

《第八次全国法院民事商事审判工作会议（民事部分）纪要》第14条也明确的指出，《物权法》第191条第2款并非针对抵押财产转让合同的效力性强制性规定。以该条款系效力性强制性规定而否定不动产抵押物转让合同效力的观点，并不能够成立。

（三）合同有效：基于价值判断的合同效力评析

《合同法》鼓励交易，除法律明确规定效力有瑕疵的情况外，一般不对合同的效力进行否定性的评价。前述部分已经反驳了最常见的基于法律规定而否定抵押物转让合同效力的观点，但法律的本质并非单纯的条文，而是在对立的价值之中进行的抉择，即价值判断的结果。不动产抵押物转让的法律关系涉及抵押人（出卖人）的合同自由、抵押权人的抵押权保障以及买受人利益的保护。

法律限制抵押物的转让是为了保障抵押权人的权利，并不是绝对禁止抵押物的转让。[①] 立法目的在于既充分保障抵押权不受侵害，又不过分妨碍财产的自由流转，充分发挥物的效益。[②]

立法者抛弃《担保法》模式转而设计《物权法》第191条的权利义务模式的目的在于保障抵押权人和抵押物买受人的合法权益。[③] 当事人虽然签订了买卖不动产抵押物的合同，但《房屋登记办法》第34条、《土地登记办法》第43条第1款均将"抵押权人同意转让的书面文件"作为不动产抵押物所有权变更登记的必备材料之一，结合债权形式主义的物权变动模式，在抵押权人没有同意的情况下，不动产物权难以实现变动。且从针对《物权法》第191条的检索结果来看，司法实践中涉及《物权法》第191条的案件，绝大多数是因抵押权人的不同意导致不动产不能进行变更登记而产生的纠纷。所以，在确保不动产抵押物不能进行物权变更登记的情况下，首先抵押物的客观存在在事实上不会让抵押权人遭受风险，在法律上，物权依然登记在原抵押人的名下，抵押权亦未因买卖合同的签订而遭受不利影响（即便是买受人享有变更登记请求权，但该权利并不能够对

① 湖南省张家界市中级人民法院（2014）张终民一终字第111号民事判决书。

② 新疆维吾尔自治区高级人民法院（2013）新民一提字第00095号民事判决书。

③ 全国人大常委会法工委编：《中华人民共和国物权法释义》，法律出版社2007年版，第417~419页。

抗作为物权的抵押权，况且在物权优于债权的原则之外，还有抵押权人的同意作为变更登记的对抗要件)，一旦债务人不能偿还债务，抵押权人便可以申请对该抵押物实现抵押权，设定抵押权保障债权实现的目的仍可实现。不动产所有权的转让登记因抵押而受到限制，抵押权人的合法权益不会因不动产转让而受到损害,① 此种状况已经实现了《物权法》第 191 条对于抵押权人进行保护的立法目的。所以，无论合同是否有效，对于抵押权人的利益是没有负面影响的。

但法律如此规定并非仅考量抵押权人的单方利益。既然合同有效与否都能实现法律保护抵押权人的立法目的，那么合同是否有效对于买受人的影响便是应当考量的最为核心的要素。如果认定合同无效，则双方当事人回复到签订合同之前的权利义务状态，买受人丧失了依据合同约定追求出卖人违约责任的权利，仅得主张缔约过失责任，这对于买受人是不公平的。买卖双方均基于其真实意思表示而签订买卖合同，且无其他效力瑕疵的情况下，按照合同约定承担违约责任是意思自治原则的必然要求。所以，买卖合同有效的解释既保护了抵押权人的权利，也兼顾了买受人利益，最能实现《物权法》第 191 条的立法目的，也彰显了法律所追求的公平价值。

四、不动产抵押物转让合同效力的法律适用

《民法总则》第 136 条规定："民事法律行为自成立时生效，但是法律另有规定或者当事人另有约定的除外"，《民法总则》第六章第三节民事法律行为的效力也首先规定了民事法律行为有效的条件，而后通过绝大多数的篇幅规定效力瑕疵的情形。这就决定了民事法律行为效力判断的逻辑顺序，除能证明民事法律行为具有效力瑕疵的外，均自成立时即生效。也即在排除了可能导致合同效力瑕疵的情形后，民事法律行为的效力即可得以肯定。本文也是按照此逻辑展开，基于《物权法》规定的区分原则，不动产抵押物转让的合同并不会因抵押物的物权变动不能而遭到否定，《物权法》第 191 条第 2 款的规定仅在于阻却不动产抵押物在未经抵押权人同意的情况下的物权变动，并非针对该转让合同效力的效力性强制规定，故而

① 陕西省榆林市中级人民法院（2013）榆中法民一终字第 00218 号民事判决书。

在实践中最为常见的否定不动产抵押物转让合同效力的理由并不能够成立。另外，合同有效的解释能够平衡保护抵押权人和抵押物买受人的权利，所以，无论是在文义解释的层面，还是在价值判断的角度，不动产抵押物转让的合同均应有效。

在未经抵押权人同意的情况下所签订的买卖不动产抵押物的合同的效力判断，应当适用《民法总则》或者《合同法》关于合同成立即生效以及合同效力瑕疵的规定，譬如在此类案件中最常为援引的《合同法》第52条第5项；如涉及《物权法》第119条第2款性质的论述，也应当加以引用。

在司法实践中存在直接适用《最高人民法院关于审理买卖合同纠纷案件适用法律问题的解释》（以下简称《买卖合同解释》）第3条第1款的情形，① 但是在抵押人与买受人签订买卖合同之时，抵押人依然享有抵押物的所有权，其处分权虽然受到了限制，但依然由其保有，故直接适用《买卖合同解释》第3条，在文义上存在障碍。另，类推适用的运作与否，取决于系争案件与法定案件类型在构成要件方面"类似性"的认定。设有法定类型A，其内涵特征可以分为M_1、M_2、M_3、M_4、M_5几点，系争案件类型B的内涵特征有M_2、M_3、M_4、M_6、M_7，相互比较可知A、B两案的相同特征为M_2、M_3、M_4三点，而若这三点在法律评价上对A、B两案具有重大意义，则可认定两案具有类似性。② 在正常的情况下，出卖人可以自由进行物权的变更登记，但由于抵押物的转让须得抵押权人的同意，故抵押人的处分权受到了限制，在抵押权人不同意的情况下，其处分权受到限制的程度其实与无处分权处于相同的境地，故其应当享有与《买卖合同解释》第3条规定的同样的法律效果，即买卖合同有效。亦有法院根据此规定以"举重以明轻"的规则证成买卖合同的效力不应受抵押人处分权受限制的影响。③ 故在此类案件中不适宜直接适用《买卖合同解释》第3条的规定，但可在分析两类法律关系在构成要件方面类似性的基础上类推适用。

---

① 内蒙古自治区呼和浩特市中级人民法院（2014）呼民再字第00040号民事判决书。
② 黄建辉：《法律阐释论》，台湾地区新学林出版股份有限公司2000年版，第36页。
③ 四川省高级人民法院（2015）川民提字第126号民事判决书。

五、结语

法律的生命在于裁判，一次裁判的偏差所带来的民众对于法律信仰的缺失是法治所不能承受之重。法律的抽象性决定在对具体案件进行裁判时需要法官进行法律解释，法律解释应当注重释义学的方法，在法律语词所具备的含义之内结合法条所处的法律体系而进行，不能忽略区分原则的存在而径行以物权未变动为由否定合同效力；可能的文义之间存在的冲突体现的是不同利益之间的对立，裁判者应当居中对相互冲突的利益作出取舍，如能平衡各方利益则更为良策，物权不能变动已经实现了法律保护抵押权人的目的，如能兼顾买受人的利益，保障合同的效力，更加体现了裁判的公正。判

（本文仅代表作者本人观点）

中国民法典分则编纂中的主要问题*

——以韩国民法体系比较为中心

[韩] 金星洙** 蒋晓华译***

一、前言

2017年颁布的《民法总则》，标志着中国民法典编纂工作的第一步顺利完成，而制定民法典分则编的第二步工作正在积极地推进，并将于2020年3月全部完成民法典的编撰。由于民法典分则的内容比《民法总则》更为广泛，立法机关专门组成了数个小组分别负责各编，以审议相关分则编草案的内容。最近，中国初步完成了

---

* 笔者原先受邀研究的主题是“中国民法典编纂中的主要问题研究”，分别是：(1) 人格权编的主要问题研究；(2) 合同编的主要问题研究；(3) 物权编的主要问题研究；(4) 侵权责任编的主要问题研究，但是笔者没有搜集到相关的具体资料。因此，本文主要是将中国民法典体系的一般性问题与韩国民法相比较。等民法典颁布后，笔者再对其体系和内容进行更为深入的研究。此外，亲属法和继承法虽然也属于民法典的一部分，但是除了具体涉及的必要问题之外，在此不进行具体的研究。

** 韩国警察大学法学系教授、法学博士。

*** 中国人民大学法学院博士研究生。

民法典分则编的建议草案（征求意见稿）①，学术界和实务界对此作出了积极的讨论和评价。遗憾的是，笔者并没有看过这些草案，不了解民法草案的体系和具体内容。因此，下面将围绕着中国民法典的编制体系对其进行研究，并考察了现行单行法，思考是否有必要将一些单行法纳入民法典的一编。在第三部分“民法典的内部体系”和第四部分“民法典分则编的内容”中，本文主要考察民法典各分则的体系和规范性内容。在最后一章中，笔者根据前述内容，借鉴国外学者对中国正在制定的《民法典》的不同观点，提出一些个人建议。

二、民法典的外部体系

在中国民法典编纂过程中，采用什么样的结构、具体包括哪些内容等问题是主要的争议焦点。在下文中，我将首先考察民法典的外部体系，如民法与商法、国际私法、知识产权的关系，然后依次考察财产权、身份权

---

① 该草案指的是《民法典各分编（草案）》（征求意见稿）。该草案是在2018年3月15日，由全国人民代表大会常务委员会法制工作委员会发给各机关征求意见的公文（法工委发〔2018〕12号），法学院和机关单位围绕着该草案举行了学术讨论会议，并提出了不同的观点。之前计划的是，民法典编纂的第二阶段是以现行的单行法为基础，制定分则编。编纂民法典各分编，于2018年上半年整体提请全国人民大会常务委员会审议，经全国人民大会常务委员会分阶段审议后，最后于2020年3月把分则也纳入到民法典当中，最终在全国人民代表大会审议通过后，完成统一的民法典。可以说，草案（征求意见稿）是中间阶段的成果。

和人格权等问题。①

(一) 民法和商法——民商合一

除了民法典之外,韩国还有单独的商法典。《韩国商法典》颁布于1962年1月20日,自1963年1月1日起生效。该法典包括总则(第1编)、商事行为(第2编)、公司(第3编)、保险(第4编)、海商(第5编)和附则。

有人认为,因为商法没有独立于民法的必要性,商法和民法应统一规定在同一法律体系中。从立法例上可以看出,中国大陆的民法(商法)和中国台湾地区的民法都支持这种观点。② 据说,这是因为商法的各种制度是以民法为基础进行制定的,如行为能力、责任能力、法律行为、所有权等。因此,商法的独立性受到了质疑。此外,民法和商法交叉控制自然人的经济生活,可能会导致混乱局面。比如,一般债权的诉讼时效为10年(《韩国民法典》第162条第1款),而商事债权的诉讼时效为5年(《韩国商法典》第64条),如果民事和商事之间的界限模糊,交易当事人可能

---

① 关于这些问题点,主要参考文献有:王利明:《民法典体系研究》,中国人民大学出版社2008年版;梁慧星:《民法典编纂体例若干问题》,载中国法学网 http://www.iolaw.org.cn/showArticle.aspx?id=5168,访问时间:2017年5月11日。2000年以后,除了2002年正式公布的《民法典草案》外,梁慧星、王利明、徐国栋等教授纷纷编写了民法典草案,最近(特别是颁布《民法总则》后),于海涌教授编写了《中国民法典草案立法建议(提交稿)》(法律出版社2016年版)。根据上述的民法典草案和现行中国的民事单行法,笔者本想展开具体讨论,但因某些原因并不能如愿以偿,但笔者认为,这种比较对今后如何构建民法典体系,特别是凸显民法典分则编的多样性有特别重大的意义。此外,在《民法总则》《物权法》和《侵权责任法》的制定过程中,诸多学者也草拟出不同的草案,深化了单行法的体系和具体内容的理解。笔者认为,学者们在制定法典过程中积极研究并纷纷提出不同的观点,能够促进学术更加成熟。

② 关于中国民商法统一的通说观点主要参考了王利明:《民法典体系研究》,中国人民大学出版社2008年版,第234页以后;赵万一:《商法学》,中国法制出版社2006年版,第17页以后等。

要承担无法预料的不利后果。① 由于韩国的民法和商法继受了德国、法国和日本的民法和商法，其体系也深受这些国家的影响，因此，民商分立论比民商合一论更占主导地位。② 总则（第一编）和商事行为（第二编）设置在商法典分则编（公司、保险和海商）前面，规定了商人、商业辅助人、营业场所、商号、商业账簿、商业登记、营业转让。在商事行为编中，首先规定了商事行为总则，然后依次规定了买卖、交互计算、匿名组合、代理商、中介业、委托买卖业、货运代理业、运输业、航空餐饮业、仓储。③ 特别是在商事行为的一般规则中，除了规定商业交易的概念之外，还考虑到商业交易的特殊性，制定了民法（财产法）的一些特殊规定以适用于商事行为。这种特殊规定分别表现在以下几个方面：（1）民法总则中规定了商事代理和商事诉讼时效；（2）在物权编中规定了流质契约和商事留置权④；（3）在债权编中规定了合同的成立、保障商人营利的报酬请求权、消费贷款的利息请求、拖欠债务的利息请求和商事法定利息、⑤ 无偿收款人的注意义务、债务履行的特殊规定，多数当事人连带责任的原则。

---

① 日本民法也是如此。然而，日本民法在2017年修改债权法的时候，把之前诉讼时效为10年的规定改为自权利人知道权利被侵害之日起5年和采取行动之日起10年的二元化构造，删除了商事时效（5年）和其他短期诉讼时效的相关规定。2009~2013年的韩国民法典修正案虽然采纳了这种观点，但该内容并没有成为法律规范。从这方面来看，可以说几乎没有必要制定独立的商法典通则编（民商分离）。

② 例如，［韩］郭润直：《民法总则》，韩国博英社2001年版，第12页。主要强调了商法的特点及其基本原则与民法的不同，肯定了商法独立性。此外，民法与商法虽形成独立的法律体系，但二者的区别是流动的，而且不断地互相融合。［韩］李哲松：《商法总则——商事行为》，韩国博英社2003年版，第11页；［韩］郑东润：《商法总则——商事行为法》，韩国法文社1996年版，第23页：民商法统一论提出的观点是二者相互融合，应该反映在立法和立法解释当中。

③ 2010年修订《韩国商法典》时，新增融资租赁、加盟（连锁）业、债券购入业等为商事行为。

④ 商事留置权（《韩国商法典》第58条）与民法的留置权（我国《物权法》第230条）不同，它不要求标的物和被担保债权具有关联性，只有在债务人享有留置物的所有权时才会成立。

⑤ 民法规定的法定利率为5%（《韩国民法典》第379条），但商事行为导致的债务的法定利率为6%（《韩国商法典》第54条）

在商业交易中，还分别规定了提存、拍卖权、买方的检查和通知义务、保管和提存义务。

中国民法采用民商合一原则。虽然采用民商合一原则，但商法的特殊条款与韩国商法一样，除了在债权编中规定典型合同之外，其调整对象往往被民法忽视。因此，关于如何在未来的中国民法典中编入“商法通则”或“商法总则”，存在不少争议，[①] 尤其是有学者批判已颁布的《民法总则》主要规定了民法，并没有把商法考虑进去。从这个方面来看，中国也应该积极参考主张民商分立国家商法典的内容，使商法渗透在民法典的各编当中。[②] 而且，既然民法和商法融合在一起，就应该让商法学者也参与民法典的制定，与民法学者共同讨论民法典的编纂。[③]

（二）民法与国际私法（涉外民事关系法律适用编）

1986年的《民法通则》中规定了国际私法的内容（即该法第八章涉外民事关系的法律适用）。以此为蓝本，中国于2010年制定了《涉外民事关系法律适用法》。此外，2002年制定的《民法典（草案）》将国际私法设为单独一编。2002年，国际私法学者为了实现国际私法的法典化，拟订了《国际私法示范法》。该法共有五章，第一章为一般规定、第二章为管辖权、第三章为法的适用、第四章为私法共助、第五章为附则。2010年，中国颁布了类似于国际私法的《涉外民事关系法律适用法》。但是，《民法总则》颁布后，在制定民法典分则编的过程中，并没有人提议把国际私法

① 例如，中国商法学研究会提出过制定商法总则或商法通则的建议，也有学者曾编写过该建议案，如《商法通（总）则草案建议稿》。此外，还有观点认为，可以把商法通则制定为单独的一编或者设置为民法总则的一个章节。主要参考了赵旭东：《民法典的编纂与商事立法》，载《中国法学》2016年第4期。

② 商法指的是传统大规模的商法典。如果商法典的一些规定独立为单行法，如公司法、票据支票法、海商法、保险法典，只剩下商法总则和商事行为相关的规定，就会变成小规模的“商法典”。在这种情况下，将商法典纳入民法典中规定更加合适。

③ 这些商法学者提出的商事通则或商法通则，在内容上主要包括商事主体、商事登记、商事账簿、商事行为。但这种观点遭到一些学者的反对，他们认为，这些内容可以通过民法总则或商事特别法规定，并不需要制定单独的商事通则或商法通则。

纳入到民法典中。

学术界一直有观点认为，国际私法应制定为独立的法典，主要是强调了国际私法与民法的差异性和国际私法的特殊性。由于民法不是程序法，属于典型的实体法，不宜在其中规定国际裁判管辖权等内容，因此，国际私法应该制定为独立的法典。但是，也有反对国际私法独立于民法典的观点，他们认为国际私法应该制定为民法典内单独的一编。①然而，韩国把国际私法（2006 年）规定为与民法典相独立的法典，②③ 而没有采纳将其纳入民法典的观点。如果把国际私法纳入到民法典中，那么与国际私法相类似的国际条约（如韩国作为合作国加入的国家交易法——《联合国国际贸易销售合同公约》）是否也应该纳入民法典等问题将会层出不穷。尤其是，国际私法虽然使用民法的概念，但它并不规定实体法上的权利和义

---

① 例如，宋晓：《国际私法与民法典的分与合》，载《法学研究》2017 年第 1 期。此外，《民法通则》和 2002 年《民法典草案》也采用了这种观点。1998 年开始的第四次民法典编纂，于 2002 年 4 月完成的《民法典（草案）》共包含九编，分别是总则、人格权、物权、知识产权、合同、侵权行为、亲属、继承、涉外民事法律关系的法律适用。但是，全国人民代表大会法制委员会最终决定的《民法典（草案）》（征求意见稿）（2002 年 12 月 22 日）共包含八编，分别是总则、物权编、合同编、人格权编、婚姻编、收养编、继承编、侵权责任编和涉外民事关系的法律适用。显然，在其体系中包含了国际私法，但不包含知识产权。此外，合同编、亲属编、继承编并没有参照草案的内容，而是吸收了当时的《合同法》《婚姻法》和《收养法》等法律。

② 之前被称为《韩国涉外私法》，2001 年改名称为《韩国国际私法》。

③ 在日本，明治维新时期最初规定的《皇国民法暂行规则》（《皇国民法仮規則》，1872 年）第 1 条到第 6 条，成为了民法的一部分。这种做法与《法国民法典》相似，《法国民法典》就是把国际私法规定在民法的序言部分。但是，民法典编纂过程中与旧民法相分离，并经过民法典论战进行修订，形成了 1898 年的《日本法例》（明治 31 年）。《日本法律适用通则法》（法の適用に関する通則法）则是对《日本法例》全面修订的产物，颁布于 2006 年。该部法律在第二章中规定了一般规定（第二章　法律に関する通則）（第 2 条、第 3 条）），分别是法律试行期间（第 2 条）和习惯法的效力（第 3 条），而这又分别规定在《日本民法典》的附则和通则部分。尤其是关于习惯法的效力，《日本法例》和《日本法律适用通则法》虽是民法通则的重要内容，但并不是纯粹的国际私法，它还包含着民法的内容。例如，第 3 条（相当于之前的《日本法例》第 2 条）规定，不违反公序良俗的习惯，经法律确认，或没有被法律所确认的，具有法律相同的效力。

务，而只是规定法律适用（权利法），在这个问题上与传统民法的概念（权利和义务）① 是不同的。因此，笔者认为，将国际私法制定为单独的法律更为妥当。②

（三）民法和知识产权——将知识产权法编入民法典

在中国，存在把知识产权法编入民法典的观点。③ 有人认为，首先把知识产权法纳入民法典，然后使之成为民法典的独立的一编；还有人认

① 一般认为，民法是规定权利义务等实体事项的实体法。例如，[韩] 郭润直：《民法总则》，韩国博英社2009年版，第9页。

② 但是，如果国际私法旨在实现私法的国际统一，即私法统一（民事法），可以把它纳入民法典的一部分。

③ 例如，吴汉东：《民法法典化运动中的知识产权法》，载《中国法学》2016年第4期。此文中提出了把知识产权法编入民法典的建议稿。如，第1条［知识产权的性质］知识产权属于民事权利；第2条［知识产权的范围］知识产权包括以下权利：（一）著作权和与著作权有关的权利；（二）专利权；（三）商标权；（四）商号权；（五）原产地标记权；（六）商业秘密权；（七）集成电路布图设计权；（八）植物新品种权；（九）反不正当竞争权；（十）其他知识产权。（以下省略）但是，该作者也提出了相反的观点。他认为，知识产权具有独立的体系，因此不应该编入民法典，应制定独立于民法典的单行法，参与民法典立法的大多数学者总体上同意该观点。例如，吴汉东：《知识产权制度不宜编入我国民法典》，载《法制日报》2002年9月29日；吴汉东：《知识产权立法体例与民法典编纂》，载《中国法学》2003年第1期；吴汉东：《知识产权应在未来民法典中独立成编》，载《知识产权》2016年第12期；吴汉东：《民法法典化运动中的知识产权法》，载《中国法学》2016年第4期。持有相同观点的还有：邓社民：《我国民法典分则编纂中的知识产权立法构想》，载《法学评论》2017年第5期；李琛：《论中国民法典设立知识产权编的必要性》，载《苏州大学学报（法学版）》2015年第4期。

为，知识产权法应该成为独立于民法典的单行法。①

在韩国，知识产权法是单行法。至今没有出现要把该单行法编入民法典的倾向和主张。但是，民法与知识产权具有密切的关系，知识产权其实是赋予了无形财产与所有权类似的财产权（准物权）。② 因此，如果知识产权中没有特别规定的话，应该适用民法的相关规定。换言之，知识产权法就是民法的特别法。例如，韩国知识产权法中损害赔偿的规定（《韩国特许法》第128条、《韩国商标法》第67条、《韩国著作权法》第125条）都是把民法的一般原则作为前提制定的特别规则。由于这种观点已经被广为接受，知识产权法连准用民法相关规定的内容都没有被明文规定。而且，法院判决时，即使不追究侵害知识产权的责任，也可以追究民法上的侵权责任，民法在此主要起补充性的保护作用。③ 但是最近，由民法进行

---

① 1986年颁布的《民法通则》中，第五章第三节规定了知识产权的内容。2002年12月颁布的《中华人民共和国民法典草案》沿用了《民法通则》的规定方法。此外，一些学者编写的民法典草案，在体系上并没有跟随上述两部法律的模式。例如，梁慧星编写的草案的目录为如下：第一编总则、第二编物权、第三编债权总则、第四编合同、第五编侵权行为、第六编亲属、第七编继承。王利明编写的草案也是如此，共包含8编，分别是总则、人格权、亲属法、继承法、物权、债权总则和合同法、侵权责任法。而徐国栋编写的草案，包含了知识产权和国际私法。以法国式三编制（人、财产、财产的取得方法）为基础，按重要程度排序编纂民法典，第一编人身关系法：第一分编自然人法、第二分编亲属法、第三分编法人法、第四分编继承法；第二编财产关系法，第一分编物权法、第二分编债权法总则、第三分编各种合同、第四分编知识产权法。另外，在法典开头设一个序编，规定法律行为、代理、时效等。在法典后面设一个附编，规定国际私法。

② 在韩国，财产权可分为三类，知识产权被列为物权和债权之后的第三个对象。例如，［韩］郭润直、金载兴：《民法总则》，韩国博英社2012年版，第62页。但是，从知识产权的排他性的特点来看，知识产权被认为是广义的物权（准物权）。

③ 例如，首尔地方法院1997.2.14. 宣告96甲合7170判决（俗称“海特热感应胶带”事件），首尔地方法院2001.12.7宣告2000甲合54067（俗称“电子地图”事件）；首尔中央地方法院2007.6.21. 宣告2007甲合16095判决（俗称“头发移植照片”事件）；首尔高等法院2008.9.23. 丁618决定（俗称：“互联网频道21”事件），此外，最近的还有韩国大法院2012.3.29. 宣告2010丙20044判决（俗称“凯蒂猫玩具”事件）。

规制的公开权（right of publicity）①，从之前通过肖像权等人格权进行保护转变为知识产权法的调整对象之一。② 此外，韩国民法之前只认可根据实际损失来确定赔偿数额的损害赔偿制度，但继2011年颁布《韩国著作权法》和《韩国商标法》修订后，民法也开始采用法定损害赔偿制度。③

三、民法典的内部体系

如何构建民法典的内部体系是事关如何编纂民法典分则的重要问题。

（一）身份法和财产法

在中国，在身份法（人格权法）和财产法体系中，先规定财产法还是身份法（人格权法）成为了最近的争议焦点。即便是传统的大陆法系体系，在这个问题上也存在分歧。法国民法典在序言后，把“人”规定在财产法的前面。但是，这个体系并不区分物权和债权，只是分别规定了财产和财产取得方法。在整个民法体系中，不设立总则，而是直接分为人法和财产法，在财产法中单独规定具体物权取得和债权取得的方法。④ 然而，《德国民法典》中民法总则在最前面，然后依次规定了债权和物权等财产

---

① 公开权是指公民可以对自己的肖像、姓名、声音和其他具有识别性的人格因素，通过广告或商品销售等方式进行商业利用的权利。

② 主要参考的文献有：［韩］金载兴：《一般人格权——以言论或其他表达行为侵害人格权为中心》，载《民事判例研究》第21卷，韩国博英社1999年版，第631页以后。最新的文献有［韩］全泰尚：《公开权的理论构成研究——以人格权的保护为中心》，首尔大学2012年2月法学博士论文。

③ 参考《韩国著作权法》等125条第2款和《韩国商标法》第67条第2款。例如，前者中规定，著作物受到侵害时，可以根据实际损害额，也可以根据第125条和第126条来对损害额进行调整，只要在法定金额1000万韩元（相当于人民币58600元）范围内，即可申请相当金额的赔偿。此外，虽然以实际损害的赔偿原则为基础，有时也会以侵害者所获的利益为实际损害额（《韩国著作权法》第125条第1项）；［韩］杨昌树：《从民法的角度看知识产权法——以侵害著作权的救济手段为中心》，载《季刊著作权》1988年第3期；［韩］郑尚朝：《知识产权法讲义》，韩国洪门社1997年版；［韩］朴俊锡：《韩国知识产权法与其他法律的关系》，载《法曹》2013年第12号，第5页以后等。

④ 这被称为罗马法的法学阶梯式。但是，在2004年以后，《法国民法典》在人编和财产编下面单独制定担保编（包含人的担保和物的担保），从而摆脱了传统的体系。但传统的体系仍然被《比利时民法典》和《卢森堡民法典》所采用。

法、亲属法和继承的身份法。① 最近，新修订或制定的各国民法典，有的是融合了二者，有的是与以往的体系都不同，体现出民法典的多样化。②

关于中国现行的民法典体系，有人认为，应该参照德国民法典体系，在总则编下面先制定物权和债权等财产法，然后再制定亲属法（婚姻家庭法）和继承法。韩国民法典是采用了该体系，而且在修订民法的过程中，也没有出现过是否要彻底修改该体系的争议。③ 关于是否将设立债权编存在争议，中国在民法典的制定过程中，如果直接照搬现行法的话，就不制定债权编，而是制定合同编和侵权行为编。此外，有的虽然同属于潘德克顿体系，但也因物权和债权的编排顺序而存在差异。《德国民法典》和中国台湾地区“民法”采用的是先债权编后物权编的编排顺序，而《韩国民法典》和《日本民法典》是先物权编后债权编的顺序。④ 中国是采用第二个编排方法，但是以合同编和侵权责任编代替了债权编。

此外，我们还可以假设把人法或身份法放在前面，财产编放在后面的体系，具体的编排顺序为民法总则、婚姻家庭编、继承编、物权编、合同编、侵权责任编。这就是把人法（身份法）放在财产法前面的具体方法，也是法国民法所采纳的观点。⑤ 有人认为，《民法总则》（第 2 条）规定了民法的调整对象为人身关系和财产关系，⑥ 而且在“民事权利”（第五章）

---

① 还可以称为潘德克顿式。

② 例如，《荷兰民法典》（共 10 编）、《魁北克民法典》（共 10 编）。此外，本文还参考了 2002 年的《巴西民法典》、2012 年的《捷克民法典》、2013 年的《匈牙利民法典》。

③ 韩国民法中，传统观点是把继承法看作是亲属继承法，家庭法的一种。但是最近也有观点认为，其是财产法，例如，“现行法的继承关系应该是纯粹的财产关系。在中国，也有的学者认为继承法实质上是以人身关系为基础的财产法。”［韩］郭润直：《民法总则》，韩国博英社 2009 年版，第 6 页以后。

④ 但是，也有人认为，韩国民法中适用民法总则的核心——法律行为论的领域是债权法，因此，不仅是在逻辑上还是理解的简易程度上，《德国民法典》的编制顺序（债权—物权）更为合理。例如，［韩］白泰升：《民法总则》，韩国法文社 2000 年版，第 28 页。

⑤ 《法国民法典》从之前的三编制，增加了担保编，形成了现在的体系，与原来的体系有所不同。然而，《比利时民法典》和《卢森堡民法典》维持法国原来的三编制体系。

⑥ 《民法通则》第 2 条规定的是“财产关系和人身关系”。

中，把人格权、基于身份关系产生的物权、债权、知识产权等也规定在财产权的前面正是反映了该体系，中国民法典编制体制的顺序是否也要采用该方法值得研究。①②

如果把婚姻家庭编和继承编一并放在“人”的体系之中，关于是否可以平等对待“婚姻家庭”和“人”的问题笔者不免有些疑问。自然人（人）在总则中已经被确定为民事主体，但是婚姻家庭是通过婚姻产生的特殊关系，而且没有婚姻的亲属关系也是如此。因此，笔者并不认为二者具有直接的因果关系。民法既重视财产，也重视家庭和亲属。既然在总则部分已经强调了自然人（人）为权利主体，那么最重要的是如何在分则各编中反映总则的体系。若是如此，在民法典总则中，至少自然人（人）和民事权利尤其重要，而其他被称为富有中国民法总则特征的民事责任则体现在分则编中即可。

（二）关于民事权利和民事责任的分则编

在2017年颁布的《民法总则》中，民事权利和民事责任都被制定为独立的章节，这在整体上和《民法通则》一样。鉴于《民法总则》的这种特征，民法典分则也应该以这种体系为基础进行编排。换言之，民法典的分则可分为“民事权利”和“民事责任法”两种。

首先，如果在“民事权利”中规定了物权和债权、知识产权、人格权，那么在分则中也应该体现该民事权利。为了形成平衡的体系，在分则编中可以设置为物权编、债权编和人格权编。但是，人格权编和侵权责任编与民法总则中的自然人有密切的关系，是否要将其制定为单独一编，值得进一步讨论和研究。

其次，民事责任包含合同责任和侵权责任，与此相对应，可以设置合同责任编和侵权责任编。《合同法》和《侵权责任法》之所以是中国现行的单行法，有可能也是基于上述原因，因此，它具有一定的合理性。合同法和合同责任主要是围绕着该体系和内容。此外，如果要制定成合同法，应该还要考虑其与被规定为民事权利法的债权编的关系。如果要制定为合

---

① 从现在热议的情况来看，应采用先财产法后债权法的顺序。

② 之前徐国栋编写的草案中，特别强调人法的地位。而梁慧星、王利明编写的草案和2002年的草案都基本维持了传统的潘德克顿体系。

同编，侵权责任也应该被制定为侵权责任编，而不是侵权责任法，这样才能实现体系的平衡。

据说，继《民法总则》之后，现行的民法草案设置物权编、合同编、侵权责任编和婚姻家庭编（包含收养编）、继承编，此外还新增了之前没有的人格权编。这种体系混合了民事权利和民事责任。但是，中国民法典有必要明确区分债权编与合同编、侵权责任编的关系，还应该把《民法总则》中规定的不当得利和无因管理移到债权编中。笔者认为，虽然编纂中国特色的民法典和修订现行法都很重要，但是兼顾传统民法典体系才是最重要的，中国民法典把不当得利和无因管理放置在《民法总则》，有些欠妥当。

四、民法典各编的内容

接下来，本文把将要制定在民法典分则各编的具体内容，按照物权、合同、侵权责任顺序，与韩国民法相比较，进行简单的分析。

（一）物权

1. 物权法概论

在中国，关于物权的民法规定除了有2007年制定的《物权法》，还有之前制定的《担保法》以及关于其他特殊土地的特别法（如《农村土地承包法》等）。关于物权法的内容，是通过物权法进行规定，还是通过财产法进行规定，中国学界仍存在争论。[①]

在物权法的特征当中，尤其强调强制性和固有法，韩国民法也强调这两个特征，尤其是固有法中的出典房使用权。中国是社会主义体制，以国家所有土地为基础制定了物权法的一些制度，故与传统的大陆法系的体系和内容都有所不同。

接下来讨论的是，以中国现行法为基础，与韩国民法进行比较，指出一些两国的差异。

2. 物权编总则

与物权法的强制性相关的有物权法定主义。中国《物权法》（第5条）

---

① 虽然有人主张的是将物权法、合同法和知识产权法进行合并，但是民法典草案整体上还是维持了传统大陆法系的物权法体系。

规定，物权的种类和内容由法律规定；而韩国物权编（《韩国民法典》第185条）规定，物权的种类和内容由法律和习惯法规定，不得任意创设。韩国是通过增加习惯法，缓和了物权法的强制性。①

公示原则和公信原则。韩国民法基于公示原则而确定的公示方法有两种，即动产的占有（交付）和不动产的登记。虽然韩国民法并没有明文规定公信原则，但肯定了动产的善意取得，确定了动产的交付也具有公信力。然而，韩国民法并不肯定不动产的善意取得，因此，即便登记也不具有公信力。但是，在中国民法（《物权法》第106条）中，动产和不动产都属于善意取得的调整对象。换言之，如果受让人通过合法的公示方法（占有或登记），与无权占有人进行交易，即可取得该物权。在韩国，很多学者也肯定不动产登记的公信力，该问题尤其在2004年修订《韩国民法典》的过程中，成为了争论的焦点。

在制定韩国民法的时候，完全没有想过要制定关于确认不动产登记的公信力的制度，因为比起交易安全，当时更加注重真实权利人的保护。但是，现在与以前大有不同。当今的不动产登记实现了电子化，具备了电子化管理的条件，而且现实交易在信息产业化社会中发生了变化，不动产的交易也变得频繁。由于交易安全变得更加重要，有必要通过法律的形式进行确定。防止不实登记的制度性措施和保护真实权利人的方法变得尤为重要。②在中国，虽然有统一的不动产登记簿，但仍有必要完善不实登记和电子化等问题。

在韩国民法中，物权的种类可分为占有权、所有权、用益物权和担保物权。其中，用益物权又分为地上权、地役权、出典房使用权三种类型，担保物权又分为留置权、质权、抵押权三种类型。在中国民法中，所有

---

① 中国台湾地区的“物权法”借鉴了韩国的物权法的相关规定，在修订时增加了“习惯法”。

② 中国虽然肯定了不动产的善意取得，但是有必要检讨现行法是否对其予以了充分的保护。韩国的现行法保护合理信赖不动产登记的第三人，但不包括恶意的第三人。民法关于意思表示的规定成为了保护善意第三人的依据，这也是不动产登记具有公信力的依据。此外，还存在肯定物权行为的无因性并对此进行保护（相对无因性）的学说，但是判例明确肯定了物权行为的有因性。例如，大判1977.5.24，75丙1394。（大判是指大法院的判决）

权、用益物权和担保物权都被认为是物权的种类，但占有被认为是一种事实状态，而不是一种权利，从而对此进行单独规定。特别是在国有土地、城市和农村的土地使用上，尤其肯定了用益物权的特殊性，分别规定了建设用地使用权、土地承包经营权、宅基地使用权等，以此来代替地上权。在中国，今后的问题是如何将新的物权种类编入到物权法中，特别是转让担保①和保留所有权、典权、法定地役权、居住权等问题。

在物权变动方面，存在成立要件主义和对抗要件主义。韩国民法在动产和不动产上贯彻的是成立要件主义。② 根据这种成立要件主义，动产和不动产分别要以转让和登记作为物权变动的条件。③ 虽然韩国民法中的不动产物权变动体现的是成立要件主义，但中国民法在以成立要件主义为原则的同时，在个别物权中［即土地承包经营权（《物权法》第129条）、宅基地使用权、地役权，和船舶、飞机、汽车等所谓的特殊动产所有权（《物权法》第24条）以及抵押权（《物权法》第188条）］却独特地采取了登记对抗主义。“需要登记才会发生效力”和“不得对抗善意第三人”这两点，在内容上相互不同却同时并存，这样的做法是否可取还有待思考。④

不依法律行为的物权变动上，中国民法（《物权法》第28条至第30条）和《韩国民法典》（第187条）几乎作出了相同的规定，只不过韩国民法将这种事由统一规定在一个条文之中。这样一来，就形成了因法律行为导致的物权变动（《韩国民法典》第186条）和不因法律行为导致的物权变动（《韩国民法典》第187条）这一均衡体系。

---

① 韩国将其视为关于假登记担保的法律，用特别法来进行规制。

② 但在2010年制定的动产、债权等担保相关的法律中，对之前没有被法律确定的动产和债权新增设了担保登记。这其中，动产担保登记（该法的第7条第1项）采用的是成立要件主义，但在债权担保登记上，采用的是对抗要件主义（第35条），在这一点上可以说是个例外。

③ 此外，把当事人的法律行为确定为物权行为，而不是债权行为，关于是否要对其单独肯定（独立性）以及这两者间的关系（无因性），学术界对此持有对立的看法，但以往判例都明确否定了独立性和无因性。

④ 在采用成立要件主义的德国民法中，不存在“不得对抗”这样的语句，而是将它作为善意取得或无因管理进行处理，以保护善意第三人。法国法律和日本法律就是采用了后者做法。特别是在如何确定第三人的范围上，还存在着不少的问题。

在物权的效力上，韩国学术界肯定的是优先效力和物权请求权（即所谓的“两元说”）。民法在所有权（《韩国民法典》第213条至第214条）和占有权（《韩国民法典》第204条至第207条）中都各自对物权请求权作出了规定，特别是占有权，除了固有含义的物权法以外，也同时规定了因侵权行为而导致的损失赔偿。① 中国的《物权法》第37条作出了类似规定，但是将损害赔偿纳入物权是编否可取还有待思考。除此之外，中国民法中还有恢复原状请求权（《物权法》第36条）。另外，关于消灭时效的规定也存在问题。②

3. 所有权

韩国民法对所有权的内容（界限）、所有权的取得和共有所有权分别作出了规定。

就所有权的内容而言，《韩国民法典》第215条专门对区分所有作出了原则性规定，具体内容在特别法（《韩国集合建筑物法》）中作出了规定。所有权可分为专有部分和共用部分。在公用部分当中，也有虽是专有部分但依据规定属于公用部分的情况，因为该公用部分原则上属于区分所有者的全体共有。例如，作为附属建筑物的车库或停车场，就属于这种情况。另外，关于相邻关系也有详细的规定，但这部分用语大部分使用比较难的汉字词。因此，最近也有立法案提出，要将整个民法典制定成“更易理解的民法”。③

就所有权的取得而言，韩国民法对取得时效，无主物、遗失物和埋葬物，善意取得，作为添附的附合、混合、加工都分别作出了规定。

韩国民法在取得时效上，对不动产分别规定了占有取得时效（20年）和登记簿取得时效；对于动产和其他财产权，也肯定了取得时效（《韩国民法典》第245条至第248条）。既肯定占有取得时效，又肯定登记簿取

---

① 例如，关于占有物返还请求权，当占有人的占有时受到妨害，可以请求排除妨害及损害赔偿（《韩国民法典》第205条）。

② 韩国民法中，债权也存在消灭时效，但债权和所有权以外的财产不存在消灭时效（《韩国民法典》第162条）。

③ 笔者在最初也曾参与制定这种更易理解的民法。在2018年，学者们对这一民法修订案表示强烈的反对。参考韩国民事法学会：《关于2018年民法部分修订法律[更易理解的民法]的民法学者意见书》，载Uwonbooks2018年版。

得时效，在立法上可以说十分独特。中国物权法中还没有对取得时效作出规定，但在制定该规定的时候应该参考各国不同的立法例。

韩国民法中关于善意取得规定了动产的善意取得，并规定了赃物、遗失物（《韩国民法典》第250条和第251条）等特例。中国《物权法》（第107条）只对遗失物作了规定，对赃物并未作出规定。韩国民法中拾得遗失物的返还期之前是发布公告后的1年，但2013年经修订后变更为6个月（《韩国民法典》第253条）。中国《物权法》第113条也规定为6个月。

韩国民法中，对附合、混合和加工等添附作出了规定，但中国却没有此种规定。笔者认为，从因添附获得合成物所有权的这一点来看，有必要制定此种规定，而且，这与不当得利和侵权行为是不同的。尤其是韩国和中国都将建筑物和土地视为各自独立的不动产，因此，有必要制定法律进行规制。

最后，关于共同所有，韩国民法肯定了共有、合有和总有等三种。共有大体上与中国的按份共有相类似，[①] 合有与共同共有相类似。[②] 总有是在没有权利能力的社团法人时才会被肯定的概念，宗中（为了祭祀共同的祖先而聚集的有血缘关系的人的组织）就是其代表性的例子。在中国，对于这样的非法人组织，虽然肯定其作为民事主体享有单独所有权（《民法总则》第102条以下），但在韩国，只要其属于非法人组织，就不会肯定其作为民事主体享有单独所有权，而是将其作为共同所有，肯定其成员的集体所有权。

4. 用益物权

在韩国民法中，用益物权可分为地上权（《韩国民法典》第249条以下）、地役权（《韩国民法典》第291条以下）、出典房使用权（《韩国民法典》第303条以下）。

---

① 但是，在股份转让时，中国民法（《物权法》第101条）中肯定了其他共有人的优先收购权，但韩国民法没有这种规定。

② 虽然在韩国，有些观点认为，合有和共同共有是不同的，但至少在因签订合伙合同而被肯定为物的所有人的这一点上与《韩国民法典》（第271条）一致，虽然具体内容存在差异，但基本上与合有是相类似的。

关于地上权，韩国民法尤其肯定了法定地上权（例如，《韩国民法典》第366条规定了因实现抵押权导致的法定地上权）和依据判例肯定习惯法上的法定地上权。这种制度是在土地和建筑物起初属于同一个所有人，后来因实现抵押权，致使土地和地上建筑物归其他人所有的时候，土地所有人对建筑物所有人设定地上权的制度。在中国，如果要转让建设用地使用权的话，应该将土地上的建筑物一同进行转让（《物权法》第147条），即建筑物的转让以及其范围内的建设用地使用权要一并转让，因此不会发生这样的问题。在韩国民法中，建筑物所有权和土地所有权是可以分开转让的，因此会发生所有权人不同的问题。立法上，中国的制度虽有合理性，但从根本上来说，这是由将土地和建筑物区分对待的亚洲民法的特点所导致的，而大陆法和英美法都是将建筑物视为土地的一部分。①

出典房使用权是韩国民法所特有的，与中国大陆和中国地区的典权相类似。在韩国，尤其是出典房使用权制度，依然适用于不动产买卖中，该权利属于物权的一种，以登记为对抗要件。

5. 担保物权

在韩国民法中，担保物权可分为留置权（《韩国民法典》第320条至第328条）、质权（《韩国民法典》第329条至第355条）、抵押权（《韩国民法典》第356条）。

韩国民法关于抵押权的规定中，除了有一般抵押权之外，还规定了共同抵押权（《韩国民法典》第368条）和最高额抵押权（《韩国民法典》第357条）。在中国也有共同抵押权和最高额抵押权（《物权法》第203条）。此外，中国还有浮动抵押权（《物权法》第181条），这些是通过特别法规定的。至于质权，韩国民法与中国民法一样，都分为动产质权和权利质权，此外还特别禁止流质契约（《物权法》第211条，《韩国民法典》第339条）。

虽然留置权作为法定担保物权受到肯定，但韩国民法（《韩国民法典》第320条）中留置权的特征是，其对象是不动产、动产和有价证券，只具有留置的权利，不具有优先受偿的权利，以正在建造中的建设工程价款作

---

① 依据所谓的 superficies solo credit，“地上物（建筑）应跟随土地”的规则得以适用。

为债权实施的留置权存在很大的问题。因此，2009～2013 年之间，在韩国民法修订过程中，针对“不动产的留置权”也进行过许多讨论。对于留置权，笔者认为像中国大陆和一些欧洲国家的民法一样，将其对象限定为动产并肯定权利人的优先受偿权是非常可取的，但要先解决确保工程价款这一现实问题。①

另外，转让担保的问题是通过特别法（《韩国假登记担保法》，1983年）进行规制。该法律针对假登记担保和转让担保，基本上确定了可以通过拍卖实现抵押权和支付清算金额取得目的物的所有权两种方法（《韩国假登记担保法》第 4 条）。但是，它与民法物权变动原则是否互相冲突，被第三人处分时是否仍赋予其公信力等问题仍需解决。将转让担保规定在民法典中的时候应考虑到这些问题，并且如何通过法律进行规制，如何将它与以往的限制物权进行区别，这些都要慎重考虑。

6. 占有

占有是指占有人对物的实际占领、控制。这一概念在物权编（物权法）中是如何规定，占有的性质是权利还是事实，抑或是事实与权利的结合（法律关系），都因立法例的不同而存在区别，在学说上也存在争议。韩国民法把占有的概念定为“在事实上控制物的人拥有占有权”（《韩国民法典》第 192 条第 1 款），采用的是客观说，即实际控制②是客观的必要条件，将占有视为一种权利。③ 中国物权法在关于占有制度的规定中和第 19 章都使用了“占有”（《物权法》第五编）这一用语，学说上对占有的概念是占有人对物所拥有的实际控制和支配，采用的是事实说。

2007 年《物权法》在第十九章中对占有进行了规定，共有 5 个条文。

---

① 韩国立法者认为，虽然承包人可以对不动产设定抵押权请求权（《韩国民法典》第 666 条），但并不能因此强制执行抵押权，所以在实际生活中并不常用。在民法修订案中，把未登记的建筑物当作例外进行规定，并通过抵押权对留置权的执行予以补充性保护。

② 除此之外，“实际控制”这一概念同样适用于《韩国民法典》第 192 条第 2 款和第 195 条。

③ 例如，[韩] 郭润直、金在衡：《物权法》，韩国朴英社 2014 年版，第 185 页。物权编（第 2 编）第 2 章的标题为“占有权”，而且，第 192 条第 1 款及第 2 款，第 193 条，第 194 条，第 196 条中也使用了这一用语。

其中包括占有的法律适用（《物权法》第242条），权利人所享有的占有返还请求权、损害赔偿请求权和必要费用求偿权等（《物权法》第242条至第244条）① 以及关于保护占有（《物权法》第245条）的原则性规定。但是，与其他立法例相比，现行《物权法》占有编的规定在很多方面还需要完善，比如占有的概念②、占有的性质、占有的成立条件、占有的类型等基本问题，以及占有的取得与消灭等问题。除此之外，先占、间接占有、取得时效、占有的推定、自力救济、准占有等相关规定同样需要完善。对此，韩国民法通过19个条文已全部进行规定。

（二）合同

中国现行法中并无债权法，而是用《合同法》和《侵权责任法》来代替。韩国民法忠于传统的编制方法，债权编（第3编）中设置总则（第1章），在分则中分别规定合同（第2章）、无因管理（第2章）、不当得利（第3章）和侵权行为（第4章）。

下面将针对债权编的创设问题和合同法进行简略比较，并阐明笔者的想法。

韩国民法中的债权编首先在债权总则中将特定物债权、种类之债、金钱债权、利息债权、外汇债权和选择之债定为债权的种类，将债权的效力规定为债务不履行。同时，还规定了迟延履行、履行不能等，继而又规定了债权人迟延、债权人代位权和债权人撤销权。此外，针对多个债权人和债务人，规定了可分之债、不可分之债、连带之债和保证之债。最后规定了债权转让、债务承担和债权的消灭。由于中国民法没有债权总则，而是在合同编和《民法总则》中对其进行规定，但是将无因管理和不当得利放置于《民法总则》中是否合理还有些疑问。有的观点认为，将债权总则的内容全部规定在合同总则的部分，意味着民法的体系存在问题。此外，笔

---

① 例如，在占有人和所有权人的关系上，针对占有物的用益物权，韩国民法肯定了善意占有人的过失收取权（相当于中国的善意取得），但是中国《物权法》（第243条）并不予以肯定。韩国民法还承认恶意占有人也享有必要费用的求偿权，但是中国《物权法》（第243条）只肯定了善意占有人对必要费用的求偿权。

② 关于占有的概念中是否包含控制这一客观必要条件和占有意愿这一主观必要条件，根据立法例的不同而不同。韩国民法只规定了客观必要条件。

者认为，在民法总则中将债权和物权放置在民事权利中，并将其编为“债权编”和“物权编”，会使民法更具有系统性。

中国《合同法》规定了类似于韩国债权总则的内容，而韩国民法在合同一章中规定了总则，继而在分则中规定了典型合同。在合同总则中分别规定了合同的签订、合同的效力、合同的解除和终止。合同的效力中规定了同时履行抗辩权和不安抗辩权（《韩国民法典》第536条），还规定了风险承担（《韩国民法典》第537条和第538条）和第三人利益合同，此外，单独规定了合同的终止。

中国《合同法》从总体来看采用了大陆法系的立法模式。比如诚实信用原则（《合同法》第6条），同时履行抗辩权（《合同法》第66条），不安抗辩权（《合同法》第68条、第69条），债权人的代位权（《合同法》第73条），债权人撤销权（《合同法》第74条、第75条），提存（《合同法》第101～104条），继续履行（《合同法》第107条）等。但是中国的合同法在制定时也引入了英美法和《联合国国际货物销售合同公约》的有关规定。例如，法定代表人超越权限订立合同的效力（《合同法》第50条），附随义务（《合同法》第60条第2款），合同终止后的义务（《合同法》第92条），因预期对方可能会违约所享有的不安抗辩权和解除权[《合同法》第94条第（2）项]，无过错责任原则（《合同法》第107条）等。

在修订韩国债权法总则的过程中，债权人撤销权的效力成为了一大问题，尤其是在牵涉到判决效力时。由于撤销判决的既判力不会影响不参与诉讼的债务人，债务人和受益人、受益人和转得人之间的法律关系不会受到任何影响，法律关系变得更加复杂。而且，撤销的法律效力是由司法解释而非合同法本身来规定的。因此，中国在民法典中如何制定这些内容备受各国的关注，笔者希望今后草案可以将这些内容积极地予以规定。另外，中国还有必要探讨今后是否积极引用情势变更原则。除此之外，中国合同法中规定的拒绝履行在韩国也得到了学说和判例的肯定，在民法修订案中也有所反映。至于因自始履行不能而无效的合同和缔约过失责任的相关修订案中，后者已经反映在中国的法律当中（《合同法》第42条），而且从立法角度来看，笔者认为它是一项非常值得关注的规定。

除此之外，在韩国民法的合同法分则中，旅行合同（《韩国民法典》

第674条第2款至第8款）于2016年被规定为典型合同并开始实施。此外，韩国民法通过其他的商法修订了新的商业行为。在中国，不安抗辩权和拒绝履行之间的关系、债权人的代位权和合同的解除、完善债务不履行的规定等都是此次民法典合同编需要全面考虑的部分。此外，中国民法典还需要积极探讨是否增加新的典型合同，例如雇佣合同、旅行合同、终身年金合同、保证合同等，从这点来看，笔者认为韩国的一些相关规定可能会起到参考作用。

笔者认为，从债权法规定中可以看出“国际化”在不断推进，因此，韩中两国债权法和合同法的相关规定，能够带给彼此诸多启示，具体的制度比较和启示将在后文中进行讨论。通过这些部分的相互研究，能够使债权法和合同法的规定更加完善。最重要的是，中国的《合同法》自1999年颁行后已经经过了近20年的时间，笔者希望通过此次民法典的制定，合同编能像之前制定的《合同法》一样，在多个方面上都能反映英美法系、大陆法系和国际民事法相结合的精华，实现又一次飞跃。

（三）侵权责任

韩国民法中的侵权责任主要以过失责任原则为基础，分别规定了一般侵权行为（《韩国民法典》第750条）和特殊侵权行为（《韩国民法典》第755条至第760条）。总体来说，虽然现实中发生很多侵权行为，但是规制侵权行为的规定却很少（从第750条到第766条，共17个条文），而且内容既普通又很抽象。在特殊侵权行为中，仅规定了无民事责任能力人的监护人责任（《韩国民法典》第755条）、使用者责任（《韩国民法典》第756条）、建筑物占有人和所有人的责任（《韩国民法典》第758条）、动物占有人责任（《韩国民法典》第759条）和共同侵权行为（《韩国民法典》第760条）。尤其是，关于大部分特殊侵权行为，故意或过失的证明责任由被害人转移给加害人的中间责任（过失推定），无过错责任和与它相类似的责任等内容大部分都规定在特别法中。因此，自动车驾驶人的责任和制造物责任都规定在特别法中，而生活妨害（公害）的责任、医疗责任和环境责任主要由学说和判例进行规制。

下文将对韩国民法中的侵权行为类型进行比较，并简单阐述笔者对中国的侵权责任法以及今后的民法典侵权责任编的个人观点。①

中国的侵权责任在《民法总则》和《民法通则》中都是规定在“民事责任”一章，并且将在民法典分则中制定侵权责任编，这种编制方法在大陆法系国家的民法典体系中是找不到的，可以说是中国民法典所独有的体系。在这一体系和内容中，侵权责任的归属原则即过错责任原则和无过错责任原则的并存、减轻或免除责任的事由体系化、责任的承担方式多样化、特殊侵权行为的多样化、侵权行为的法律责任中损害赔偿责任内容的多样化等，都可以说是中国《侵权责任法》的特征。在韩国民法中，这些内容大部分都被学术界和判例接受并肯定，特别是《韩国民法典》没有规定或部分规定的，诸如高度危险责任（《侵权责任法》第9章）和物件损害责任（《侵权责任法》第11章），今后需要对这些规定进一步讨论。

（四）人格权

在中国，关于是否要将《民法总则》中已有规定的人格权独立成编，讨论十分激烈。② 对此，形成了相互对立的局面。现在笔者能够参考的，除了学者们之前编写的人格权法草案之外，还有中国民法学研究会编写的建议稿。③ 这些人格权法草案大体上都是将“一般规定”规定在总则中，然后一一列举生命权、健康权、身体权、姓名权、名称权、肖像权、名誉权、荣誉权、信用权、隐私权、个人信息权、人身自由权、婚姻自由权等权利，并说明具体的权利内容，同时还规定了人格权的使用、限制和保护。特别是在将人格权法独立成编的情况下，《民法总则》中的自然人和侵权责任的关系成为了问题。

在《韩国民法典》中，人格权是以权利主体享有的人格利益为内容的权利，与权利主体不可分割，生命权、身体权、名誉权、信用权、贞操权、姓名权、肖像权、著作权、私生活权（隐私权）等就属于人格权。关

---

① 详细内容将在介绍完民法典草案的内容后进行讨论。

② 从中国学术会议对民法典分则（草案）讨论的内容中可以知道，该草案由物权编、合同编、人格权编、婚姻家庭编、继承编和侵权责任编等7个编组成。笔者认为，一直以来备受争议的人格权可能将独立成编。

③ 笔者参考的是《中华人民共和国民法典——人格权法编（专家建议稿）》（征求意见稿）（2016年3月）。

于人格权，韩国民法没有制定一般规定，而是将侵害他人的身体、自由、名誉等行为认定为侵权行为，受害人可以请求赔偿损失（《韩国民法典》第751条）。特别是因人格权受到侵害导致受害人遭受精神痛苦的，受害人可以请求精神损害赔偿。具体而言，《韩国民法典》第751条规定了侵害他人的身体、自由、名誉，或实施其他造成精神痛苦的行为属于侵权行为，被侵害人可以主张非财产性损害赔偿，即精神损害赔偿。另外，《韩国民法典》第752条规定了关于侵害生命、身体的损害赔偿。对此，民法学说将权利按内容分为财产权①和人格权、家族权（亲属权、身份权）和社员权。从近几年判例可以看出，韩国在积极保护各种人格权，特别是在网络上名誉受到毁损、因性别差异受到差别待遇、个人信息被他人侵害，而这些人格利益都受到了法律的保护。再如，大学教授的言语或行动使负责实验机器的助教感到性侮辱或厌恶感，则可认定该教授侵害了助教的人格权。② 同样，对肖像、隐私和自由实施侵害，也会被认定为是侵权行为。③ 此外，在网络假想空间内，作为网络使用者，各种信息提供场所（网站）的通信服务提供者不仅可以搜索或访问媒体撰写的报道，还可以把从媒体接收到的报道保存在自己的储存资料的电脑设备，而且还能够自行选取该报道中的一部分，发表在自己亲自管理的网络空间里，如果被发表的文章中包含损害他人名誉的内容，那么在没有特别事由的情况下，就与报道该新闻的媒体一同承担因其侵权行为导致受害人名誉毁损的损害赔偿责任。④ 同样，因性别差异受到差别对待，侵害到权利人的人格法益的

---

① 关于财产权，也有观点是将物权、债权、知识财产权以外的继承权也包含在财产权中。以往的观点是将其看作亲属权的一部分。

② 大判1998.2.10.，95丙39533（俗称“首尔大吴助教性骚扰事件”）。

③ 大判2006.10.13.，2004丙16280。这一侵害，不会因发生在公众场所或因民事诉讼过程中搜集证据等理由合法化。

④ 大判2009.4.16，2008丙53812。特别是这个案件，肯定了通信服务提供者对及时删除毁损企业家名誉的帖子等负有注意义务，如果不作为也需要承担侵权责任。

话，也需要承担损害赔偿责任。① 除此之外，对于未经信息权利主体的同意，公开他人个人信息导致权利主体的人格法益受到侵害的，也会构成侵害个人信息的侵权行为。②

此外，法人作为人格权主体，在其名誉、信用受到侵害时，同样可以请求损害赔偿。③ 判断是否侵害了法人的名誉权或信用权，主要根据该侵权行为是否达到足以对法人的正常工作产生不良影响，从而导致法人的社会评价降低。因此，不管是列举具体事实或意思表示，还是通过生产具有良好的名声和信用的品牌服装相似的服装（即假货），并以低价销售等方式损毁其他法人的信用的行为，都属于侵权行为。④

此外，关于侵权行为的法律后果，除了请求损害赔偿之外，还可以请求停止或禁止侵害，尽管法律没有明文规定人格权受到侵害时可以主张上述请求，但判例对此是予以肯定的。正如，曾经有名誉权相关的民事纠

---

① 例如，大判 2001. 1. 27，2009 丙 19864：首尔基督教青年会对男性会员不进行特别的审查就赋予其总会的会员身份，而女性会员一直被排除在资格审查范围之外，按照韩国社会正常的常识和法律道德，这已经超过了不可容忍的极限，扰乱了社会秩序，侵害了女性会员们的人格法益，构成侵权行为。该判决尤其对侵害平等权也要承担民法上的损害赔偿责任的内容进行确定，基本权利的相关规定中不仅包含在性质上可以直接适用于司法的规定，还有关于一般原则的规定，如第 2 条、第 103 条、第 750 条、第 751 条等。这些一般原则成为了解释基本权利的标准，间接地影响着司法审判。此判决实际上是肯定了所谓的“基本权利对第三人效力”。类似的还有大判 2010. 4. 22.，2008 丙 38288。

② 例如，大判典 2011. 9. 2，2008 丙 42430：利用大法院在网站主页提供的信息，统计出律师的胜诉率和专业性指数等供他人参考，法院认为这属于侵权行为。

③ 例如，大判 1965. 11. 30，65 丙 1707：若侵害法人的名誉或信用，足以对法人正常工作产生影响的，可以以名誉权或信用权受到侵害为由，向该侵权人主张损害赔偿。

④ 这个判决为大判 2008. 10. 9.，2006 丙 53146。

纷，但法院支持了被侵权人提出的停止播放广告的诉讼请求。①②

对此，2004年《韩国民法典修改案》中的第1条第2项规定，自然人的人格权受法律保护。这是把之前一直没有法律规定，只是在理论上进行研究的人格权通过明文规定下来，突出了人格权和财产权一样，同样需要法律的保护，而这种主流价值反映出时代的趋势。具体的规定方法是把一般人格权的一般规定放置在总则（通则）中，具体人格权及其救济方法与之前一样，由侵权责任法来规定，而其他的问题依旧由学说和判例进行研究并确定即可。

在中国，坚持人格权法单独成编的学者，大部分认为可以将人格权分为一般人格权和具体人格权，并明确指出该权利的救济方法。中国去年刚颁行的《民法总则》中把一般人格权和具体人格权③规定在“民事权利”当中，这具有重要意义。但不可否认的是，这些人格权的救济方法与《民法总则》中的“民事责任”的内容和《侵权责任法》中保护人格法益的内容是相重复的。有的观点认为，如果人格权法不制定为单行法，而是将

---

① 据此，名誉与生命、身体一样，都是非常值得保护的法益，而且，名誉权作为一种人格权，与物权相似，是一种具有排他性的权利。因此，人的品德、名声、信用等具有人格性利益受到侵害，导致权利人的社会评价降低，不仅可以请求损害赔偿（《韩国民法典》第751条）和恢复名誉（《韩国民法典》第764条），受害人还可以为了排除加害人正在实施的侵害行为或预防将来可能会发生的侵害，以名誉权受到侵害为由，主张禁止侵害。大判2005.1.17，2003戊1477；此外还有，大判1997.10.24，96丙17851：名誉权作为人格权的一种，为了防止这一人格权受到侵害，权利人可采取事前预防性的救济方法，如请求停止侵权或禁止侵权；大判1996.4.12，93丙40614，40621：对于人格权侵害，事前预防性的救助方法有停止侵权和禁止侵权，所以支持了停止广告的诉讼请求。

② 关于排除妨害，学说分为肯定和否定的相反观点。否定的观点认为，排除妨害是侵权行为的法律后果。持有肯定的观点的有［韩］郭润直：《债权各论》，韩国博英社2003年版，第446页；持有反对的观点有［韩］宋德洙：《新民法讲义》，韩国博英社2012年版，第1713页。此外，还有观点认为，如果有保护人格利益的有效方法，即使法律没有规定也应该予以肯定。例如，［韩］金相容：《债权各论》，韩国法文社2003年版，第851页；［韩］金畴洙：《债权各论》，韩国三英社1997年版，第771页等。

③ 《民法通则》第5章第4节中，对人身权利作了规定，分别对健康权、生命权、姓名权、名称权、肖像权、名誉权、荣誉权、婚姻自主权等作出具体的规定。

其规定为民法典的独立一编，那么其规定方法应该与规定物权和债权等民事权利一样，在人格权编中只规定人格权的权利和义务，其救济方法由《民法总则》的民事责任或《侵权责任法》来规定。

五、展望

之前，中国民法典虽经数次努力都没有制定成功，但此次与以往不同，它是在国家的支持下有序进行的，应该能顺利完成。不可否认，在制定过程中进行了热烈的讨论并取得了一定的成果，但其真正的制定时间还是比较仓促的，笔者对此不免有些担心。《民法总则》颁布后，民法典分则将于2017年到2020年之间进行制定，尤其是在2017年到2018年这个很短的期间内要完成各分则的制定，而学术界和实务界很有可能会因讨论各分则编的不同问题而分散注意力，在这种情况下制定出来的内容，与循序渐进的制定方法相比，很有可能忽视很多具体内容。对此，笔者认为有一种方法值得采用，那就是根据民法典分则的内容和范围，学术界与实务界采取循序渐进的制定方式，依次对分则编进行讨论。尽管《韩国民法典》从2009年到2013年的修订工作，是以循序渐进的方法依次对总则、物权、债权三个编进行审议，但在时间上依旧比较紧迫。

民法典作为基本法，一旦被制定出来，其体系是不能轻易改变的。中国即将制定的民法典，其体系与传统的潘德克顿体系不同，具有许多独创之处。但这样的体系不仅要有独创性，而且还应该要考虑其本身的系统性和逻辑性。对此，笔者主要对以下问题持有疑问：第一，中国民法典中之所以不设债权编，可以说是受之前制定的《合同法》影响的，但是否要继承这一体系，只制定合同编和侵权责任编，不制定债权编，是值得怀疑的。如果制定合同编和侵权责任编，其地位是否与物权编、人格权编相同，也值得怀疑。而且，如果说民法是由权利和义务的体系构成的，我认为与其通过合同编和侵权行为编，不如通过“债权编”形成全新的权利体系。第二，由于没有债权编，无因管理和不当得利是否值得规定在总则的一般性规定中，也存在疑问。第三，人格权在没有“财产权”这一概念的民法体系中究竟是否合适，还有其与亲属权和人身权的关系以及与《民法总则》之间究竟如何协调，仍旧存在诸多问题。第四，在婚姻家庭编这一概念中，如何规定婚姻与家族（家庭）、亲族的概念，以及是否可以用

“婚姻”代表亲属和家族，也需要进行进一步讨论。可以说，人格权编、合同编和侵权责任编的制定意味着形成新的体系，这与传统的潘德克吞体系是不同的。关于这个体系的理论解释和应用，成为了中国的民法学界和实务界进行讨论并解决的课题。

在民法典编纂过程中，即便民法典体系是综合考虑现行法和司法解释及实务的结果，并制定出各分则编的具体条文，也不能懈怠对比较法的研究。1999年制定《合同法》曾积极反映了当时对中国来说较为陌生的《联合国国际货物销售合同公约》，制定民法典的时候也应积极学习先例。另外，借鉴外国法律及其本土化可以说是东亚民法的共同的课题，笔者希望东亚国家能够通过交流，在诸多问题的解决上取得实质性的进展。判

（本文仅代表作者本人观点）

落实企业带薪年休假的地方司法探索与理论解构

——基于北京、上海相关劳动争议裁判文书的实证研究

曹 燕*

一、问题意识

企业带薪年休假（以下简称年休假）是《劳动法》赋予劳动者的基本权利之一，但年休假落实不利一直是难以突破的制度瓶颈。①《中共中央、国务院关于构建和

* 西北政法大学经济法学院教授、人权研究院研究员、法学博士。本文是陕西省社科基金项目“陕西省劳动者带薪年休假制度实施研究”（2015F013）的阶段性研究成果。

① 参见《劳动法》第45条。关于我国年休假落实不利的现状与成因分析请参见王倩：《德国年休假法律制度》，载《法商研究》2013年第2期；宋瑞：《带薪休假的国际经验与中国现实》，载《中国社会科学院研究生院学报》2015年第4期；郑爱青：《法国带薪年休假制度及启示》，载《比较法研究》2014年第6期；曹燕：《劳动者带薪年休假权利的法理基础与制度前景》，载《人大法律评论》2016年卷第2辑；高战胜：《劳动者不能以用人单位未休年休假报酬为由解除劳动合同》，载《法学杂志》2015年第11期；李富民：《带薪年休假的法律性质及其补偿问题》，载《中州学刊》2016年第7期；杨劲松：《境外休假制度及其对中国的借鉴》，载《旅游学刊》2006年第11期。

谐劳动关系的意见》（中发〔2015〕10号，以下简称《意见》）将落实年休假作为构建中国特色和谐劳动关系的重要任务之一。落实年休假，不仅有利于劳动者身心修养以及改善其生活品质，也有利于提高劳动效率从而使雇主获益。落实年休假的精义在于：使劳动者在感到身心疲惫之时能够适时休假。[①] 然而，我国《劳动法》及其相关配套对涉及劳动者行使年休假权利的重要法律问题，例如服务年资计算、年休假工资计算方法、年休假安排以及年休假与其他假期的协调利用等规制不力，致使劳动者的年休假权利缺乏足够的制度保障而难以落实。但是，我国地方法院通过裁判案例填补上述法律漏洞而提出的司法标准，对完善相关立法极具参考价值。本文基于立法论和解释论的立场，采取区域性全样本示例型案例研究以及类案比对的研究方法，以中国裁判文书网2015年度上海、北京两地有关年休假的劳动争议案例（共计397份判决书）为分析样本，证明性地报告地方法院回应落实年休假制度所形成的共识性的地方司法标准之例证，分析地方司法标准对立法的补充、发展或冲突，总结两者之间的共识与分歧，并对其进行学理分析，通过比较借鉴其他国家和地区立法理论与实践，凝炼出法律界对相关司法标准的“最大共识”，为完善我国年休假劳动争议裁判规则提供新的标准和理据。

二、落实年休假的地方司法探索——基于北京、上海裁判文书的实证分析

根据《宪法》第43条第2款的规定，法定休假成为我国劳动者休假的主要形式。劳动者虽然依法享有年休假权利，但令人遗憾的是，《劳动法》第45条仅规定了劳动者取得年休假的服务年资，其余均授权行政立法规范之。尽管配套行政法规《职工带薪年休假条例》（2008年1月1日施行，以下简称《条例》）对年休假的权利行使与保障作出一定规范，但在处理相关劳动争议时仍有诸多疑义亟待澄清。依据《条例》，年休假劳动争议应依照国家法律、行政法规的规定处理（第8条）。然而，我国《劳动法》以及行政法规对相关问题的规范未能尽善，导致法院在裁决该

---

① 参见邱骏彦：《工作时间》，载台湾“劳动法”学会编：《劳动基准法释义》，台湾地区台北新学林出版股份有限公司2005年版，第313页。

等案件时常陷入无法可依的窘境。同时，诸如行政规章《企业职工带薪年休假实施办法》（2008 年 9 月 18 日施行，以下简称《办法》）和地方法规所作之具体的行政解释，对司法裁判并非强制适用，法官可以选择参照执行，也可以不予采用，极易造成“同案不同判”，极大地损害了年休假争议的公正裁决，落实年休假失去司法保障，变成“一纸空文”则不足为奇。尽管立法对此踟蹰不前，但各地法院在审理涉及年休假的劳动争议案件时积极回应了落实年休假的政策目标。为了发掘地方法院审理年休假争议所适用的一般司法标准，本文采取区域性全样本示例型案例研究方法，对北京、上海两地的中级人民法院 2015 年度有关年休假争议的终审裁判文书进行分层抽样：以 500 份判决书为上限，依据如下路径进行数据收集：北京市相关劳动争议判决书来源于中国裁判文书网，在高级检索中，全文检索“带薪年休假”；案件类型：民事案件；法院名称：北京市；文书类型：判决书；案号：终；裁判日期：2015 年 1 月 1 日至 2015 年 12 月 31 日，按关键词筛选；劳动合同，共计 334 份判决书。上海市相关劳动争议判决书来源于中国裁判文书网，在高级检索中，全文检索“带薪年休假”；案件类型：民事案件；法院名称：上海市；文书类型：判决书；案号：终；裁判日期：2015 年 1 月 1 日至 2015 年 12 月 31 日，共计获得 115 份判决书，两地相关判决书中有 52 份或未涉及年休假具体争议，或属于共同诉讼，因此，最终得到具有分析效用的判决书共计 397 份，作为本文分析的案例样本。通过案例整理，涉及以下法律问题：年休假服务年资计算方法、年休假安排的权利归属、应休未休年休假工资（年休假加班工资）计算基数和年休假与其他法定假期的协调利用等。该等问题均是落实年休假之关键。笔者将采用类案比对的方法，以数量统计和个案分析，研究抽样判例中法官对上述问题解释的立场和倾向，发现我国地方司法回应落实年休假的制度创新及其与立法之间的冲突与共识。

（一）年休假服务年资计算的法律适用问题

依据《劳动法》及其行政解释，劳动者依法取得年休假，至少应有连续一年的服务年资。在不同用人单位工作期间可以累积计算服务年资。劳动者在服务年资内已休依照服务年资分段累积病假超过 2～4 个月的；累积超过 20 天的有薪事假以及超过其应享有年休假天数的寒暑假，将丧失年休假权利。① 对比该等条款的规范意义，笔者从抽样判例中梳理出相关问题的裁判标准，发现二者之间存在的共识与分歧如下：

首先，在服务年资计算方法上，行政解释倾向于以累积工作时间计算服务年资。所涉抽样案例无论属于何种形式的劳动关系变更（除了劳动者在同一或者不同用人单位连续工作，还包括劳动合同变更以及固定期限劳动合同多次更新等情形），法官均适用《办法》关于累积计算服务期的规定，但均将举证责任分配给劳动者，即要求其举证证明在同一或者不同用人单位连续工作的服务年资，并且要求累计计算服务年资的诉请应在诉讼时效内提出。②

其次，劳动者在服务年资内请假期间是否应当从服务年资内剔除。虽然行政解释认为，如果劳动者已休累计达到一定期限以及符合一定条件的病假、事假和多于年休假天数的寒暑假，将丧失年休假权利。但是，对于其他假期是否也应当比照适用，行政解释没有规定，抽样判例对此问题的裁判标准如下：

1. 关于服务年资内休产假如何计算服务年资的问题，所涉抽样案例有1例，法官认为，由于产假并不属于《条例》中所列可导致劳动者丧失年休假的缺勤事由，因此，不能比照《条例》，认定劳动者休产假超过一定期间也应丧失年休假权利。③

2. 关于劳动者旷工累计达到一定期限是否丧失年休假权利问题，所涉抽样案例有3例。其中一例法官认为，由于旷工不属于《条例》所列丧失

---

① 参见《条例》第4条，《办法》第4、8条以及《人力资源和社会保障部办公厅关于〈企业职工带薪年休假实施办法〉有关问题的复函》（人社厅〔2009〕149号，2009年4月15日发布）第1条。

② 参见陈某与上海美承高科技有限公司（以下简称美承公司）劳动纠纷上诉案，上海市第一中级人民法院（2014）沪一中民三（民）终字第123号民事判决书。陈某自2007年入职美承公司后曾经离职，最后一次入职时间为2011年3月9日，三段工作时间内均未休年休假，陈某诉请美承公司支付应休未休年休假工资，法官以其未在诉讼时效期间内就第一次就职期间的应休未休年休假工资提请争议处理而丧失诉权为由，不予认定该段时间的服务年资，导致其服务年资不足1年而不能享受年休假。

③ 参见戴某某与中国人民大学出版社有限公司劳动争议上诉案，北京市第一中级人民法院（2015）一中民终字第6053号判决书。

年休假权利的缺勤事由，因此不能认定劳动者丧失年休假权利。① 另两例法官认为，如果劳动者旷工期间，用人单位仍然支付其工资，那么，该期间不应被认定为缺勤，不应将其从服务年资内剔除。②

3. 关于劳动者请事假期间是否应从服务年资内剔除，所涉抽样案例共有 3 例。有一例案件裁判意见与行政解释立场相左：紫泰物业管理有限公司、上海天都劳务服务有限公司（以下简称公司）与张某某劳动合同纠纷上诉案中，张某某请事假累计超过 20 天，但公司从未因此扣发其工资。法院认为，尽管张某某休有薪事假超过 20 天，远超过其应休年休假天数，但是公司无法证明其在此期间曾安排张某休年休假，因此，仍应支付应休未休年休假工资，即张某没有因其休有薪事假而丧失年休假权利。③

4. 关于病假期间是否应从服务年资内剔除问题，所涉抽样案例共计 14 例。法官均采用行政解释的标准，认为劳动者休超过一定期限的病假将丧失年休假权利。但是，如果用人单位按照正常工作期间的工资水平发放病假期间的工资，即使累积病假期间超过《条例》所限，劳动者也不会丧失年休假权利。④

5. 关于停职期间是否应从服务年资内剔除。所涉两个抽样判例的法官

---

① 参见戴某某与中国人民大学出版社有限公司劳动争议上诉案，北京市第二中级人民法院民事判决书（2015）一中民终字第 6053 号。戴某某在服务年资内旷工 20 天，法院认为旷工不属于《条例》所列缺勤事由，不能据此认定劳动者丧失年休假权利。

② 参见袁某某与迪亚赫斯（北京）多媒体有限公司劳动争议上诉案，北京市第二中级人民法院民事判决书（2015）二中民终字第 06925 号。袁某某在服务年资内旷工超过 20 天，但公司在该期间照发工资，法院因此认为其不因缺勤而丧失年休假的权利。张某与前锦网络信息技术（上海）有限公司、深圳市汇进百富服装有限公司劳动合同纠纷上述案［上海市第一中级人民法院（2014）沪一中民三（民）终字第 596 号］与前案的裁判意见一致。

③ 参见上海市第一中级人民法院（2014）沪一中民三（民）终字第 10 号民事判决书。

④ 参见杜某某与上海瑞新电力工程有限公司（以下简称瑞新公司）劳动合同纠纷上诉案，上海市第一中级人民法院（2014）沪一中民三（民）终字第 141 号民事判决书。杜某某在服务年资内休病假期间，瑞新公司从未扣发其工资，法官认为，瑞新公司无法提供证据证明其已经安排杜某某休年休假，因此，应当支付应休未休年休假的工资。

均认为，无论因何种原因造成的停职，由于其不属于行政解释所列缺勤事由，因此不应认定为缺勤，不应将其从服务年资内剔除。①

（二）年休假日期安排权利归属的法律适用问题

是否能在最需要的时间休年休假，是劳动者之重大关切。然而，关于谁来决定劳动者何时休年休假，《劳动法》并无规定。行政解释认为，休年休假的具体日期应由雇主决定，雇主只须考虑劳动者的休假意愿而无须征得其同意。② 但是，司法实践中对此问题的立场却并不一致。抽样案例中涉及年休假日期安排的案例共计318个，其中298个案例的裁判立场与行政解释一致。然而，还有20个案例，法官采取了另一种裁判立场。以杨某某与中国大地财产保险股份有限公司（以下简称大地公司）劳动合同纠纷上诉案为例：大地公司内部劳动规则《总部员工带薪年休假管理规定》明示，员工欲休年休假，应当根据自己的需要制定当年的年休假计划，并于年初填写公司统一印制的《员工年休假计划审批表》，并按规定权限进行审批；员工休假计划在年中发生变更的，须在相应的休假计划开始日期前提出变更申请，填写《员工年休假计划变更审批表》并按照规定权限进行审批后，报人力资源部门，否则均视为已完成休假计划。法院认为，杨某明知公司该项规定，但未在规定期间提出休假申请，应当视为已休年休假，不能主张应休未休年休假工资补偿。③ 该判例认可，基于内部劳动规则，劳动者有权根据自己的意愿选择休假日期，经雇主同意，即可在该时段内休假。即劳动者有休假日期指定权，雇主有承诺与否的选择权，并非由雇主单方决定。法官认可该规则的理据在于：内部劳动规则是劳资协议的一部分，法官在这种情况下没有适用行政解释，转而依据内部劳动规则，即承认年休假安排劳资协商决定的合法性。其裁判立场是：年休假安

---

① 参见赵某与上海申美饮料食品有限公司（以下简称申美公司）劳动合同纠纷上诉案，上海市第一中级人民法院（2014）沪一中民三（民）终字第1199号民事判决书。赵某入职申美公司19年，在服务年资内有6个多月的时间被停职，接受内部调查。法官认为，停职期间不属于《条例》所列缺勤事由，因此不能比照执行，尽管其在停职期间未提供劳务，仍应享有年休假权利。

② 参见《条例》第5条、《办法》第9条。

③ 参见上海市第一中级人民法院（2014）沪一中民三（民）终字第1347号民事判决书。

排的权利分配，劳资双方有特别合意的，从其约定。

（三）应休未休年休假工资计算基数法律适用问题

依行政解释，劳动者应休未休年休假期间，用人单位按照正常工作期间工资水平向劳动者支付年休假工资之外，还应按照劳动者日工资收入的300%支付其应休未休年休假工资（《条例》第5条第3款和《办法》第10条第1款），日工资收入应以月工资除以月计薪天数为标准，月工资则应以前12个月剔除加班工资后的月平均工资为基数（《办法》第11条第1、2款）。由于我国法律未明确工资报酬的具体范围，因此，前款所称劳动者的月平均工资到底包括哪些工资收入尚不明确，但在司法实践中却直接影响劳动者实际获得的年休假加班工资。从所涉抽样判例分析，法官在如何计算月平均工资基数范围所用的计算标准有以下诸种：基本工资与各类补贴之和（共计22个）；剔除津贴补贴后的基本工资与提成之和（18个）；基本工资与奖金之和（13个）；基本工资、佣金提成与奖金之和（8个）；基本工资与提成之和（8个）；基本工资（4个）；级别工资与绩效工资之和（4个）；基本工资与绩效工资之和（3个）；基本工资与岗位工资之和（3个）；基本工资、岗位工资与绩效工资之和（3个）；剔除绩效工资后的工资（2个）以及基本工资、岗位津贴、福利、津贴、保密津贴与职务津贴之和（1个）等。其中采用基本工资+各类补贴之和、剔除津贴补贴后的基本工资与提成之和以及基本工资与奖金之和等三类标准的案例占半数以上，是法官普遍采用的年休假加班工资基数的计算标准。

（四）年休假与其他假期协调利用法律适用问题

《条例》强调国家法定节假日、休息日、不计入年休假期限（《条例》第3条第2款），《办法》又将该等假期扩展到探亲假、婚丧假、产假、因工伤停工留薪期间以及超过年休假天数的寒暑假（第6条）。质言之，该等假期不得与年休假合并使用。以上假期大多属于法定休假。抽样案例与行政解释立场一致。关于非法定休假，例如个人利益型休假是否可与年休假合并使用问题，该等法规以及抽样案例均未明示。[①] 从服务年资出勤率的行政解释可以推论出：超过一定期限的病假、有薪事假不得与年休假合并使用。

三、落实年休假地方司法标准的正当性分析

（一）年休假的立法宗旨及其规制分野

1. 年休假宗旨的立法分野及其学理基础

年休假起源于北欧国家应对极夜现象而缩短工时所设之特别休假。[②] 第一次世界大战后，随着世界经济环境发生重大变化，年休假逐渐向私营企业拓展（ILO，1935）。[③] 有关年休假立法宗旨及其学理解释素有两种分野：一是“劳动力维持培养说”，认为“年休假的立法目的不仅为使劳动者得到充分的休息时间以恢复体力，更是为了提高劳动效率，从而维护雇主的经营利益（吾妻光俊）”，其派生的“功劳报偿说”认为：“年休假是雇主对劳动者过去勤勉劳动所给予的报偿。”[④] “休息权”说认为：“年休假目的在于保障劳动者的休息权，使劳动者从拘束性劳动中解放出来，从而保障其生命健康安全，实现其文明生活之可能，是对劳动者‘余暇权’的保障。”[⑤] 质言之，“年休假是使劳动者基本休假自由实质化的制度保障（山本吉人）。”[⑥] “劳动力维持培养说”对年休假立法宗旨的解释强调奖励劳动者勤勉尽职以及提高劳动效率的面向，而“休息权说”则强调“劳动

---

① 个人利益型休假是指，因应雇主业务之烦闲，通过劳动契约、集体协议以及内部劳动规则在法定休假之外，赋予劳动者平衡个人家庭生活与工作的假期，一般包括育儿假、病假、事假以及家庭照顾假等。参见［日］奥山明良：《休假休业总论》，东京大学劳动法研究会：《注释劳动基准法》（下），日本有斐阁2003年版，第684～694页。

② 参见［日］荒木尚志：《劳动法》，日本有斐阁2009年版，第176页。

③ 参见［日］东京大学劳动法研究会：《注释劳动时间法》，日本有斐阁1990年版，第594页。

④ 同上，第591～592页。

⑤ 参见［日］川田琢之：《年次有给假》，载东京大学劳动法研究会：《注释劳动基准法》（下），日本有斐阁2003年版，第705页。

⑥ 参见［日］东京大学劳动法研究会：《注释劳动时间法》，日本有斐阁1990年版，第592页。

解放”，即免除劳动者在休假期间的劳动义务，使其获得暂时的时间主权，雇主无正当理由不得打扰、中断年休假。

2. 基于不同宗旨的年休假法规制特点

相较于“休息权说”，“劳动力维持培养说”所建构的年休假法律制度呈现出以下特点：

首先，在取得年休假的服务年资方面，后者比前者的法定期间更长或者条件更为严苛。服务年资的国际劳工标准最长不应超过 6 个月。[①] 然而，从国际劳动组织（以下简称 ILO）的成员国立法来看，服务年资的规定差异较大。超过 56% 的成员国立法强调服务年资的劳动报偿性，即劳动者取得年休假必须为雇主连续工作一段时间，有的还要求必须达到一定出勤率，才能取得年休假，如果没有工作，或者工作时间不足法定年资，则不能享有年休假。可见，成员国立法普遍采取“劳动力维持培养说”的价值取向，其中欧洲国家最少，非洲国家最多。另一部分国家的立法强调休假自由，因此，服务年资的期间更短，一般没有出勤率的要求，有些国家法律甚至没有规定服务年资。[②] 显而易见，相较于以“劳动力维持培养说”为规制宗旨的国家，采取“休息权”为规制目标的国家的劳动者更容易获得年休假。

其次，在年休假日期安排权利分配方面，采“劳动力维持培养说”的国家，立法更加强调雇主的主导作用，以免影响生产经营以及劳动效率之提升。因此，多由雇主单方决定劳动者应在何时休年休假。采“休息权说”的国家，立法因强调劳动者的休假自由权，多由劳动者指定休假日期。还有部分国家立法，原则上允许劳动者依自己之意愿在当年度指定休假日期，如果其在该日期休假确有妨碍生产经营之可能，雇主有权要求其变更休假日期，即赋予劳动者对年休假的“时季指定权”，同时给予雇主对年休假的“时季变更权”，以此平衡劳资双方在年休假日期安排上的利

---

① 参见国际劳工组织北京局：《国际劳工公约和建议书（第 2 卷）》，国际劳工组织 1994 年，第 17 页。

② 参见 Naj Ghosheh，“Remembering rest periods in law：Another tool to limit excessive working hours ”，ILO，Geneva，Switzerland，2016，p17.

益冲突。①

再次，在应休未休年休假工资计算问题上，尽管ILO《1970年带薪年休假公约（修订）》（1970年6月3日，以下简称《第132号公约》）强调，以支付工资报酬或者其他任何方式补偿而放弃最低期限的年休假权利的任何协议都是无效的，即禁止以工资报酬赎买年休假（第12条）。但是，从ILO雇佣条件数据库（TRVAIL）有关年休假期间工作条件数据来看，半数以上的国家允许以工资赎买年休假。其中有些国家（例如马来西亚等）允许劳动者与雇主通过个别协议，以支付加班工资的形式替代年休假。有些国家（例如泰国等）允许雇主以支付工资为代价要求劳动者在年休假期间继续工作。在有些国家（例如秘鲁等），劳资任何一方均可主张以支付或者获得加班工资替代休假。另有不到50%的国家（例如克罗地亚等）明文禁止以支付工资的形式替代年休假。② 可见，当今世界，在赎买年休假的问题上没有采取《第132号公约》禁止性规制立场，转而采取宽容之态度，这一方面是各国为应对全球经济竞争以及就业压力而在年休假立法中采取的平衡休假与经营利益之举措，也反映出多数国家在年休假立法上坚持了年休假的"劳动报偿"属性，即最大限度地激励劳动者勤勉工作而非充分休息的立法宗旨和政策目标，质言之，相较于采"休息权说"的国家，采"劳动力维持培养说"的国家立法更加倾向于允许以支付加班工资替代年休假。

最后，在年休假与其他假期协调利用问题上，采"休息权说"的国家，更加注重劳动者在年休假期间劳动义务之免除及其对年休假的自由支配权。因此，对于那些不以劳动者自由意志支配的假期，例如事假、病假等休假，禁止其与年休假合并使用，意在着力维护劳动者得到一段持续不间断的自由支配的休息时间。与之相反，采"劳动力维持培养说"的国家，其立法注重对勤勉工作之激励，强调提高劳动者的休假利用率。提高休假利用率的精义不在于强制劳动者休息，而是使得劳动者在其最需要的

---

① 参见［日］川田琢之：《年次有给假》，载日本东京大学劳动法研究会：《注释劳动基准法》（下），日本有斐阁2003年版，第715～716页。

② 数据来源：国际劳工组织雇佣条件数据库（TRAVAIL），载http：//www.ilo.org/travdatabase，访问时间：2017年5月3日。

时间、以其最需要的方式获得休假利益。例如，病假、事假等往往是劳动者最需要休假的时期，但是，因为未能按照劳动合同给付劳务而遭遇减薪，相较于因休病假、事假而丧失年休假的做法，允许合并使用假期的优势在于：如果将年休假折抵病假、事假，劳动者在该等假期内将获得正常报酬，其休假总天数可能减少，但劳动者却在其最需要休假的时间获得有薪假期，其实际休假利益得到最大化。同时，雇主即可以因减少实际休假天数而减少放假成本，还会因"急员工之所急"的给予假期而显得极富"人情味"，有利于劳资和谐。

综上，年休假规制体系因其规制宗旨的不同，其规制方式差异较大：以"劳动力维持培养说"为宗旨的规制体系强调年休假的劳动报偿属性，以激励员工勤勉尽责为要旨，在恢复劳动者体力之前提下，最大限度地提高休假利用率，以降低休假成本，平衡劳资利益。其规制特点体现为：严苛的服务年资要求、雇主掌握年休假安排的决定权、允许以支付工资替代休年休假以及允许将年休假与其他个人利益型休假合并使用等。与之相反，以"休息权说"为宗旨的规制体系强调年休假的自由利用和劳动解放，充分保障劳动者连续不间断的休息时间。其规制特点体现为：更为宽松的年资要求、劳动者指定休假日期、禁止赎买年休假以及禁止年休假与其他假期的合并使用等。

（二）我国年休假法律规制的路径选择

作为劳动法的重要构成，年休假法律规制的宗旨与路径选择深受国家劳工政策的影响，如何判断我国当前有关年休假法律规制的价值取向，首先应将其作为实现当前我国经济社会进入新常态背景下劳工政策框架内的一环，进行立体的审视，才能作出正确的判断。

一系列中央文件共同强调我国当前劳动政策的主要目标是促进就业。《中华人民共和国国民经济和社会发展第十三个五年规划纲要》（2016 年 3 月 17 日发布）要求在第十三个五年规划期间，我国要实施就业优先战略，实施更加积极的就业政策并实现比较充分和高质量的就业，奠定了促进就业的政策基础。其次，《人力资源社会保障部关于印发人力资源和社会保障事业发展"十三五"规划纲要的通知》（人社部发〔2016〕63 号，2016 年 7 月 6 日）进一步阐明我国促进就业政策应以推动实现比较充分和更高质量的就业为首要任务，强调实施更加积极的就业政策，创造更多和更高质量的就业机会。同时，《意见》要求将共建共享作为构建和谐劳动关系的工作原则之一，强调协调劳资关系的政策手段应注重平衡劳资利益，达到调动劳资双方的积极性，提高劳动参与率和劳动效率的目的。由此可见，实施积极就业政策以提高劳动效率是我国当前劳工政策的核心目标。我国积极就业政策是积极劳动力市场政策之一环。理解积极劳动力市场政策特点，可将其与消极劳动力市场政策进行区隔。消极劳动力市场政策是面对经济不景或者重大经济危机时，以“稳固现有之劳动关系，避免创造新的失业”为根本宗旨的雇佣安定政策。作为消极劳动力市场政策之一环的年休假制度，其规制目的在于强制休息，从而缩短工时以分享工作机会，力求劳动关系原权利义务不受影响避免解雇劳动者。[①] 据此，采取消极劳动力市场政策取向的年休假规制是以“休息权说”为基本宗旨，以此为目的的年休假规制功能更具社会保障的性质，而非促进就业。与之相反，采取积极劳动力市场政策价值取向的年休假规制，其宗旨重在积极增加就业机会，提高生产效率和劳动参与率，而非强制休息。因此，“劳动力维持培养说”更加契合我国当前劳工政策目标。

综上，我国当前积极劳动力市场政策主导的年休假法律规制应以“劳动力维持培养说”为基本理念，强调年休假制度的劳动报偿属性，年休假立法的目标应解释为保障劳动者体能恢复，激励劳动者提高劳动生产率，通过提高休假利用率，最大限度地实现劳动者实际休假利益，而非强制其休息。正因如此，在分析判断我国地方司法标准正当性时，必须以我国所采取的积极劳动力市场政策为基础，比照“劳动力维持培养说”一般规制原理，分析该等地方司法标准是否与其相一致，并说明其学理依据，提炼出我国立法、司法与学界对年休假法律规制的“最大公约数”，为完善我国相关司法规则提供正当性的保障和依据。

（三）基于我国年休假规制路径的地方司法标准正当性分析

1. 服务年资连续计算地方司法标准的正当性分析

服务年资计算中最重要的问题是当劳动关系发生变更时，服务年资是

---

① 参见林佳和：《金融危机下的德国劳动市场政策：理解与判读的尝试》，载《就业与劳动关系季刊》2012年第2期。

否应连续计算。从判例分析可见，我国当前地方司法与行政解释的立场一致，即无论劳动者是否为同一雇主工作，其服务年资都应连续计算。服务年资计算应以劳动契约有效为前提，如果劳动契约无效，则以劳动关系存在的事实状态为前提。① 积极劳动力市场政策下的学理通说认为：劳动者在劳动契约上地位的变更或使用者或者实际指挥命令者变更的情形下，劳动者的服务年资都应连续计算，其认定标准是“工作或者给付劳务的事实状态是否具有持续性”。② 积极劳动力市场政策以尽可能多的创造就业机会为要务，因此，只要劳动者被雇佣且实际给付劳务，是否为同一雇主工作并不影响其对就业率和劳动参与率的贡献。

2. 年休假与个人利益型休假合并使用地方司法标准的正当性分析

我国行政解释将年休假与其他法定休假严格区分、不得合并使用，其理据在于“法定假期不得削减和取消”。如果允许以年休假替代其他法定休息日和休假日，会减少法定假期，从而侵犯公民的休息休假权利。同理，劳动者休法定假期期间也应计入服务年资。因此，尽管行政解释中未明确规定休法定假期期间是否应计入服务年资，但是，地方司法标准认为，除行政解释中明确规定的病假、有薪事假以及寒暑假等缺勤期间，其他法定假期均不应从服务年资内剔除。

对于非法定假期是否可与年休假合并使用，学界的通说认为：“劳动者服务年资的继续性认定应以‘疲劳恢复’为基础，这就要求在劳动者继续性服务状态中应被给予必要的休息时间”。③ 病假是劳动者行使休息权的期间，可以视为契约型的劳动义务免除。事假、临时歇业以及停职等情形，可以视为劳动契约中止状态下，给付劳务之义务暂时停止，在此期间，劳动者受免予解雇的保护。从“契约中断理论”出发，无论是病假、事假、停职、歇业等各种休假均可依“休假是劳务给付之中断期间”这一

---

① 参见［日］吾妻光俊：《注解劳动基准法》，日文原文，青林书院新社 1960 年版，第 465 页。

② 参见［日］东京大学劳动法研究会：《注释劳动时间法》，日本原文，有斐阁 1990 年版，第 610 ~ 612 页。

③ 参见［日］水野腾：《年次有给假请求权的再检讨》，日文原文，载《劳动法律旬报》，648. 24 下。

判定标准而统一在休假概念之下。① 如前所述，年休假资格取得应以“劳务给付的继续性”为核心，以劳动关系存续为依据，虽处中断、中止期间，劳动关系并未消灭，因此，劳动者不应因劳动关系中断而丧失年休假。抽样判例中有部分判例认定，如果在病假、事假期间，雇主未扣减工资，即使该等假期超过行政解释的缺勤期间，劳动者也不丧失年休假权利。详推其解释论的依据应是：虽然在此期间，劳动者并未给付劳务，但雇主仍按正常工资水平支付工资，可视为雇主自愿免除劳动者的劳动义务，因此，其判决结果是劳动者既可以休常薪病假，也可以休年休假，其解释论基础是“休息权说”而非“劳动力维持培养说”。如此解释对雇主利益似乎太过轻慢。如果从提高假期利用率的角度考察，既然劳动者在休病假、事假期间已经获得正常工资报酬，可以视为雇主在此期间已经安排劳动者休相同天数的年休假，但是，如果雇主在此期间未按正常工资水平支付工资，则不能冲抵年休假。对于停职，虽然在此期间劳动关系仍然存在，但是，如果是因劳动者的过错导致停职，则该期间不应计入年休假服务年资。年休假制度具有劳动报偿属性，以激励劳动者勤勉尽职为目的，如劳动者有过错并且未给付劳务，还能享受年休假，与立法宗旨相悖。据此，应将因劳动者的过错导致的停职期间从服务年资内剔除。

3. 年休假日期安排决定权分配地方司法标准的正当性分析

由谁来决定劳动者应在何时休年休假，学说分野有三：(1) 请求权说认为，年休假日期安排应以劳动者提出请求、使用者予以承诺的方式来决定。(2) 形成权说认为，雇主或劳动者一方意思表示就可使年休假权利成立并决定休假日期。② (3) 二分说认为，满足法定年休假服务年资，劳动者享有指定休假日期的权利。如果雇主认为这一时间放假有碍于生产经营需要，有权提出变更具体休假日期的请求，与劳动者再行商定休假日期。该等情况下，劳动者指定休假日期的权利为形成权，同时，休假日期变更

---

① 参见［日］野田进：《“休暇”劳动法之研究》，日本评论社1999年版，第20、38~39页。

② 参见［日］川田琢之：《年次有给假》，载日本东京大学劳动法研究会：《注释劳动基准法》(下)，日本有斐阁2003年版，第715页。

权为请求权，因此，年休假权利是形成权与请求权的二分权利。① 是否能在最需要休假的时间休年休假是劳动者的核心关切。然而，当今世界，年休假安排的权利分配上，雇主形成权模式占据主导地位，这样便于协调休假与生产经营之间的冲突，有利于提高劳动效率。② 我国行政解释与大部分相关抽样判例坚持这一立场。毋庸置疑，这种规制模式对生产经营效率有一定促进作用，符合积极劳动力市场政策的价值取向，但是，不能忽视的是，该等模式下，劳动者难以按照自己意愿，在最需要休假的时间得以休假，不利于提高休假利用率。抽样判例中有部分法官认为：劳动者有权根据自己的意愿选择休假日期，雇主有承诺与否的选择权，就是采用“二分说”的解释立场，但必须以内部劳动规则明确规定为前提，即当劳资双方对年休假日期安排决定权有特别合意时，从其约定。这将有效改善行政解释所定之雇主形成权模式的弊端，有利于提高年休假的利用率和保障劳动者权益。

4. 应休未休年休假工资计算基数地方司法标准的正当性分析

计算加班工资应以加班工资计算基数的确定为前提。学理通说认为：“加班工资的计算应以‘正常劳动时间、劳动日’为基础，并以‘是否为经常性给付’为判断标准。因此，那些‘临时性支付的劳动报酬’应从加班工资中剔除。同时，福利也应被排除在加班工资之外，该等福利包括家庭津贴、通勤津贴、别居津贴、子女教育津贴、住房津贴等，即与劳动内容无关而与个人事务有关的工资不计入加班工资基数中。加班工资的功能是对加班劳动的补偿，同时也是对雇主使用加班劳动的限制，并不具有生活保障的功能，所以应当将各种津贴、补贴以及福利排除在加班工资基数之外。”③ ILO 各成员国立法一般采取正常工作时间收入为标准计算应休未休年休假工资，但通常在计算工资基数时，工人加班报酬或者违反其他社

---

① 参见［日］川田琢之：《年次有给假》，载日本东京大学劳动法研究会：《注释劳动基准法》（下），日本有斐阁 2003 年版，第 715 ~ 717 页。

② 数据来源：国际劳工组织雇佣条件数据库（TRAVAIL），载 www.ilo.org/travdatabase. 访问时间：2017 年 5 月 3 日。

③ 参见［日］荒木尚志：《劳动法》，日本有斐阁 2009 年版，第 148 页。

会保护理论的时间所得收入均被排除在年休假加班工资之外。①理据在于：尽管为了适应经济情况多变而致经营之急需，允许以支付加班工资的方式替代年休假是当今世界多数国家的普遍做法。但是，必须明确的是，年休假立法宗旨是使劳动者获得一段连续不间断的休假以修养身心，是缩短工时的措施之一，其目的不是为了让劳动者获得更多的加班工资而放弃休假。因此，将加班工资以及其他有可能造成超时劳动的收入从应休未休年休假工资中剔除，避免该等工资起到刺激加班的反向作用。从抽样判例可见，对该问题的地方司法标准通常将年休假加班工资的计算基数限定在以下范围：基本工资与各类补贴之和、剔除津贴补贴后的基本工资与提成之和以及基本工资与奖金之和。从该等基数范围看，其与学理解释的立场相悖，将非经常性给付以及具有社会保障性质的收入均纳入了年休假加班工资的基数，增加了年休假加班工资的成本，并有刺激加班的可能。

四、我国劳动者年休假权利保障司法裁判规则的前景展望

年休假因受我国积极劳动力市场政策的影响，立法宗旨应采“劳动力维持培养说”的解释立场。我国行政解释所定年休假制度宗旨为“维护职工休息休假权利”和“调动职工工作积极性”（《条例》第1条），前者体现了对劳动者休息休假的保障意图，后者体现了对提高劳动效率的诉求。由此可见，我国年休假的行政解释与积极劳动力市场政策目标一致。因此，法律适用也应遵循“劳动力维持培养说”的解释立场。根据前述我国地方司法标准的正当性分析，笔者基于“劳动力维持培养说”的基本理念与规制方法，提出完善我国年休假权利保障司法裁判规则的可能路径：

（一）服务年资计算的裁判规则之完善

积极劳动力市场政策决定了促进就业在劳动法律规制中的优先地位，“劳动力维持培养说”在服务年资规制上以“劳务给付继续性”为认定标准，是对就业优先政策的支持。司法裁判中应把握“劳务给付继续性”的含义：不仅包括劳动关系存续，还包括劳动关系变更，即只要劳动者持续给付劳务，无论雇主如何变动，都应认定劳务给付的继续性。这就决定了

---

① 参见 Lucy Mclynn, “Working Time and Holidays, a National Legal Guide”, Oxford University Press, 2009, p115。

在司法裁判中将各种形式的劳动关系变更所导致的服务年资变动纳入继续性认定范畴的可能性：对于在不同雇主处工作应以“实际上是否持续给付劳务”为判定标准。① 对于短期劳动契约不断更新（即被同一雇主多次雇佣），以“实际上是否继续使用劳动力”为依据；对于灵活就业劳动者（例如不定时工时制劳动者、日雇劳动者等）应以“达到标准工时劳动者相当的工作时间”为标准计算其服务年资。对于派遣工、临时工转成正式工后，其身份地位变更前后的服务年资也应连续计算。②

（二）年休假与非法定假期协调利用的裁判规则完善

积极劳动力市场政策背景下，为提高休假利用率，将年休假和病假以及为应对不测事态发生的休假（事假、歇业等）冲抵年休假，是年休假制度的灵活使用。③ 以“劳动力维持培养说”为宗旨的年休假规制目标中，促进就业和提高劳动生产率占据重要位置，因此，行政解释将无劳动给付的病假等休假期间从服务年资内剔除似有一定道理。但不能忽视的是，年休假制度最高目标是尽可能使劳动者获得休假，而不是取消休假，这就决定了司法标准不应拘泥于行政解释，而应依积极劳动力市场政策的立法宗旨，以提高休假利用率为目的，允许以年休假冲抵相同天数的病假、事假以及非因劳动者过错造成的停职期间。如此，劳动者既可以在其需要休息的时间获得休假，并且获得正常工作时间的报酬，其实际休假利益得到保障，同时，雇主也因实际休假天数减少而降低了成本，劳资利益得以平衡。

（三）年休假日期安排决定权的司法规则完善

我国行政解释和大多数司法裁判在年休假日期安排决定权上采取雇主形成权的解释立场，但是，不得不承认，雇主单方决定休假安排，不利于劳动者在最急需之时获得休假，同时，雇主也可能以便利生产经营为由、滥用权力致劳动者的年休假权益落空。从劳动关系从属性特质以及便于劳

---

① 参见邱骏彦：《工作时间》，台湾“劳动法”学会编：《劳动基准法释义》，台北新学林出版股份有限公司 2005 年版，第 315 页。

② 参见［日］东京大学劳动法研究会：《注释劳动时间法》，日本有斐阁 1990 年版，第 610 ~ 612 页。

③ 参见［日］野田进：《“休暇”劳动法之研究》，日本评论社 1999 年版，第 7 页。

动者取得年休假考虑，采用“二分说”的解释立场更为妥当。

（四）应休未休年休假工资计算的裁判规则完善

我国法律并没有对工资的范围作出明确规定。行政解释对此有不同分野：一种解释将工资的概念界定为“劳务给付”的对价，从而将其范围限定于与劳务给付直接相关的报酬，不包括与劳务给付无关的福利性和社会保障性报酬。① 另一种解释则将福利性给付以及非经常性给付的津贴，即劳动者实际获得的全部收入都纳入工资范围，② 该等情况下工资不仅具有劳动报偿功能，也具有人身保障功能。地方法规的解释根据行政解释的不同立场呈现不同分野：多数地方法规、规章的解释倾向于前一种行政解释的立场，明确规定应将下列收入从加班工资基数内剔除：“延长工作时间的工资；中班、夜班、低温、井下、有毒有害等特殊工作环境、条件下的津贴；法律、法规和国家规定的劳动者福利待遇；社会保险待遇；劳动保护费用以及其他非劳动报酬性收入等。”③ 另有部分省市确立了加班工资基数的合意确定原则：按照劳动合同约定的劳动者本人的工资标准确定；劳动合同没有约定的，按照集体合同约定的加班工资的基数以及休假期间工资标准确定，但不得低于最低工资标准。④ 可见，当前关于加班工资计算基数的行政解释与地方法规的解释有“劳动报偿性收入”“实际收入之全部”以及“劳资合意决定”等三种标准。多数意见采取“正常工作时间经常性给付的劳动报酬”，这与加班工资计算的学理解释立场一致，说明立

---

① 参见侯玲玲：《我国加班工资计算基数的地方裁审规则》，载《法学》2014年第6期；《关于贯彻执行〈中华人民共和国劳动法〉若干问题的意见》（劳部发〔1995〕309号，1995年8月4日实行），第53、54条。

② 参见侯玲玲：《我国加班工资计算基数的地方裁审规则》，载《法学》2014年第6期；《财政部关于企业加强职工福利费财务管理的通知》（财企〔2009〕242号）第2条。

③ 参见《广东省工资支付条例》（2016年9月29日发布）第62条：《深圳市员工工资支付条例》（2009年10月21日发布）第3条；《厦门市企业工资支付条例》（2005年5月1日施行）第44条；《陕西省企业工资支付条例》（2004年1月1日施行，2007年修正）第43条。

④ 参见《北京市工资支付规定》（2004年1月22日施行，2007年11月23日修正）第44条；《江苏省工资支付条例》（2010年9月29日修正，2010年11月1日施行）第64条。

法宗旨上坚持了年休假制度的劳动报偿属性，并且不鼓励以扩大工资基数，将社会保障性收入纳入加班工资基数以提高年休假期间加班工资，避免加剧劳动者为获得高额报酬放弃年休假的倾向，从而缓解允许赎买年休假与落实年休假之间的矛盾冲突。据此，司法裁判也应当坚持这一立场，以“正常工作时间经常性给付的劳动报酬”为标准确定年休假加班工资基数。判

（本文仅代表作者本人观点）

合同解除异议权的权利属性及运行规则研究

章 扬*

一、问题的提出——司法解释引发的争论

从我国《合同法》的制度框架看，合同解除作为合同终止的一种情形，有着独立的体系设计。合同解除制度内容较为庞杂，不仅包括《合同法》总则部分的协议解除、约定解除、法定解除，还包括散见于分则部分的各种有名合同，以及其他法律条文（如保险合同的任意解除），而司法解释也对合同解除规则作出了补充和延展，这些法律文件共同构成了我国合同解除制度的实证法依据。

《最高人民法院关于适用〈中华人民共和国合同法〉若干问题的解释（二）》［以下简称《合同法解释（二）》］是 2009 年最高人民法院再次就《合同法》相关问题作出的专门司法解释，涵盖了从合同订立到违约责任承担的诸多内容。《合同法》第 96 条赋予了解除相对人提起异议之诉的权利，但关于异议期限及逾期后果等问题并未涉及，于是，最高人民法院从维护合同交易

* 最高人民法院审判管理办公室干部。

稳定的角度出发，创造性地通过《合同法解释（二）》第24条对此予以明确。但原本意在明确和细化异议制度的条文，却引发了极大的争议，集中表现为：一方当事人无解除权的情况下通知解除合同，相对人逾期异议能否产生合同解除效果？由于法律与司法解释条文含糊不清，致使司法审判出现了理解各异的混乱局面，例如，在（2016）最高法民申1049号"江苏聚力新能源有限公司与北京七星华创电子股份有限公司买卖合同纠纷案"中，再审申请人向最高人民法院明确提出，原审江苏高院就第24条适用问题所作判决，与最高人民法院（2013）民申字第2018号民事裁定书所持观点冲突。

2013年1月，最高人民法院民一庭在《民事审判指导与参考》中以问答的形式对《合同法解释（二）》第24条作出回应："认定合同解除通知的效力，要看合同解除的要件是否具备，既要符合合同法第93条第2款、第94条规定规定的实质要件，又要符合通知合同相对人这一形式要件。"① 但在相对人异议问题上，只提及了在满足实质要件和形式要件的基础上，异议期间内相对人未向法院提出异议的，解除通知有效。

2013年6月，最高人民法院研究室就浙江高院请示作出法研〔2013〕79号答复。该答复指出："当事人根据合同法第九十六条的规定通知对方要求解除合同的，必须具备合同法第九十三条或者第九十四条规定的条件，才能发生解除合同的法律效力。"该答复存在两个问题：一是从内容上看，研究室与前述民一庭的观点一致，即解除通知的效力取决于是否符合解除要件，未提及与相对人异议特别是逾期异议之间的关系；二是根据《最高人民法院关于司法解释工作的规定》第6条，最高人民法院发布的司法解释的形式有"解释""规定""批复"和"决定"四种，由于"答复"不是司法解释，法官裁判时也就无法援引其作为裁判依据。

民一庭和研究室论述的重点和依据是《合同法》而非司法解释，既未说明二者应如何衔接适用，也未阐明"人民法院不予支持"的内涵，通篇采用"解除事由成立+相对人未异议→解除"的"双因一果"思路，最多算是《合同法》的重申。尽管如此，该答复还是对指导全国法院审判起到

---

① 最高人民法院民事审判第一庭编：《民事审判指导与参考》（总第53辑），人民法院出版社2013年版，第242~243页。

了极大影响，很多判决都照搬了该表述。但该答复因先天不足难以达到预想的效果，从中国裁判文书网公开的裁判文书看，全国法院特别是最高人民法院的裁判观点并未因该答复而得到统一。

值得注意的是，2014年11月，在最高人民法院政务网站上发布了一篇《关于如何理解与适用合同法解释（二）第24条问题的答复》①，承认了上述问题“无论是在学术界还是在各地法院的审判实践中均存在争议”，但依旧未给出答案。

可以发现，最高人民法院的前述观点忽略了一个基础且核心的问题：解除异议权的权利属性究竟为何？只有明晰此点，方可厘清解除异议权之行使规则，进而为《合同法解释（二）》第24条之准确适用提供法理支撑。本文着重围绕此问题展开探讨。

（一）形成权与异议权

形成权作为全新的权利概念，由德国学者艾米尔·泽克尔首次提出。解除权是形成权的一种，理解解除权和与之对立的异议权，势必结合德国民法关于形成权的相关理论作为突破口。

形成权相较于其他民事权利的最大特点在于，其仅凭形成权人的单方意思表示，就可以引发法律关系的变动，即便该法律关系存在相对人，也不能阻止这种法律效果的发生，这种塑造性效力，“并非单方意思表示本身所具备的法律效果，而是形成法律效力的表现”。② 与之形成鲜明对比的是请求权，虽然请求权人也需要向义务人为一定的意思表示，其内容既可以是要求义务人作出某种行为，也可以要求其不得作出某种行为，但请求权的实现是请求权人与义务人共同作用的结果，即使相对人负有的是消极的不作为义务，该不作为也视为权利实现不可分割的组成部分。形成权产生塑造力，不需要他人的配合，相对人则须容忍此既成事实，而不论该塑造力是否构成对自身私权领域的不利影响，“这种容忍义务不是指义务主

---

① 载http：//www.court.gov.cn/zixun－xiangqing－6871.html，访问时间：2016年11月13日。

② 申海恩：《私法中的权利——形成权理论之展开》，北京大学出版社2011年版，第96页。

体自己不去做什么，而是权利人依法或者依约做了什么，他要无条件地接受。”①

正是由于形成权强大的塑造力，各国都通过实证法对其行使方式作出了条件限制，“有时须结合一定的国家行为（如形成判决、对管辖权发生争议的形成决定）”，②以防止形成权人与相对人之间权利失衡。形成权的行使方式可以以单方意思表示为之，亦有须请求法院通过司法程序裁判为之，后者最为典型的即形成诉权。但二者也容易发生混淆，例如一方当事人作出解除的意思表示后，相对人不予认可且拒绝接受由此产生的法律后果，“解除权人”只得向法院提起诉讼，意图通过法院判决获得实现解除效果的强制力，但此种情况不视为形成诉权，而是“解除权人”的权利遭受侵害而寻求的司法救济。法院只不过是对其先前行使权利的效力作出了具有溯及力的法律评价，再赋以国家强制力排除效力实现的妨碍因素，司法裁判本身并非实现权利的必要手段。易言之，普通形成权“形成原因的司法控制是在事后进行的”，形成诉权“则是在事前就对形成原因加以司法控制”。③ 异议权制度设置的目的，是为了监督形成权人正确行权，防止相对人遭受到不法侵害。虽然形成权一经行使即产生相应的形成效果，但仍存在错误或者恶意行权的可能性，相对人不得对形成权效果提出异议，但是可以就该形成权行使是否合法提出反对意见，从而制止本不该发生的法律后果。通过诉讼方式提出形成权异议，则是启动事后司法控制这一潜在救济手段的动因。“既然该他人必须接受权利主体行使形成权行为的事实，因此必须保护他免受不公平结果的侵害。”④ 是否必须通过诉讼行使形成权，只是立法者从保护相对人的角度作出的审慎考量，除此之外，形成诉权与普通形成权无异。将普通形成权因争议而强行纳入诉讼程序，或者直接在诉讼中主张形成权，从功能上看，诉讼中的普通诉权与形成诉权也无异。普通解除权行使，相对人当然可以即时提出异议，形成诉权行使，

---

①② 申卫星：《形成权基本理论研究》，载《民商法论丛》2004 年第 30 卷。

③ 申海恩：《私法中的权利——形成权理论之展开》，北京大学出版社 2011 年版，第 105 ~ 106 页。

④ ［德］迪特尔·梅迪库斯：《德国民法总论》，邵建东译，法律出版社 2013 年版，第 79 页。

相对人可以在诉讼中提出抗辩或者否认，前者的异议与后者的抗辩或者否认只是所处场合不同，功能是一致的。

（二）合同解除权与解除异议权

上文提到，当事人可以通过单方意思表示、双方合意[①]或者请求司法裁判[②]的方式解除合同，是按照解除依据作出的划分。其中，单方意思表示解除合同是指仅依一方当事人作出意思表示即可终止合同的行为，这种特性与行使形成权效果相同，故此种解除方式又可以称为行使解除权解除合同[③]，按照解除权来源不同，又可以分为法定解除和约定解除（主要见于我国《合同法》第93条第2款、第94条），在我国，法定解除条件包括但不限于违约行为。依解除权解除合同，必须具备约定或者法定的解除条件。

从各国合同的解除模式看，主要有自动解除（如日本商法典规定定期买卖合同可因特定条件成就自动解除，[④] 但日本民法典则规定行使解除权仍然要向相对人为意思表示，这里可以将商法典的规定视为日本合同解除制度的特例[⑤]）、意思表示解除（法律行为）、诉讼解除（司法裁判）三种类型。我国选择了通知解除为主，诉讼解除为补充的解除模式。此处所指的解除模式，与解除依据并非一一对应，例如，以意思表示方式解除合同的，既可以是单方意思表示（行使解除权），也可以是双方意思表示（合

① 双方合意解除即协议解除，是指经合同当事人协商后一致同意终止合同的行为，它不以解除权的存在为前提，本质是双方订立的一个新的合同以替代或者更改旧的合同，所以任何关于合同的法律制度均可以适用于此，协议解除最能够体现当事人意思自治和契约自由精神。

② 司法裁判解除在我国主要是指情势变更解除（大陆法系国家大都确立了此项制度，英美法系国家与之相当的为合同受挫制度），也不以解除权存在为前提，该制度赋予了法院以裁判形式干预和调整私人合同的权力，充分反映了民法秉持的公平正义原则在司法领域的灵活运用。参见李先波：《英美合同解除制度研究》，北京大学出版社2008年版，第121页。

③ 如无特别说明，本文所称解除合同均为此种情形。

④ 《日本商法典》第525条，参见刘成杰译注：《日本最新商法典译注》，中国政法大学出版社2012年版，第126页。

⑤ 《日本民法典》第540条，参见渠涛编译：《最新日本民法》，法律出版社2006年版，第119页。

意解除)。逻辑上，解除依据是合同解除的效力来源，解除模式是合同解除的实现方式。

无论是外国法或是我国法律，均对合同解除权作出严格限制，以确保解除权不被滥用。出于与形成权相同的考虑，法律同时赋予解除相对人提出异议的权利，“有利于法院对当事人的违约状况、解除权行使的条件是否具备等进行判断”。[①] 但是，单纯表示反对并不足以对抗解除权的强大塑造力，这样各执一词的对立状态无法从根本上确定合同解除的效力问题，为此，《合同法解释（二)》第 24 条规定了解除异议须通过诉讼的方式提出。同时，长期不提异议之后突然提起，也会严重影响经济交易的稳定性，于是第 24 条设置了依约定或者依法定两种异议期间。不过，同样是作为合同领域形成权的撤销权，因法律规定其必须通过诉讼方式行使，即属形成诉权，相对人提出异议（抗辩或者否认）一定是发生在诉讼程序中，所以无需规定任何行使期限。与之类似的还有《合同法解释（二)》第 26 条的情势变更解除合同。可以发现，唯独合同解除异议权被限定了行使期间。

三、解除异议权的属性之争

异议权旨在否定和消灭所谓的“解除权”，但异议权性质为何存在一定争论。民事权利根据其内容，可以分为支配权、请求权、抗辩权和形成权，本节将从这些权利类型出发，通过与不同权利特征的对比，确定解除异议权的属性。鉴于支配权主要体现在物权领域，与合同领域相去甚远，故不再赘述。

（一）解除异议权与请求权

从内容看，解除异议权并不具有请求权那样的向义务人主张某种给付的典型特征，或者说它不是向通知解除人发出请求，而是向公权力机关提出告诉，请求其作出某种具有既判力的事实或者法律认定，据此对通知解除人的解除行为作出否定性的效力评价。民事权利体系中的请求权特指实体请求权，以实现债权作为请求的目的和内容，“当请求权得不到实现时，

---

① 王利明:《合同法研究（第二卷)》，中国人民大学出版社 2015 年版，第 358 页。

即以诉讼的方式获得救济，就此发生程序法意义上的请求权，即诉权。”①可见，如果非要将解除异议权视为某种请求权，该“请求权”的内容也更贴近于诉讼法层面的诉讼标的或者诉讼请求，这一点与为了确保实体请求权得以实现寻求司法救济的情况类似，只是它不以实体请求权为存在基础，也不以实体请求权遭到侵害为前提，②或者说，该具有权利救济属性的“请求权”已经不再是民事权利体系下的概念。

（二）解除异议权与形成反对权

我们假设解除异议权是形成权，则其具有改变行使解除权后确立的法律关系（合同解除状态）的塑造力，如果它以此为形成对象，就必须承认解除权消灭原有法律关系（合同履行状态）的效力已经合法产生。可是，从解除异议权设置的目的看，其应当是主张解除行为不具备法定条件、不能产生解除效力，这里假设前提与结论之间发生矛盾。

有观点提出，异议权是否属于形成反对权（亦称形成抗辩权）？实证法关于形成反对权最典型的例子是德国民法上的承租人异议权。③在该条中，出租人行使了典型的形成权（终止权）以终止租赁合同，而相对人提出的异议恰好可以消除该形成权终止租赁合同的效力。但仔细阅读条文即可发现，承租人行使异议权的前提，应当是承认出租人的终止权并无效力瑕疵，本应可以发生终止合同的法律效果，但却因法律基于特别的利益权衡作出规定，④如果终止该合同可能造成承租人的不利益远超过出租人的正当利益时，承租人可以请求延续该租赁关系。可见，虽然行使该异议权的结果可能是租赁关系未被改变，但承租人异议是主张了出租人行使终止权之外的事由，并不是否定出租人的终止权，而是用新的形成权改变先前

---

① 朱庆育：《民法总论》，北京大学出版社2016年版，第561页。

② 例如，王洪亮教授认为，通过对确认之诉性质的分析，可以独立出诉讼请求权（诉讼标的）以区别于实体请求权，并定位为对国家的法律保护请求权上。参见王洪亮：《实体请求权与诉讼请求权之辩——从无权确认请求权谈起》，载《法律科学》2009年第2期。

③ 《德国民法典》第574条，参见陈卫佐译注：《德国民法典》，法律出版社2015年版，第217页。

④ 此制度的立法理由及其演变，参见［德］迪特尔·梅迪库斯：《德国债法分论》，杜景林、卢谌译，法律出版社2007年版，第198～201页。

出租人行使形成权本该改变的法律关系，因为“通过形成行为所生的权利变动效果是终局性的，当事人不能撤回或者恢复原状”，[①] 正确行使终止权产生的法律关系的变动，只能依靠另一个形成权再次变动，从外观上看是似乎是“终止权→异议权→合同延续”，却不能简单认为异议权否定了终止权，这一租赁合同实际上经历了“终止权→合同（到期）终止→异议权→终止失效→合同延续”的反复拉锯，或者说，这里的异议权在较短时间内（根据《德国民法典》第574b条为租赁关系终止前两个月），及时阻止终止权即将产生终止合同的效果，以致让人误以为终止权没有产生任何法律效力就被异议权消灭。

由上例可见，以承租人的立场看，形成反对权是“消极形成权”，它旨在消灭由出租人意图“制造”的法律关系。作为形成反对权应当具有相对独立的权利构成，而不是依靠否定对方形成权的正当性依据来创造自己的存在基础，这与《合同法解释（二）》第24条解除行为效力（核心为解除权是否存在）的不确定性相冲突，亦即，“形成反对权只能让解除行为消灭、无效，而不能使解除权本身消灭。”[②]

我国《合同法》第96条规定的是相对人可以要求法院“确认”解除效力，与德国民法上的形成反对权存在明显不同：第一，从定义上看，形成反对权因其效果类似于针对请求权行使的抗辩权而得名，请求权的抗辩权的前提是承认请求权存在，照此逻辑，形成反对权的前提也应当是承认形成权的存在，第96条的异议权并不承认此前提；第二，第96条规定仅规定了解除异议权的大致概念，但没有像《德国民法典》那样，规定相对人提出解除异议的正当事由；第三，第96条、《合同法解释（二）》第24条均没有规定异议成立时能够产生何种法律后果，或者说结果是不确定的，如此危险的“形成权”不可能为形成权理论所接受。总体来看，第96条似乎只是在说明，相对人可以要求法院对解除行为予以“关注”并“介入”，以达到与形成诉权（如撤销权）相同的司法审查效果。

---

① 申海恩：《私法中的权利——形成权理论之展开》，北京大学出版社2011年版，第96页。

② 申海恩：《私法中的权利——形成权理论之展开》，北京大学出版社2011年版，第234页。

（三）解除异议权与抗辩权

与请求权类似，抗辩权也可以分为实体法的抗辩权与诉讼法的抗辩权。

解除通知到达相对人时，合同即告解除，只能就解除既成事实予以撤销方能回复原始状态，但实体法上的抗辩权不能达到此效果。应当注意的是，《合同法》及其司法解释设定的异议场景是诉讼中，如果比照请求权的抗辩权理论分析：抗辩权是为了拒绝请求权而设的权利，按照效力划分为权利阻碍抗辩（权利未产生）、权利消灭抗辩（权利产生后消灭）和权利阻止抗辩（对抗权利实现），[①] 只有权利阻止抗辩才是与请求权相对应的实体抗辩权（如先履行合同义务一方行使不安抗辩权拒绝另一方的履行请求），而前两者均为诉讼法意义上的抗辩，将这一概念拓展至其他权利类型的诉讼场合（因为这两种抗辩不必然对应于请求权），就可以构成对解除权行使效力的反对。

需要说明的有两点：第一，作为诉讼防御性手段，当事人不仅可以抗辩，也有对对方据以支持其权利主张所作事实陈述的否认，二者差别在于举证责任的分配，[②] 即权利主张方应当对其被对方否认的事实陈述举证证明，实际上无论对方是否否认，该方均应对其权利主张提供充足证据以示支持，只是在对方否认的情况下，需要提供更进一步的证据加强法官的内心确信，而抗辩方应为其抗辩主张的事实陈述承担举证证明，二者会发生反复和交替。第二，实体抗辩权的本质仍然是一方享有的权利，既然是权利就应当尊重权利享有者的自由意志，法院不应代为行使，相反，诉讼法意义上的抗辩，则超越了权利人的自治范畴，已属于事实真伪的判断，很多内容牵涉国家意志和社会公益的实现，法院应当主动寻找是否存在抗辩情形，而不应消极等待权利人主张。

综上，解除异议权既是诉权也是抗辩。诉权是请求法院解决纠纷的权利，而抗辩（或者否认）则是诉讼当事人在事实层面的防御手段，二者并不是同一层面的概念。就异议权而言，相对人可以就解除行为效力向法院

---

① 参见王泽鉴：《民法总则》，北京大学出版社2015年版，第104页。

② 参见［德］迪特尔·梅迪库斯：《德国民法总论》，邵建东译，法律出版社2013年版，第84页。

提起诉讼，这是法律赋予的诉权，而其诉请法院确认解除行为无效，则是抗辩或者否认；在通知解除人起诉、相对人应诉的场景，相对人可以进行答辩，这也是在行使诉权，而他在答辩中既可以否认解除条件成就，也可以提出反证驳斥违约事实。

（四）解除异议的内容与期间

《合同法》第 95 条规定逾期行使解除权的后果是“权利消灭”，但《合同法解释（二）》第 24 条对异议权并未采取这样的表述，说明其并非如解除权一般的实体权利。异议权内容指向的仍然是解除权，而没有除此之外的独立诉求，是对解除权的反对。正如德国民法中的请求权和抗辩权概念，在其《民事诉讼法》和《德国民法典》的语境下指代的内容是不同的，“《民事诉讼法》中的‘请求权’大多指，原告在诉讼中提出的权利主张，……《民事诉讼法》中的‘抗辩’是指所有的‘事实上的主张’（不是权利），……最好用‘异议’来表示《民事诉讼法》中的抗辩”，[①] 可见，德国民事诉讼的抗辩，可以对抗包括请求权在内的任何权利，即便限定有异议期间也只具有诉讼法上的意义。从程序法的角度来讲，针对解除权的抗辩是要求法院进行司法裁判的请求权，虽然此抗辩以私力救济方式亦可达到，或者说本就是私法权利的主张范畴，但立法者考虑到为使合同效力尽快确定下来，避免更多更久的纠纷，直接将其审查纳入到司法的视野。也就是说，只要具备了该“请求”或者“抗辩”的实质内涵，即便由通知解除人提起确认或者给付之诉，相对人应诉、答辩，并且“在庭审中抗辩合同不应当解除，当然等同于相对方采取诉讼方式提出异议”。[②]

从立法者的角度，我们还可以判断出《合同法》关于异议权的态度。在《合同法》颁行后，全国人大法工委对该法作出了细致解读，如解除权因对方催告在合理期间内仍不行使即告消灭的情形下，“当事人（解除权人）对催告的合理期间有异议的，由人民法院或者仲裁机构确定”，[③] 该释义并非《合同法》条文的内容，而是全国人大法工委的进一步阐释，从行

---

① ［德］卡尔·拉伦茨：《德国民法通论》，王晓晔等译，法律出版社 2013 年版，第 332～333 页。

② 梁慧星：《民事解答录》，人民法院出版社 2014 年版，第 100 页。

③ 胡康生主编：《中华人民共和国合同法释义》，法律出版社 1999 年版，第 160 页。

文逻辑上看，这里的异议应当与《合同法》第96条的异议作同一理解，即对导致自身权利变动的原因持有不同意见，并请求法院或者仲裁机构对该原因是否合法作出裁决。该释义更指出，相对人异议和法院或者仲裁机构确认的内容就是“当事人接到解除合同的通知后，认为不符合约定的或者法律规定的解除合同的条件，不同意解除合同的”，① 最高人民法院在对《合同法解释（二）》第24条的说明中也照搬了此表述。全国人大法工委、最高人民法院在此已经将异议权的内容界定得十分明确，也就是说，异议之诉的本质就是解除权行使效力存疑。

如果超过异议期间异议权即告消灭，可否推知异议期间的性质是除斥期间？② 由于该异议权本身并非是实体权利，也就无法与诉讼时效、除斥期间相对应。诉讼时效均由法律规定，没有当事人协商或者约定的余地，③ 而异议期间是可以由当事人约定，或者由法律直接指定。异议期间应是不变期间，④ 不可中断、中止、延长，逾期后任何行为不发生诉讼效力。但按照《民事诉讼法》第83条，耽误的期间经法院准许可以顺延。是否逾期，法院应当主动审查，因为根据《合同法解释（二）》第24条字面含义，逾期异议的；法院不予支持，并不以通知解除人提出抗辩为前提。

四、解除权与解除异议权的行使

（一）解除权行使之相关问题

谈及异议权，就不得不提解除权，二者具有典型的“对合性”。

我国《合同法》第96条规定了解除权行使的方式，即以解除通知的

---

① 胡康生主编：《中华人民共和国合同法释义》，法律出版社1999年版，第161页；沈德咏主编：《最高人民法院关于合同法司法解释（二）理解与适用》，人民法院出版社2015年版，第214页。

② 姚宝华：《合同法解释（二）第24条的周延性适用》，载《人民司法》2011年第22期。

③ 参见《最高人民法院关于审理民事案件适用诉讼时效制度若干问题的规定》第2条。

④ 王利明：《合同法研究（第二卷）》，中国人民大学出版社2015年版，第359页。我国《民事诉讼法》上的不变期间，可参见《最高人民法院关于适用〈中华人民共和国民事诉讼法〉的解释》第127条。

形式向相对人为解除合同的意思表示，此通知属不要式行为，并且，解除通知生效采用到达主义，相对人是否知悉通知内容在所不论，不过，通知解除人负有证明相对人已受领此意思表示的义务。

由于解除行为（解除通知的意思表示）本身也是法律行为，关于法律行为效力瑕疵的规定同样适用于解除场合，即作出解除通知时存在意思表示不真实，通知解除人可以选择撤销该通知。同时，解除行为亦可比照要约与承诺的撤回规则，撤回的意思表示早于或者与解除意思表示同时到达相对人，解除通知不生效。不存在意思表示瑕疵的解除通知到达相对人之时即告生效，并无撤回的余地，通知解除人是否可以阻止该效力的发生？形成权限制的目的在于维护法律关系的稳定，平衡形成权人与相对人之间的权利，从有利于保障相对人利益出发，当出现通知解除人反悔而主动要求撤销，或者通知解除人认可相对人提出的异议，或者经双方充分磋商消弭冲突后，一致认为合同可以继续履行或者无须解除等情形时，只有征得相对人明确同意（或者相当于同意撤销的异议）后，方可允许通知解除人撤销该意思表示。

解除权可以因解除权人（尚未发出解除通知）接受违约方履行、采取其他救济措施（解除权放弃）以及逾期行使而消灭。如果一方违约，后为此提供担保、替代履行，通知解除人对此表示接受，则是撤销解除的意思表示还是放弃解除权？首先要明确的是，解除权与解除权行使是不同的概念，解除权是权利人行使的对象，没有解除权就没有行使与否的问题，但有了解除权，也未必就要行使，因为解除权作为权利，是否行使、何时行使是权利人的自由，为督促解除权人尽快行使解除权以稳定合同关系，法律规定了解除权的行使期间，逾期不行使，解除权消灭，在行使期间届满前，解除权人明确表示不再行使解除权的，视为放弃解除权。可见，解除权的放弃，不仅应当在解除权成立后、行使期间届满前作出弃权的意思表示，而且此前不得有行权的意思表示。解除的意思表示的撤销，目的是阻止解除权行使产生解除合同的效力，从时间上看与解除权的放弃有着明显差异。由于继续履行与解除合同性质相互排斥不能并存，权利人必须在二者之间作出选择。根据双方所处的不同阶段，可以得出不同结论：解除权成立，解除权人尚未行使的，接受担保或者履行视为放弃解除权；解除权成立，解除权人已经行使的，接受担保或者履行视为撤销解除的意思表示；[①] 解除权未成立，则只视为合同履行过程中的违约补救措施。

通知解除人在发出解除通知时，应当说明解除依据（解除事由），《合同法》第96条虽然未明确要求这一点，不过从法院审查和相对人异议的角度均十分必要。“原则上，单纯形成权之行使不必出示理由或称形成原因，只是在相对人表示异议并因此进入诉讼时，形成权人才有义务为之举证。”[②] “他（相对人）才有机会作出判断，究竟所主张的原因是否存在。”[③] 此说明义务需要达到何种程度？要区分事实理由和法律理由两部分，因《合同法》已经将可以解除的情形类型化，通知解除人只需从中作出选择，并像三段论那样，能够将主张的事实适用其中，从而推导出合同解除的结论即可。这就是为什么第96条用的是“依照”，可见这至少是附加给解除权人的一种说明义务，也是相对人据以自我保护、提出异议的基本依据。解除权人能否变更解除依据？笔者认为，作为解除的意思表示，其所表达和追求的法律效果是依附于解除原因的（也是区分不同类型解除权的标准），变更解除原因（无论是事实还是法律或者是二者同时）牵涉甚广（如解除时间的认定），原来的证明体系将完全颠覆，更会影响到相对人行使异议权的针对性，故此“变更”视为新的解除的意思表示。如果前后主张的解除原因或者其效果存在矛盾或者相互否定（如不可抗力致使合同目的不能实现与基于当事人违约致使合同目的不能实现，或者前后主张解除的时间不一致），则解除权人必须选择其一，因为合同不可能被通知解除人（自认为）成功地解除两次。

（二）解除异议权的行使方式

根据《合同法》第96条的规定，异议须以诉讼的方式提出，以起诉、反诉或者答辩方式均可。相对人如果欲表示异议不经诉讼转而寻求私力救济，向通知解除人表示反对，能否发生与司法确认同等的法律效果？

---

① 案例可参见（2014）吉民一终字第72号民事判决书。

② 朱庆育：《民法总论》，北京大学出版社2016年版，第519页；另可参见［德］卡尔·拉伦茨：《德国民法通论》，王晓晔等译，法律出版社2013年版，第291页。

③ 申海恩：《私法中的权利——形成权理论之展开》，北京大学出版社2011年版，第211页。

以违约金的诉讼调整为例。违约金是当事人于合同订立时约定的对未来一方不履行债务的情况下，须对另一方作出赔偿数额的预估，从实务看，违约金条款的设置，或者出于订约时各方自信能够严格履行合同各项义务而未充分预估可能的违约损失，或者借助高额惩罚性违约金以警示对方不敢贸然违约，或者凭借优势地位迫使对方为促成交易而接受此类保证，但遇到需要实际适用此条款的时候，可能会出现当初未曾预见而现实利益失衡的情况，为此，《合同法》规定当事人可以通过诉讼方式（起诉或者答辩均可）请求法院予以调整，该请求就是一种“异议”，法律当然允许且鼓励合同当事人寻求诉讼之外的磋商，当拒绝磋商或者磋商失败时，方可寻求诉讼解决。

较违约金调整更严格的是撤销权异议，我国法律规定撤销权必须通过诉讼方式行使，所以相对人提出异议与撤销之诉的发生时间几乎同步，并没有行使期间的问题。但解除权不同，一方意欲解除合同，可以自行通知解除，或者直接起诉解除，只有在自行通知解除但效果受阻的情况下，才可能出现异议和异议期间的问题。合同当事人在发生合同解除争议时，相对人可以选择非诉讼的方式向通知解除人提出反对、要求磋商，这样看起来十分经济效率。如之前所述，磋商达成谅解的，通知解除人在征得相对人同意后可以撤销之前的意思表示，尽管不能反悔，也不代表他不会再次行使解除权，他只需要再次发出解除通知，就能使双方恢复到与撤销之前相近的紧张状态，相对人只会陷入循环往复的疲于应付之中，因为主动权永远掌握在通知解除人那里，这样并不经济效率。法律当然承认非诉讼异议，但它永远难以达到司法确认那样的终局效果。

另外，如果相对人在接到解除通知时误以为解除权成就而同意解除，事后发现存在主观错误而反对解除，该作何处理？有观点认为合同已经协议解除。笔者认为，既然协议解除是合同的一种，就应当允许缔约方以错误为由主张撤销该意思表示（《合同法》第 54 条）。不过，就解除权行使而言，它的生效本就不需要相对人作出意思表示，相对人无论是否误认，都是在允许解除权发生形成效力，所以根本不存在相对人可以撤销的对象。正确的做法应当是，因为相对人之前基于错误形成的所谓“同意”，不能视为包括承诺协议解除在内的任何意思表示，后发现此错误而表示反对，属于提出解除异议，应当按照《合同法解释（二）》第 24 条处理。

（三）解除异议之诉的属性

通行的观点认为，异议之诉为确认之诉，但也有观点认为，异议权即请求撤销解除行为的权利。① 笔者认为，将解除异议之诉定性为给付之诉抑或形成之诉的理由均不充分：

首先，将异议权界定为请求权（如果是实体法层面），对应的本该是给付之诉，而其内容却是请求撤销，对应的却是形成之诉，本身就会产生逻辑矛盾；其次，给付之诉的内容是要求被告向原告为某种债的给付，而请求撤销并无要求被告给付的内容，所以，该观点“请求”的对象不是当事人而是法院；再次，形成之诉的目的是改变现有的法律关系，而异议之诉本就是因相对人不认同通知解除人单方改变现有合同状态引发，相对人并不想改变此合同关系；最后，该观点将异议之诉作为形成之诉看似有一定道理，因为解除行为与合同效力是因果关系，无因则无果，使解除行为归于消灭，其对应的解除效果也自然消除。但照此逻辑，任何争议事实均可拆分出若干个关联诉讼，不仅使当事人诉讼成本高昂，还有规避“一事不再理”原则之嫌。形成之诉须以形成权为前提，形成权则应由法律明确赋予，我国实证法却难以找到“解除行为撤销权”的依据。最高人民法院发布的《民事案件案由规定》（法〔2011〕42号）将争议法律关系中最主要、最能反映争议本质的内容作为诉的标的②，在客观上起到了遏制滥诉、规范诉权的作用。根据案由分类，请求法院撤销某种事实状态或者变更法律关系的案由共11个，在合同纠纷类中也仅有“债权人撤销权纠纷”一个案由，撤销解除行为仍须“挂靠”其他案由才可成诉。

可见，将异议之诉视为形成之诉抑或给付之诉，不仅缺乏法理依据，也缺乏实证法支持，从实务角度更无经济效率可言，该观点值得商榷。

从解除行为效力角度分析，无效就意味着是对既有法律行为的法律评价，而其效力自行为作出之时即已确定，当法院作出认定后，有效的继续有效（自始有效），无效的溯及既往的无效；可撤销意味着是形成之诉，

---

① 沈德咏主编：《最高人民法院关于合同法司法解释（二）理解与适用》，人民法院出版社2015年版，第216页。

② 例如，债权人撤销权纠纷的诉讼标的是债务人不当处分财产的行为，而公司决议撤销纠纷的诉讼标的则是违法作出的公司决议。

法院判决撤销后，原来有效的变为无效。显然将解除异议之诉解释为确认之诉更加合理。

因合同解除行为效力产生争议，双方当事人均可以向法院提起诉讼。通知解除人提起的是形成之诉（解除时间以起诉时为准）或者确认之诉（解除时间以通知到达时为准），效果旨在消灭合同关系；相对人的是确认之诉（异议之诉），效果旨在维持合同关系。从《合同法》第96条、《合同法解释（二）》第24条看，只规定了相对人有提起异议之诉的权利，但从逻辑上，既然通知解除人自认为已经合法有效地行使了解除权，再行单独提起确认之诉则意义不大，而实践中多为在给付之诉中，将合同于通知到达之日解除作为起诉的事实理由，或者作为首要诉讼请求，以统领含有给付内容的其他诉讼请求。判

（本文仅代表作者本人观点）

知识产权诉讼中不当得利证明责任研究

——基于罗森伯格法律要件分类说的分析

陈敏光*

损人而利己乃违反衡平。

——彭波尼（古罗马法学家）

在司法实践中，尽管知识产权诉讼多依合同或侵权的法律关系展开，但不当得利制度仍不失为一种独立的民事救济方式，对知识产权权利人而言有其重要意义，主要表现为：不当得利的成立无须考虑行为人的主观过错，更利于保护知识产权权利人；不当得利旨在去除无法律原因之受益，相比侵权法填补损失之理念，能为“根据侵权人获利计算赔偿”这一司法实践提供更好的理论支撑；依法律规定，不当得利请求权与损害赔偿请

* 中国应用法学研究所助理研究员、《中国应用法学》编辑、经济法学博士。

求权可能具有不同的消灭时效。① 基于这样的前提，笔者参阅相关案例②并对其做合理改造，从与我国民事诉讼实践甚为贴合的“罗森伯格法律要件分类说”着手，探讨知识产权诉讼中不当得利证明责任问题。

一、问题的提出

（一）案例

案例一： 甲企业委托乙攻关研究某一方法专利并约定在乙交付约定之方法专利后支付给乙报酬 100 万元。

假设一：如果甲乙约定由甲企业享有该专利申请权，在乙将全部专利文件交给甲之后，发现双方之间的委托合同无效或被撤销，甲乙之间的委托发明合同自始不成立。问：乙是否可以向甲主张不当得利请求权？证明责任如何分配？

假设二：在上例中，如果甲没有在约定期间向国家专利局申请专利。问：乙对甲享有何种权利？证明责任如何分担？

假设三：如果甲申请该方法专利，并获得国家专利局审查批准，甲成为该方法专利权人。后来发现双方之间的委托合同无效或被撤销。问：乙是否可以向甲主张不当得利请求权？请求权具体内容是什么？证明责任如何分配？

假设四：在上例假设三之情形中，甲成为该方法专利权人之后，利用

---

① 我国台湾地区“民法”第 197 条规定：“因侵权行为所生之损害赔偿请求权，自请求权人知有损害及赔偿义务人时起，二年间不行使而消灭。自有侵权行为时起，逾十年者亦同。损害赔偿之义务人，因侵权行为受利益，致被害人受损害者，于前项时效完成后，仍应依关于不当得利之规定，返还其所受之利益于被害人。”参见郑玉波：《民法债编总论》（第 2 版），中国政法大学出版社 2004 年版，第 186 ~ 187 页。

② 本文主要参阅（2016）京 0101 民初 16371 号杨某诉某影业公司等著作权权属、侵权纠纷案；某某某（集团）总公司上海某食品总厂诉上海某某食品厂等专利侵权纠纷案（法宝引证码 CLI. C. 231853）；（2016）京 0113 民初 7469 号北京某技术公司与张某不当得利纠纷一案；Sheldon v. Metro – Goldwyn Pictures Corporation（舍尔顿等人诉米高梅电影公司），106 F. 2d 45 （2d Cir. 1939），载 https://www. courtlistener. com/opinion/1494514/sheldon – v – metro – goldwyn – pictures – corporation/. 等案例。

该专利生产若干产品，销售获利500万元，后来发现双方之间的委托合同无效或被撤销。问：乙是否可以向甲主张不当得利请求权？具体的返还范围是什么？证明责任如何分配？

案例二：甲出版社将乙拍摄发表的若干万里长城的照片作为其出版的《长城故事》一书的插图出版发行。

问一：乙是否可以向甲主张不当得利请求权？具体证明责任如何分配？

问二：如果甲将其中的一张照片卖给丙杂志社作为其期刊封面出版发行。乙是否可以向甲主张不当得利请求权？请求返还范围如何？具体举证责任如何分配？

问三：如果《长城故事》是丁创作的没有发表的作品，后被其朋友戊拿去并署上自己的姓名交给甲出版社出版发行。戊未经丁同意在其作品上署名发表的行为是否构成不当得利？具体证明责任如何分配？

（二）争议

关于上述案例一与案例二主要有以下疑问：第一，上述案例中各种情形是否构成不当得利？第二，上述案例中各种情形的证明责任是由原告负责还是被告负责？第三，具体证明责任是否因为知识产权不当得利的类型不同而有本质的区别？下文根据我国现有法律，基于请求权基础分析方法（谁得向谁——基于何种请求权基础——请求什么）以及建立在此基础之上的证明责任理论对知识产权不当得利证明责任进行分析。

二、知识产权不当得利请求权基础

（一）规范功能

“不当得利，指无法律上的原因而受利益，致他人受损害者，应负返还的义务。”① 财产变动需要有法律上的原因，认定财产变动中受益人保有所受利益是否具有正当性，由不当得利制度进行调整，这也是不当得利制度的根本机能。一方面，不当得利制度“矫正欠缺法律关系的财产转移”。

---

① 王泽鉴：《王泽鉴法学全集·债法原理：不当得利》（第十三卷），中国政法大学出版社2003年版，第2页。

双方当事人基于合同法律关系转移财产，双方基于债的法律关系而为财产转移。当该财产转移的债的法律关系不存在时（合同不成立、无效或被撤销），保有他人财产就失去了正当性，一方当事人可以根据不当得利制度，请求他方返还自己所为的给付，矫正欠缺法律关系的财产转移。另一方面，不当得利制度保护权益的归属。当他人因为侵害权利人权利而获得利益时，权利人可以基于不当得利请求权请求其返还因侵害其权益归属而获得的利益。“不当得利请求权具有权利保护的继续作用。”① 总之，不当得利请求权的根本规范目的“旨在取除受益人无法律上原因而受的利益，而非在于赔偿受损人所受的损害，故受益人是否有故意或过失，其行为是否具有可资责难的违法性，均所不问”。②

（二）类型划分

不当得利的类型化理论由奥地利学者威尔伯首倡，后经德国学者卡梅瑞和拉伦茨等人的发扬，逐渐在德国、奥地利、瑞士等国家及我国台湾地区取得通说之地位。③ 在这些国家或地区的立法中，不当得利制度分为给付型不当得利与非给付型不当得利，司法实践中也通过大量判例继续完善立法上的这种类型划分。而在我国，则完全是另外一种局面。《民法总则》第 122 条延续了《民法通则》第 92 条的规定，并没有规定不当得利的具体类型，所以需要借助学说、判例及比较法辅助具体的法律适用。我国通说亦认可上述分类，二者区别的关键在于不当利益的取得是否基于给付行

---

①② 王泽鉴：《王泽鉴法学全集·债法原理：不当得利》（第十三卷），中国政法大学出版社 2003 年版，第 4 页。

③ 参见霍政欣：《中国不当得利制度的构建与完善——以比较法为视角》，载《求是学刊》2006 年（第 33 卷）第 2 期。

为。① 因此，我国不当得利在学说上似乎采取非统一说。② 在司法审判实践中，法官也普遍采取非统一说进行说理判断。③ 我国台湾地区的“民法”也没有像德国④一样将不当得利区分为给付型不当得利与非给付型不当得利，但是在学说和判例上都采取这种分类，采取非统一说。⑤ 因此，有学者认为从法律继承上看，我国《民法通则》第92条大概是因袭我国台湾地区“民法典”第179条第1句（无法律上之原因而受利益，致他人受损害者，应返还其利益）。⑥

知识产权本质上是私权。这一点，无论在国际上还是在国内，不论在

① 参见王家福：《民法债权》，法律出版社1991年版，第580页以下；张俊浩：《民法学原理》（修订第3版），中国政法大学出版社2000年版，第932页以下；崔建远等：《债法》，清华大学出版社2010年版，第184页以下。

② 有的学者将不当得利划分为给付型不当得利与非给付型不当得利，似乎坚持不当得利非统一说，但是却坚持两种不同类型的不当得利适用同一构成要件（一方获利；他方受损；获利与受损之间有因果关系；没有合法根据），又似乎采不当得利同一说。参见王利明主编：《民法》，中国人民大学出版社2005年版，第409页以下。

③ 参见甘肃省高级人民法院（2015）甘民一终字第00253号；甘肃省高级人民法院（2014）甘民提字第2号；浙江省高级人民法院（2015）浙民提字第44号；湖北省武汉市中级人民法院（2016）鄂01民终563号；天津海事法院（2014）津海法商初字第836号；上海市第一中级人民法院（2015）沪一中民六（商）终字第271号；重庆市第五中级人民法院（2015）渝五中法民再终字第00001号；新疆生产建设兵团第六师中级人民法院（2015）兵六民一终字第095号；广西壮族自治区南宁市中级人民法院（2015）南市民一终字第1203号；江苏省南京市中级人民法院（2015）宁民辖终字第87号；浙江省嘉兴市中级人民法院（2014）浙嘉民终字第673号。

④ 《德国民法典》第812条规定：“（1）无法律上原因，由于他人之给付，或依其他方法，藉他人之费用，而有所取得者，应负返还之义务。法律上之原因，嗣后归于消失，或依法律行为之内容，给付所欲达成之结果，不为发生者，亦应负返还之义务。（2）依契约所为债务关系存在或不存在之承认，亦应认为给付。”

⑤ 采取非统一说的具体详细的理由，参见王泽鉴：《王泽鉴法学全集·债法原理：不当得利》（第十三卷），中国政法大学出版社2003年版，第33页以下。

⑥ 参见唐超：《德国不当得利法的构造与中国不当得利法的完善》，载《北航法律评论》2013年第1辑（总第4辑）；王洪亮：《非给付不当得利的构成与举证责任——对2011年台上字第八九九号民事判决的评析》，载台湾地区《月旦民商法杂志》2012年第37期。

理论界还是实务界，都已经成为共识。[①] 相应地，知识产权法可视为民法的特别法，民法的相关原则、制度（包括不当得利制度）自然也可以适用于知识产权领域。故知识产权不当得利请求权也应当划分为给付型不当得利与非给付型不当得利。虽然，知识产权的客体具有无形性特征，但这并不影响知识产权不当得利类型的划分。

（三）给付型不当得利

“给付不当得利，是指基于给付而生的不当得利请求权，其规范功能在使给付者得向受领者，请求返还其欠缺目的而为的给付。”[②] 根据王泽鉴教授的观点，这里的给付，是指基于一定目的的有意识地增加他人财产的行为。“任何权利具有财产上价格的，均得成为给付不当得利的客体，如物权（所有权或他物权）、智慧财产权、债权、期待权、票据上的请求权。”[③] 因此，知识产权当然存在给付型不当得利类型。而有些学者对此持否定态度，认为知识产权不当得利受损人处于被动地位，不可能因其给付行为而受损。[④] 笔者认为，这种观点是不正确的。例如，专利许可交易合同无效或者被撤销后，致使专利权人许可专利被许可人使用专利的给付行为欠缺给付目的，而专利被许可人获得的财产利益因欠缺给付目的而没有法律根据。此时，构成典型的给付型不当得利。

在案例一中，专利申请文件（假设一）、专利申请权（假设二）、专利

---

① 虽然，有学者提出知识产权有公权化的倾向，但是这仍然无法改变知识产权私权的本质属性。参见冯晓青、刘淑华：《试论知识产权的私权属性及其公权化趋向》，载《中国法学》2004 年第 1 期；吴汉东：《关于知识产权私权属性的再认识——兼评知识产权公权化理论》，载《社会科学》2005 年第 10 期；吴汉东：《知识产权的私权与人权属性——以〈知识产权协议〉与〈世界人权公约〉为对象》，载《法学研究》2003 年第 3 期。

② 王泽鉴：《王泽鉴法学全集·债法原理：不当得利》（第十三卷），中国政法大学出版社 2003 年版，第 39 页。

③ 王泽鉴：《王泽鉴法学全集·债法原理：不当得利》（第十三卷），中国政法大学出版社 2003 年版，第 45 页。

④ 参见王鹏、谢冬慧：《论侵害知识产权的不当得利请求权》，载《东北大学学报》（社会科学版）2009 年第 11 卷第 5 期；范晓波：《侵害知识产权之不当得利问题探析》，载《知识产权》2006 年第 3 期；王薇：《侵害知识产权的不当得利请求权》，载《社科纵横》2004 年第 1 期（总第 19 卷）。

权（假设三）及利用专利获得的利益（假设四）都是给付不当得利的客体，甲获得利益因为欠缺乙为给付的目的而没有法律根据，所以，案件中乙都可以基于不当得利请求权基础请求甲返还不当得利。给付型不当得利制度对于建设知识经济具有重要意义，法律允许各种知识产权的合法交易，而对于欠缺给付目的的财产变动则需要给付型不当得利制度予以调整，以弥补失败的交易计划。一般认为，给付型不当得利的构成要件包括：当事人之间具有给付关系；一方基于给付而获利益；致他人受损害；无法律上的原因。

（四）非给付型不当得利

所谓非给付不当得利是指非基于给付而为的不当得利。每一种权益都有专属于权利人的利益内容，法律不允许他人违反法定秩序而获得或干涉。非给付型不当得利聚焦于保有利益的正当性，至于得利过程的合法性，则在所不问。在国内，非给付型不当得利作为知识产权不当得利的类型没有争议。至于知识产权非给付型不当得利发生的原因则多种多样，比如无权处分、侵权、善意取得、添附①等等。上述案例二中，甲的行为侵犯了乙的著作财产权与著作人身权并因此获利，构成典型的非给付型不当得利，乙可以请求甲返还因侵犯其版权而获得的利益。

非给付型不当得利构成要件如下：因侵害他人权益而受利益；致他人受损害；无法律上原因。非给付不当得利，以得利人返还其不当得利为目的，“故受益人是否有故意或过失，其行为是否具有可资责难的违法性，均所不问。”② 非给付型不当得利不同于以填补损害为目的的侵权制度，因此二者本质上是两种不同的救济制度。非给付型不当得利以侵权为发生原因尤为常见，但这并不意味着不当得利的构成必须满足侵权行为的构成要

---

① 如甲与某著名艺术家乙约定，由乙到甲的豪华别墅家中，在玉石墙壁雕刻一副江山万里的浮雕，历经6个月的雕刻，乙将这面玉石墙壁变成了一件精致的艺术品。后来发现该别墅并不是甲的财产，而是甲的朋友丙的。此时，乙的浮雕艺术作品添附到了丙的不动产之上，丙构成非给付不当得利。

② “如受损害之人所受之损害，系由于受益人犯罪所致，则受害人之人提起附带民事诉讼，请求返还不当得利，以回复其损害，自非法所不许。”具体判决见1995五年台上字第一四六〇号判决。参见王泽鉴：《王泽鉴法学全集·债法原理：不当得利》（第十三卷），中国政法大学出版社2003年版，第4页脚注。

件，只要符合非给付型不当得利构成要件即为已足。当非给付型不当得利与侵权构成竞合时，权利人可以选择其一作为请求权基础而主张权利。[①]

三、证明责任分配的理论与实践

（一）证明责任分配的学说

证明责任的分配，是指根据一定的标准，将事实真伪不明时的不利裁判后果作为风险，预先在当事人之间进行分配；而证明标准的核心问题是，应当按照什么标准来分配证明责任，既使分配结果体现公平正义，又能使纠纷得到迅速的解决。[②]

法律要件说在德、日等大陆法系国家和我国台湾地区系通说，对我国民事诉讼证明责任分配的理论和实践产生了深远影响。[③] 此说由德国民事诉讼法学家罗森伯格（Leo Rosenberg）在 1901 年出版的代表作《证明责任》一书中提出，其核心观点是：民法规范本身已经包含了证明责任的分配原则，这是立法者预先设置的结果。罗森伯格将民法规范分为对立的两类：一是权利发生规范（也即请求权规范）；二是与权利发生规范对立的规范，具体包括权利妨害规范、权利消灭规范、权利制约规范等。凡是主张权利存在的当事人，应就权利发生法律要件存在的事实予以证明；凡是否定权利存在的当事人，应就权利妨害法律要件、权利消灭法律要件或权

---

① 在一般侵权领域中，当事人基于不当得利请求权或以侵权中的损害赔偿请求权提起诉讼的并不少见，理论上也存在不少争议。代表性的理论和实务文章可分别参见邹海林：《不当得利请求权与其他请求权的竞合》，载《法商研究》2000 年第 1 期；陈巍炜：《侵权赔偿与不当得利请求权竞合实际案例分析》，载《法制与社会》2012 年第 20 期。

② 参见江伟、肖建国主编：《民事诉讼法》（第 7 版），中国人民大学出版社 2015 年版，第 205 页。

③ 参见叶自强：《罗森伯格的举证责任分配理论》，载《外国法译评》1995 年第 2 期；江伟、肖建国主编：《民事诉讼法》（第 7 版），中国人民大学出版社 2015 年版，第 206 页。

利制约法律要件的存在事实负证明责任。[①] 同时，罗森伯格以适用范围的广狭及法律有无规定为标准，将证明责任分为两类：一是基本原则，即法律没有明文规定的证明责任分配原则；二是特别原则，即法律有明文特别规定或理论上相当于明文之规定的证明责任分配原则，包括民事实体法中的法律推定规则和按法典编撰方法所作出的逻辑推断规则等。[②] 在英美法系，与对抗辩论的诉讼方式紧密相关，证明责任理论通常采用“负担对抗说”（具体包括诉求负担说、提证负担说、说服负担说等），[③] 两大法系的证明责任分配规则在很大程度上是兼容互补的。[④] 鉴于我国对大陆法系的继受，本文不对此展开论述。

（二）我国证明责任分配的体系

1. 我国对法律要件分类理论的全面继受

事实上，在理论和司法实践中，罗森伯格的法律要件分类说系证明责任分配理论的通说。早在2002年，我国合同法诉讼领域就已经在很大程度上吸收了罗森伯格理论，《最高人民法院关于民事诉讼证据的若干规定》（以下简称《证据若干规定》）第5条第1款规定：“在合同纠纷案件中，主张合同关系成立并生效的一方当事人对合同订立和生效的事实承担举证责任；主张合同关系变更、解除、终止、撤销的一方当事人对引起合同关系变动的事实承担举证责任。”在司法实践中，法官也多根据该条规定的精神来处理其他相关案件。如果说此前完全或主要以法律要件分类说为理论根据指导证明责任分配规则的适用条件尚不成熟，那么，《最高人民法院关于适用〈中华人民共和国民事诉讼法〉的解释》（法释〔2015〕5号，

---

① 权利妨害规范，指那些在权利发生之始就致使权利不得发生的规范，法律条文中凡是以“但书”形式予以规定的，均为权利妨害规范；权利消灭规范，指那些在权利发生之后，能将已经存在的权利予以消灭的法律规范；权利制约规范，指那些在权利发生之后，权利人欲行使权利之际，能将权利的效果加以遏制或者予以排除，使该权利不能达到目的的法律规范。参见叶自强：《罗森伯格的举证责任分配理论》，载《外国法译评》1995年第2期。

② 叶自强：《罗森伯格的举证责任分配理论》，载《外国法译评》1995年第2期。

③ See Jack H. Friendenthal & Michael Singer, The Law of Evidence, the Foundation Press, 1985, p207.

④ 参见毕玉谦：《举证责任分配体系之构建》，载《法学研究》1999年第2期。

以下简称《民事诉讼法司法解释》）的出台则宣告了对这一理论的明确认可。该解释第91条规定："人民法院应当依照下列原则确定举证证明责任的承担，但法律另有规定的除外：（一）主张法律关系存在的当事人，应当对产生该法律关系的基本事实承担举证证明责任；（二）主张法律关系变更、消灭或者权利受到妨害的当事人，应当对该法律关系变更、消灭或者权利受到妨害的基本事实承担举证证明责任。"对照1992年《最高人民法院关于适用〈中华人民共和国民事诉讼法〉若干问题的意见》（法发〔92〕22号)，该条系新增加的一个条文。这种根据权利发生规范、权利妨害规范、权利变更规范与权利消灭规范的不同性质来确立证明责任分配的方式，即是罗森伯格法律要件分类说理论的全面体现。

2. 证明责任分配适用规则

（1）立法有明文规定的情况。《民事诉讼法》第64条第1款规定："当事人对自己提出的主张，有责任提供证据。"该条确立了"谁主张，谁举证"的一般证明责任分配规则。《证据若干规定》第2条规定："当事人对自己提出的诉讼请求所依据的事实或者反驳对方诉讼请求所依据的事实有责任提供证据加以证明。没有证据或者证据不足以证明当事人的事实主张的，由负有举证责任的当事人承担不利后果。"该规定将当事人的证明行为与证明责任联系到一起。因此，证明责任包括：（1）提供证明的行为责任；（2）当不能提供证据或者不能说服法官而致使案件事实处于真伪不明的状态时需要承担败诉的责任。只有在待证事实真伪不明时才涉及证明责任问题。因为法官不能以待证事实真伪不明而拒绝裁判，证明责任为法院在此情形下确定由一方当事人承担不利的法律后果提供了裁判规范。当有关于证明责任的明确法律规范时，法官应当适用法律明文规定来解决争议，法官没有自由裁量的余地。（3）立法没有明文规定的情况。当法律没有关于证明责任的明文规定或者依照法律明文规定进行证明责任分配显失公平，法官应当如何处理呢？首先，法官应当依据生活经验及案件基础事实进行事实推定，这"在我国已为立法所承认"。"当法律无明文规定，或虽有规定但不明确，且缺乏可操作性时，借助经验法则作为赋予法官就一些特定情形将证明责任在当事人之间合理地进行分配，不失为一种充满理性的衡平与经济。”① 其次，“在举证责任分配问题上，当审判实践中出现既无法律明文规定又无经验法则可供沿循的情况下，应采用诚信原则。”② 作为实体法上的“帝王条款”，诚信原则也应当成为证明责任分配的衡平法原则，授予法官自由裁量权，用来调整法律明文规定的证明责任规则的简单和僵化，以调整法律的稳定性与社会发展之间的矛盾，便于法院公平及时作出裁判。

四、不当得利的类型化理论与证明责任分配

在我国民法理论与司法实践中，主流观点也是将不当得利划分为给付型不当得利与非给付型不当得利。按照上文的罗森伯格法律要件分类说，因原告系主张权利发生的一方当事人，须对两者类型的不当得利的所有构成要件法律事实承担证明责任。故在案例一与案例二中，原告乙应对不当得利的四个构成要件承担证明责任，如果原告不能提供证据或者不当得利的四个构成要件存在事实真伪不明的情况，则原告乙要承担败诉的不利后果。然而，如果不区分情形一概由原告乙承担不当得利所有构成要件事实的证明责任，可能会导致证明责任分配的实质不公。申言之，这就需要根据不当得利类型化理论具体分配证明责任，以调和刚性适用法律要件分类说所导致的实质不公。

（一）给付型不当得利的证明责任分配

案例一中，原告乙主张不当得利请求权需要证明给付型不当得利的四个构成要件事实，这一点并不因自始无给付目的还是嗣后无给付目的而有所不同。但实践中，法官对给付型不当得利的证明责任分配存在分歧，这主要集中在给付型不当得利“无法律上原因”这一事实构成要件上，有的认为应当由原告承担证明责任，有的认为应当由被告承担证明责任。

根据罗森伯格的证明责任理论，主张权利或者法律关系存在的当事人，须对产生该权利或者法律关系的法律构成要件事实负证明责任，故原告应当对被告获利“无法律上原因”的法律构成要件承担证明责任，至少应当提供证据证明原告给付的初始原因或目的。如果法院认定原告的事实

---

①② 毕玉谦：《举证责任分配体系之构建》，载《法学研究》1999年第2期。

主张成立，证明责任才能发生转移，转而由被告提供证据证明其占该利益的合法性。在案例一中：

假设情形一中，原告乙主张不当得利而向被告甲请求其返还所占有之方法专利申请文件，需要证明被告甲占有该方法专利申请文件没有法律上的原因，如果不能够证明这一点，则需要承担败诉的不利后果。如果能够证明这一点，则证明责任发生转移，转而由被告乙证明其占有这些方法专利申请文件的合法性，被告不能证明则要承担返还这些方法专利文件的败诉后果。

假设情形二中，首先有两个问题需要明确：其一是专利申请权可否作为不当得利请求权的客体？其二是不当得利请求权返还范围是什么？专利申请权是具有财产价值的财产性权利，可以在法律的框架内作为给付的客体自由转让，其当然也可以成为不当得利请求权的客体。有疑问的是不当得利请求权返还的范围是什么？方法专利申请权还是相应金钱补偿？笔者认为，应当是方法专利申请权。因为，专利申请权可以作为转让的客体，所以当甲保有该方法专利欠缺法律依据时，原告乙当然可以根据不当得利请求权请求被告乙返还该方法专利的申请权。

被告甲获得方法专利申请权，“无法律上原因”的要件事实的证明责任是由原告乙承担还是由被告甲承担存在争议。一种观点认为，应由原告承担证明责任。“就给付不当得利言，原告必须证明无法律上的原因（给付目的之欠缺）。此虽具消极事实的性质，仍应由原告负举证责任。给付不当得利请求权人乃使财产发生变动的主体，控制财产资源的变动由其承担举证责任困难的危险，实属合理。”① 基本上，我国台湾地区的司法判例也持同样的见解。② 另一种观点认为，应由被告承担证明责任。持这一观点的主要理由可以归纳为如下两点：其一，考虑证明责任的难易。“消极事实的证明在难度上大于积极事实的。消极事实常难以证明，一事实既然未实际发生，自然不会留下痕迹，形成证据。‘无法律上原因’在性质上

---

① 王泽鉴：《王泽鉴法学全集·债法原理：不当得利》（第十三卷），中国政法大学出版社 2003 年版，第 69 页。

② 参见黄立：《民法债编总论》，中国政法大学出版社 2002 年版，第 197 页。

属消极事实，要求原告证明从未发生过的这一事实，无疑是强人所难。”① “而对于被告来说，既然他主张存在某种债权债务关系，他通常掌握着能够证明产生债权债务关系的证据或证据线索，由他对产生债权债务关系的事实负证明责任，自然不会有多大的困难。”② 其二，避免法院在证明责任分配上前后矛盾。“假如原告不依据不当得利请求返还而是改变策略，先提起消极确认之诉，要求确认作为给付原因的法律事实不存在，那么在消极确认之诉中，若被告主张法律关系存在，就必须对产生该法律关系的事实负证明责任。原告获得胜诉后，再提起返还不当得利的诉讼时，因前一判决的预决关系，原告不必再就不存在债务关系的事实负证明责任。”③

笔者认为，作为给付型不当得利的法律构成要件之一，“无法律上原因”的要件事实的证明责任应由主张不当得利请求权的一方当事人承担。首先，这符合我国现行法律规定以及罗森伯格的证明责任理论。目前，我国不仅在立法上全面继承了罗森伯格的证明责任分配理论，在法学理论和审判实践中也基本上继承了该理论。④ 据此，主张不当得利请求权之乙需要证明不当得利所有法律构成要件，包括“无法律上原因”这一法律要件事实。故不能仅因被告获利“无法律上原因”系对原告不当得利请求权的否定，就简单认为“无法律上原因”要件事实的证明责任就应由被告承担。只有原告对“无法律上原因”等不当得利所有法律要件事实证实之后，不当得利请求权得以产生的事实得到确认，证明责任才转移到被告一方。此时，被告如否认这一事实，就需要对阻碍或消灭不当得利请求权的法律要件事实承担证明责任。其次，这种做法并不会造成双方当事人之间的实质不公。这是因为，“无法律上原因”实际上属于一种法律评价，并非直接的证明对象，可以作为证明对象的乃是被评价为“无法律上原因”的具体事实。这种事实既可能是消极事实，也可能是积极事实；既可能靠

① 董庶：《试论不当得利纠纷中“无法律上的原因”的证明责任分配》，载《上海审判实践》2007年第7期。转引自李浩：《民事证明责任研究》，法律出版社2003年版，第279页。

②③ 李浩：《民事证明责任研究》，法律出版社2003年版，第279页。

④ 有学者指出，我国《证据若干规定》中关于证明责任分配之规定就源自罗森伯格的证明责任理论，参见张卫平：《民事诉讼法》，法律出版社2004年版，第208页。

近原告，也可能靠近被告，所以原告承担证明责任并不会产生一般性的不公平。①

假设情形三与假设情形四在证明责任的分担方面与上述假设情形一及假设情形二并无不同。不同的是不当得利请求权返还范围。假设情形一及假设情形二不当得利请求返还的范围分别是方法专利申请文件和专利申请权。假设三不当得利请求权返还的范围是方法专利还是专利许可使用费不无疑问，笔者认为应当是与该方法专利相应的专利许可使用费，而不应当是该方法专利。假设情形四不当得利请求权返还的范围是该方法专利许可费用还是他人利用该专利获得的市场收益？笔者认为同样应当是该方法专利的许可使用费，而不是他人利用该方法专利获得的市场利润。所以，在假设情形四中，不当得利请求权人乙只需要证明甲构成了不当得利即可，不必要证明他人获利情况。

（二）非给付型不当得利的证明责任分配

相较而言，非给付型不当得利的证明责任分配更为复杂。在给付型不当得利中，财产权益的变动原因单一，系由不当得利请求权人基于给付意思而为的给付行为所致。因此，在给付型不当得利诉讼中，不当得利请求权人的意思和给付行为可以作为其承担证明责任的基础。而在非给付型不当得利中，行为、事件及法律规定均可导致财产权益的变动，故证明责任的分配要复杂得多，需要根据非给付型不当得利的不同类型来明确其证明责任的分配。

根据请求权的具体内容不同，非给付型不当得利请求权可分为权益侵害不当得利请求权、支出费用不当得利请求权及求偿不当得利请求权等。②这种分类主要从实体角度理解非给付型不当得利请求权的本质及具体的返还范围。至于程序法角度的理解，因原告行为导致的非给付型不当得利和非因原告行为导致的非给付型不当得利这种分类更有意义。

根据罗森伯格证明责任分配理论，因非给付型不当得利与给付型不当

① 参见张心怡等：《不当得利“没有合法根据”要件的证明责任分配》，载《政治与法律》2011年第6期。

② 王泽鉴：《王泽鉴法学全集·债法原理：不当得利》（第十三卷），中国政法大学出版社2003年版，第167页。

得利的实体法规范是一致的，两者在证明责任的分配上也应一致，故非给付型不当得利的证明责任也应当由不当得利请求权人即原告全部承担。但是，这却会造成不当得利诉讼中证明责任分配上的实质不公平，从而导致实体法上的不公平。为了克服罗森伯格理论的过分形式化的不当，在非给付型不当得利诉讼中有必要结合特定分类具体问题具体分析。

1. 因原告行为导致的非给付型不当得利

因原告行为导致的非给付型不当得利是指原告因为错误而对被告的增益行为。与给付型不当得利不同，非给付型不当得利的原告自始至终没有给付目的。这种不当得利类型关注的不是得利的过程，而是被告的得利是否正当或者有无法律依据。在这种类型的不当得利诉讼中，证明责任的分配可以从实体法与程序法两个视角进行分析。

实体法上，公平及交易安全是其依归。因为原告的错误行为而导致了被告的增益，原告对自己的行为最为清楚，由其承担证明因为自己的错误行为而导致的财产权益不当变动最为合适，也符合实体法上的公平及交易安全的理念。尽管原告在财产变动之时缺乏真实的意思表示，但其支配和控制着财产的变动，在因其自己行为导致财产变动的，理应由原告承担证明责任的风险。私法领域，意思自治原则是私法的根本原则之一，当事人有按照自己意思从事民商事法律行为的自由，同时也要对自己的行为承担责任。意思自治与民事责任相表里。原告虽然“错误”行为，也要对自己的行为负责，原告需要对因自己的“错误”行为而导致的被告财产权益增益没有法律根据承担证明责任。所以，从实体法的视角，应当由原告对其不当得利请求权承担证明责任。

程序法上，维护双方当事人在诉讼程序中的地位对等非常重要，是保证程序正义的必要条件。在因原告行为导致的非给付型不当得利诉讼中，“无法律上的根据”可以转化为对原告“错误”行为的证明。原告主张被告因为自己的“错误”行为获益没有法律根据时，原告应当承担证明责任。如果此时让被告承担“无法律上的根据”之证明责任，则原被告双方当事人在诉讼中的地位严重不对等，违反了程序正义原则。因为让被告去证明原告的“错误”行为实在是强人所难。

综合考虑实体法及程序法上的上述原因，无论从实体公平还是程序正义等方面考虑，应由原告就“无法律上的根据”承担证明责任。相反，如由被告承担“无法律上的根据”的证明责任，则可能导致原告滥诉情形的发生，有悖于民事证据的本旨。在实践中，因原告行为导致的非给付型不当得利非常少见，尤其是在知识产权领域，更为常见的多是权益侵害型的非因原告行为导致的非给付型不当得利，故下文着重论述这种类型的不当得利。

2. 非因原告行为导致的非给付型不当得利

在因原告行为导致的非给付型不当得利中，由原告就“无法律上原因”承担证明责任符合罗森伯格的证明责任分配理论，也得到了司法审判实践中法官的普遍认可。但在非因原告行为导致的非给付型不当得利中仍然坚持罗森伯格理论的普适性，由原告承担“无法律上原因”的证明责任，则明显不妥。在此情况下，需根据实际情况对罗森伯格证明责任分配理论加以修正，才符合程序正义及实质正义。笔者认为，在非因原告行为导致的非给付型不当得利诉讼中，应当由被告承担其所获利益的法律原因。

首先，从待证事实的特点来看，非因原告原因导致的非给付型不当得利“无法律上原因”法律要件事实属于消极事实。根据当事人主张的肯定与否，可将待证事实分为积极事实与消极事实。当事人肯定的事实为积极事实，由其承担证明责任；当事人否定的事实为消极事实，一般不由其承担证明责任。但“有无相生”，肯定、否定在逻辑和语词表达上可以相互转换，如可以根据合同无效或被撤销的积极事实来作出“无法律上原因”的认定。在给付型不当得利或者因原告行为导致的非给付型不当得利中，财产变动系原告的给付或者非给付行为所导致，这些积极事实理应由原告承担举证责任，从而实现与“无法律上原因”认定的勾连和转换。而在非因原告行为导致的非给付型不当得利中，财产权益的变动不是由原告的行为导致的，因此，原告无法将“没有法律原因”这一消极事实①的认定转换为积极事实，从而给举证带来很大的困难。相反，被告却因始终处于财产变动过程中而受益，更接近证据也更易提供证据证明其获取是否“有法律上的原因”。原本属于原告的利益，在双方没有合意的情况下却归属于

---

① 有学者认为此种情境下的“无法律上原因”才系实质意义的消极事实。参见骆永家：《民事举证责任论》（第四版），台湾地区商务印书馆1984年版，第72～73页。

被告了，这种权益变动是在何种情况下基于何种原因发生，当属于被告所支配的范畴。为此，对这种权益变动是否存在“法律上原因”的法律要件事实应由被告承担证明责任，否则就构成不当得利。①

其次，从权利性质看，非因原告行为导致的非给付型不当得利有“违法性说”与“权益归属说”两种学说，不同的学说会导致截然相反的证明责任分配。违法性说着眼于不当得利系侵害他人权益而获得，相应地，“无法律上原因”的证明就被转换为原告对被告获利行为违法性的证明。②据此，非因原告行为导致的非给付型不当得利“无法律上原因”的证明责任应当有原告承担。权益归属说则不关注获利过程的合法性，认为权益专属于权利人并有其实质内容，他人不得干涉，故着眼于保有利益的正当性。据此，“无法律上原因”的证明责任则由被告承担，被告需要证明其保有权益的合法性，否则即构成不当得利。给付过程的违法性与保有利益的正当性确属两个判断，而不当得利的规范目的恰恰在于去除受益人无法律原因而获得利益，而非在于赔偿受损人所受的损害，故受益人是否有故意或过失，其行为是否具有可资非难的违法性，均所不问。③ 基于此，本文赞同“权益归属说”，认为在非因原告行为导致的非给付型不当得利中，由被告承担“无法律上原因”的证明责任更为妥当。

案例二的问一及问二都属于非因原告行为导致的非给付型不当得利，都以权益侵害获利为其特征，原告乙可以向获利“没有法律上原因”的被告主张不当得利请求权。在证明责任的分配上，原告需要承担被告因为侵害自己权益而获利及自己因此而受损的证明责任。被告则需对“无法律上原因”承担证明责任，实际上应转换为证明自己使用乙的照片获利具有法律上的根据，如果其不能提供证据对此加以证明而让法官形成内心确信，则其面临败诉的风险。案例二中甲的行为同时构成了侵犯乙著作权的侵权行为，同时又构成了非给付型不当得利。乙基于该请求权维护自己的合法

---

① 参见毕玉谦：《民事证据案例实务问题解析》，人民法院出版社2009年版，第473~474页。

② 参见王泽鉴：《王泽鉴法学全集·债法原理：不当得利》（第十三卷），中国政法大学出版社2003年版，第170页。

③ 参见王泽鉴：《王泽鉴法学全集·债法原理：不当得利》（第十三卷），中国政法大学出版社2003年版，第4页。

权益的决定权在自己。问三中，如果丁对戊主张不当得利请求权，同问一及问二中的情形一样，同样需要承担除“无法律上原因”之外的所有法律要件构成事实。乙基于不当得利请求权主张甲返还不当得利时，其返还范围根据具体情况而有所不同。问一中，甲应当将同类照片许可使用费用作为不当得利返还给乙；问二中，甲应当将卖给丙杂志社照片的对价作为不当得利返还给乙，当然，如果甲以显著低于同类市场的价格卖给丙，则甲应当以该照片的同类市场价格作为不当得利返还给乙；问三中，戊应当以自己获得的版税作为不当得利返还给丁，如果戊没有获得版税或者版税明显低于同类题材的小说，则戊应当以市场价作为不当得利返还给丁。

五、结论

罗森伯格法律要件分类说的证明责任理论自问世以来得到了德国和日本等大陆法系国家和地区的普遍认同，系证明责任领域的通说。这一学说也逐步在我国立法、司法领域中得到全面的确立。根据这一理论，证明责任的分配规则内附于实体法规范，应根据权利发生规范、权利妨害规范、权利变更规范与权利消灭规范的不同性质来确立证明责任分配的方式。研究知识产权诉讼中不当得利证明责任问题，应从不当得利的实体法规范入手，并根据不当得利的类型化进行具体分析。按照大陆法系及我国的实践情况，将知识产权不当得利划分为给付型不当得利与非给付型不当得利。而非给付型不当得利又可以划分为因原告行为导致的非给付型不当得利与非因原告行为导致的非给付型不当得利。给付型不当得利法律要件事实的证明责任应当由主张不当得利的原告承担，包括“没有法律上原因”这一法律要件。但是，非给付型不当得利的证明责任分配需要具体问题具体分析。因原告行为导致的非给付型不当得利由主张不当得利请求权的原告承担证明责任，这与给付型不当得利的证明责任分配规则一致。非因原告行为导致的非给付型不当得利则由被告承担“无法律上原因”的证明责任，其他法律要件事实则仍由原告承担。

（本文仅代表作者本人观点）

破产程序中税款滞纳金的性质与清偿*

乔博娟**

破产程序中税款滞纳金的性质与清偿问题不仅理论上存在争议，而且在实践中亦纠纷频发。一方面，《税收征收管理法》与《企业破产法》的冲突由来已久，集中表现为税款滞纳金在破产程序中的债权顺位，即滞纳金是否享有税收优先权；另一方面，《税收征收管理法》与《行政强制法》在滞纳金的征收程序、标准和数额等方面规定不同，往往引发法律适用冲突。对此，《税收征收管理法》在修订过程中先后两次试图对"滞纳金"进行更名，从而区别于《行政强制法》中的滞纳金，也从侧面反映了滞纳金的性质界定与法律适用之争。本文以一起破产债权确认纠纷案为分析样本，在理论和规范层面对税款滞纳金的法律性质、数额确定以及债权顺位进行探讨，以期对破产程序中滞纳金清偿的法律适用和争议解决有所裨益。

---

* 本文系第59批中国博士后科学基金面上资助项目"供给侧改革背景下僵尸企业处置法律机制研究"（2016M591332）的阶段性研究成果。

** 北京航空航天大学法学院讲师、中国人民大学破产法研究中心研究员。

一、破产债权确认纠纷案引发的思考

（一）案情概要①

1988年5月25日，中国华阳金融租赁有限责任公司（以下简称华阳公司）经中国人民银行批准设立。2000年7月17日，由于华阳公司严重违规经营，不能支付到期债务，为了维护金融秩序稳定，保护债权人合法权益，中国人民银行决定于2000年8月3日撤销华阳公司，并且自公告之日起，停止其一切金融业务活动，指定清算组对其进行清算。

2000年9月20日，北京市西城区国家税务局（以下简称西城区国税局）向华阳公司清算组申报金额为959506.77元的债权，同时，向华阳公司清算组发出催缴税款通知书，催收其欠缴的营业税税款479389.88元，并且自缴纳期限届满的次日起按日加收滞纳税款2‰的滞纳金。经审查，华阳公司清算组确认西城区国税局债权959506.77元，包括欠缴的营业税479389.88元和所得税480116.89元，但均未计算相应的滞纳金。2001年4月12日，西城区国税局向华阳公司清算组提出异议，认为追缴欠税时应一并征收滞纳金，二者合计为1448092.73元。

2006年6月14日，北京市第一中级人民法院（以下简称一中院）受理华阳公司提出的破产清算申请，并于2006年6月29日裁定宣告华阳公司破产。2006年7月20日，西城区国税局申报破产债权，欠缴税款为959506.77元，而截至2006年7月20日滞纳金为2773639.7元，二者合计3733146.47元。对此，华阳公司清算组仅确认西城区国税局申报债权中的欠缴税款959506.77元，而未确认滞纳金2773639.7元。

2011年12月9日，西城区国税局收到华阳公司清算组函寄的《破产财产预先分配方案》《最终确认债权表的公示》等文件，文件显示华阳公司清算组所确认的债权金额只包括欠缴税款，未包含滞纳金。经沟通，华阳公司清算组同意西城区国税局按照《企业破产法》规定的清偿顺序全额受偿税款959506.77元。

2011年12月29日，一中院受理了原告西城区国税局与被告华阳公司

---

① 参见北京市第一中级人民法院（2012）一中民初字第1112号民事判决书。

破产债权确认纠纷案。西城区国税局请求法院依法确认华阳公司欠缴的截至2006年6月14日（即破产案件受理之日）的滞纳金2756368.58元作为《企业破产法》规定的第二顺序债权。在诉讼中，西城区国税局提交了欠缴税款滞纳金计算说明，其中截至2000年8月3日（即中国人民银行撤销华阳公司之日）的滞纳金总额为1340616.34元。华阳公司对截至该日止的滞纳金金额无异议。经审理，一中院认为原告西城区国税局的诉讼请求于法无据，遂判决驳回其诉讼请求。

（二）争议焦点

根据案件事实和判决结果可知，本案主要的争议焦点是在破产程序中滞纳金是否享有税收优先权。围绕这一焦点，具体展开分析如下：

1. 破产企业欠缴税款产生的滞纳金是否属于破产债权

根据《最高人民法院关于税务机关就破产企业欠缴税款产生的滞纳金提起的债权确认之诉应否受理问题的批复》，税务机关就破产企业欠缴税款产生的滞纳金提起的债权确认之诉，人民法院应当依法受理。依照《企业破产法》《税收征收管理法》的有关规定，破产企业在破产案件受理前因欠缴税款产生的滞纳金属于普通破产债权。对于破产案件受理后因欠缴税款产生的滞纳金，人民法院应当依照《最高人民法院关于审理企业破产案件若干问题的规定》第61条规定处理。据此规定，人民法院受理破产案件后债务人未支付应付款项的滞纳金，包括债务人未执行生效法律文书应当加倍支付的迟延利息和劳动保险金的滞纳金，不属于破产债权。因此，以人民法院受理破产案件之日为界，破产企业在此之前产生的税款滞纳金属于普通破产债权，在此之后产生的税款滞纳金不属于破产债权。本案中，华阳公司在破产案件受理前因欠缴税款产生的滞纳金属于普通破产债权；而其在破产案件受理后产生的税款滞纳金则不属于破产债权。

2. 在破产程序中，税款滞纳金处于何种清偿顺位

根据《企业破产法》第113条，破产财产应当优先清偿破产费用和共益债务，然后依次清偿职工债权、税收债权和普通破产债权。如果破产财产不足以清偿同一顺序的债权，则按照比例分配。据此，破产财产分配时，在前一顺序的债权得到全额清偿之前，后面顺序的债权不予分配；同一顺序的债权不能得到全部清偿时，按照各债权的比例进行分配。这意味

着税收债权处于第二顺位，优先于普通破产债权受偿；而破产企业在破产案件受理前因欠缴税款产生的滞纳金属于普通破产债权，只能末位受偿。至于破产案件受理后产生的税款滞纳金，属于除外债权，不得在破产程序中受偿，或处于普通破产债权之后受偿。

3. 如何计算税款滞纳金的起止时间与具体数额

根据《税收征收管理法》第 32 条，如果纳税人未按照规定期限缴纳税款，则税务机关除责令限期缴纳外，应从滞纳税款之日起，按日加收滞纳税款 0.5‰的滞纳金。《税收征收管理法实施细则》第 75 条进一步规定加收滞纳金的起止时间为法定税款缴纳期限届满次日起，至纳税人实际缴纳税款之日止。据此，税款滞纳金的加收率为 0.5‰；始于税款缴纳期限届满次日，止于实际缴纳或者解缴税款之日。然而，考虑到人民法院受理破产案件后产生的税款滞纳金不属于破产债权，故在破产程序中，计算税款滞纳金的期限实际截至破产案件受理之日。需要说明的是，经过对《税收征收管理法》的数次修订，税款滞纳金的加收率不断下降。本案中，西城区国税局自 1999 年 1 月 12 日起向华阳公司按日加收滞纳税款 2‰的滞纳金，但自 2001 年 5 月 1 日起，该加收率已降至 0.5‰，故应根据不同的加收率分段计征税款滞纳金。①

纵观此类案件的判决，可以得出如下结论：首先，破产企业在破产案件受理前欠缴的税款属于破产债权，并且享有税收优先权；其次，其因欠缴税款产生的滞纳金属于普通债权，只能末位受偿；最后，法院受理破产案件后产生的滞纳金不属于破产债权，不得在破产程序中受偿。尽管上述结论符合《破产法》的相关规定，且已成为法院审理此类案件的裁判规则，但税务机关对此颇有微词，原因在于对滞纳金的法律性质及其在破产程序中的清偿顺位尚存争议，故仍需进一步探讨。

二、破产视角下税款滞纳金的法理解析

通过分析前引案例不难发现，《企业破产法》及其司法解释与《税收

① 《国家税务总局关于贯彻实施〈中华人民共和国税收征收管理法〉有关问题的通知》（国税发〔2001〕54 号）第 4 条规定，滞纳金分两段计征，2001 年 4 月 30 日前按照 2‰计算，从 2001 年 5 月 1 日起按照 0.5‰计算，累计后征收。

征收管理法》及其实施细则之间存在法律冲突，集中表现为税款滞纳金的债权性质、清偿顺位以及起止时间。尽管依照特别法优于普通法的原则能够解决上述法律冲突，但仍有必要对相关问题进行深入分析，包括厘清税款滞纳金的法律性质，判断其在破产程序中的债权顺位，并在此基础上确定税款滞纳金的具体数额。

（一）税款滞纳金的法律性质

所谓加征滞纳金，是指在税款滞纳后，为督促税收债务人履行税收债务，而在其原负之税款债务外，就滞纳税额按滞纳期间经过之天数，乘以滞纳税额之一定比例，加征之金钱的给付义务。① 简言之，税款滞纳金是指由税务机关对未按照规定期限缴纳税款的纳税人或扣缴义务人从滞纳税款之日起按日加收滞纳税款一定比例的金额。由于各个国家和地区规定的滞纳金标准和征收方式并不一致，因此，不能空泛地讨论滞纳金的性质，而应该结合各国和地区的具体规定进行探讨。然而，在各国和地区的税收立法中，滞纳金的标准一般介于利息和罚款之间，这样才使得理论界难于决断滞纳金的性质。②

针对我国税款滞纳金的法律性质，税法学界通说为行政执行罚兼给付延迟之损害赔偿说。③ 从行政执行罚的角度看，行政法学界普遍认为滞纳金是最为典型的执行罚的表现形式。④ 这意味着执行罚的数额由法律明文

---

① 参见黄茂荣：《税法总论》，台湾地区植根法学丛书编辑室2008年版，第853页。

② 如果一国和地区规定的课征标准较低，且根据滞纳期间的长短持续征收，那么滞纳金的性质更接近于损害赔偿。如果一国和地区规定的课征标准非常高，甚至有时不考虑滞纳期间的长短，那么滞纳金的性质当然更接近行政处罚。参见刘剑文、熊伟：《税法基础理论》，北京大学出版社2004年版，第290页。

③ 关于税款滞纳金的法律性质，学界主要有以下四种观点：其一，给付延迟之损害赔偿说。其二，行政执行罚说。其三，行政秩序罚说。其四，行政执行罚兼给付延迟之损害赔偿说。参见黄茂荣：《税法总论》，台湾地区植根法学丛书编辑室2008年版，第853~863页。

④ 执行罚，也称罚镀、强制金，是指行政机关在相对人逾期不履行他人不能代替履行的义务时，以科处新的金钱给付义务的方式，促使其履行义务的强制执行方式。在行政执法实践中，执行罚常常表现为按时加处罚款或者滞纳金、一次或者多次加处一定数额的罚款等。参见应松年：《行政法与行政诉讼法学》，中国人民大学出版社2009年版，第215页。

规定，从义务主体应履行义务之日起按天数计算，而且可以反复适用，如义务主体履行其义务，则不再适用执行罚。从给付延迟之损害赔偿的角度看，民法上一般规定给付迟延的法律后果之一就是赔偿因迟延而给债权人造成的损害。由于损害赔偿责任的目的在于补偿受害人的全部损失，故其数额多少应与所造成的损失相当。因此，滞纳金的性质不可一概而论，必须结合具体税法条文中规定的滞纳金征收标准和征收方式进行判断。

具体而言，一方面，2001 年修订前的《税收征收管理法》规定，按日加收滞纳税款 2‰的滞纳金，该比例相当于银行年利率的 73%，这明显地体现了滞纳金的惩罚性质，属于非常严厉的行政执行罚。而修订后的《税收征收管理法》规定，按日加收滞纳税款 0.5‰的滞纳金，相当于银行年利率的 18.25%，而且大体相当于民间借贷的利息成本。[①] 由此可见，我国税款滞纳金的惩罚功能有所下降，赔偿性质更为明显；另一方面，《税收征收管理法》规定从滞纳税款之日起，按日加收滞纳税款 0.5‰的滞纳金，这说明滞纳金的征收考虑了滞纳期间的长短，不同于仅规定处罚幅度而不考虑滞纳期间长短的罚款。此外，《税收征收管理法》针对滞纳税款的行为同时规定了滞纳金和罚款，这也说明二者可以并处，性质有所不同。因此，我国税款滞纳金兼具行政执行罚和给付延迟之损害赔偿的性质。

（二）税款滞纳金的债权顺位

鉴于税款滞纳金兼具行政执行罚和给付延迟之损害赔偿的性质，故应在此基础上探讨税款滞纳金的债权顺位，尤其是其在破产程序中是否享有税收优先权。尽管税法规定和征管实践都习惯性地将税款本金与滞纳金相提并论，然而二者性质不同，不可等量齐观。赋予某种债权以优先权，主要考虑债权的产生原因及法律性质，并且体现特定的立法政策。

既然设立税收优先权的主要目的在于保证税收债权优先受偿，那么，在税收附带债务中，纯粹为了填补损失的利息应当享有优先权，而完全意在制裁的罚款不应享有优先权。问题在于：兼具行政执行罚和给付延迟之损害赔偿性质的税款滞纳金是否享有税收优先权？从理论上讲，理想的做法是区别对待，即赋予给付延迟之损害赔偿部分的滞纳金优先权，而禁止

---

① 参见刘剑文、熊伟：《税法基础理论》，北京大学出版社 2004 年版，第 292～293 页。

行政执行罚部分的滞纳金优先受偿。然而，实践中并不可能将二者截然分开，因而也无法实现上述理想做法。从实践上看，2001年修法前规定的2‰的加收率明显过高，远超过了填补损失所应有的比例，以致丧失享有税收优先权的合理性；修法后0.5‰的加收率虽仍高于银行借贷利息，但主要功能在于填补损失，而非惩罚，如将税收优先权的适用范围及于税款滞纳金倒也无不可。事实上，是否赋予税款滞纳金以优先权，更多地取决于立法选择。通过分析已有法律规定可知，无论是税法还是破产法在确立税收优先权时均未明确包含滞纳金，因而不宜作扩大解释，即税款滞纳金不得享有税收优先权。①

无论是从税法的角度看，旨在制裁的罚款与税收组织财政收入的目的不符，还是从破产法的角度看，针对债务人违法行为采取的处罚措施不应转嫁给全体债权人，罚款不仅不能享有优先权，而且应当被排斥于破产债权之外或者劣后于普通债权受偿。然而，尽管税款滞纳金具有部分行政执行罚的性质，属于行政强制执行，但是并不同于行政处罚中的罚款。原因在于：其一，滞纳金是强制拒绝履行义务的义务主体履行其原有义务；而罚款则是强制拒绝履行义务的义务主体履行新的义务。其二，滞纳金的主要目的是通过罚缴一定数额的金钱，促使义务主体履行其应履行却尚未履行的义务；而罚款则是对已经发生的行政违法行为给予金钱制裁，目的在于防止其以后再实施违法行为。其三，滞纳金可以针对同一事项反复适用；而罚款则必须遵循“一事不再罚”的原则。② 因此，鉴于税款滞纳金不同于行政罚款，不应列入除外债权。

如前所述，既然税款滞纳金既不同于税收本金，不得享有税收优先权；又不同于行政罚款，不应列入除外债权，那么，折中的办法就是将其

---

① 《国家税务总局关于税收优先权包括滞纳金问题的批复》（国税函〔2008〕1084号）指出，税款滞纳金在征缴时视同税款管理，税收强制执行、出境清税、税款追征、复议前置条件等相关条款都明确规定滞纳金随税款同时缴纳。税收优先权等情形也适用这一法律精神，《税收征管法》第45条规定的税收优先权执行时包括税款及其滞纳金。该批复属于国家税务总局作出的部门规范性文件，不仅其效力级别过低，而且存在扩大解释之嫌，有违法律适用原则。

② 参见姜明安：《行政法与行政诉讼法》，北京大学出版社、高等教育出版社2007年版，第331页。

视为普通破产债权，这也符合其行政执行罚兼给付延迟之损害赔偿的性质。需要注意的是，能够视为普通破产债权的仅限于破产企业在破产案件受理前因欠缴税款产生的税款滞纳金，不包括破产案件受理后产生的滞纳金。从行政执行罚的角度看，破产企业已丧失清偿能力，加征滞纳金不仅无法实现强制执行的目的，而且减少破产财产，损害全体债权人利益；从给付延迟之损害赔偿的角度看，破产法规定附利息的债权自破产申请受理时起停止计息，包含滞纳利息的滞纳金也应停征。因此，破产案件受理后产生的税款滞纳金应为除外债权。

（三）税款滞纳金的数额确定

一般情况下，计算税款滞纳金的基数为未缴纳的税款总额，除此以外，影响其数额的主要因素为课征标准（即加收率）和起止期限。

一方面，就世界范围而言，滞纳金并没有统一的课征标准，大体可分为分段加收率和固定加收率两类，二者区别在于是否考虑滞纳期间的长短。如果加收率的高低随着滞纳期间的长短而有所不同，即在初期适用较低的加收率或者有一定的豁免额，而随着时间的延长加收率逐渐增高，则为分段加收率。例如，根据《德国租税通则》第240条，在到期之日届满之前未缴纳的税，滞纳每开始1月，按所拖欠税额四舍五入后金额的1%收取滞纳金；征收附加税时，滞纳金不成立；对3日以内的滞纳，不收取滞纳金。[①] 反之，如果加收率的高低与滞纳期间的长短无关，即在整个滞纳期间统一适用统一比例，则为固定加收率。例如，我国《税收征收管理法》第32条规定，从滞纳税款之日起，按日加收滞纳税款0.5‰的滞纳金。

另一方面，税款滞纳金征收的始期为税收清偿期届满的次日，其终期则为税款实际缴纳之日，或者通过抵销、强制执行而被清偿之日。在实践中，由于非现金支付命令发出日与实际付款日以及资金到账日之间存在差距，纳税主体采取不同的支付方式可能会影响税款实际缴纳日的确定，有必要针对不同的付款方式作出相应的规定。此外，如果税款是通过强制执行程序而缴纳的，其具体缴纳税款的时间如何确定，将直接影响到滞纳金

---

① 参见《外国税收征管法律译本》编写组译：《外国税收征管法律译本》，中国税务出版社2012年版，第1720页。

的终止日期。[①] 具体到破产企业的税款滞纳金，其终期实际为破产案件受理之日，即法院裁定受理破产申请之日。

此外，滞纳金的数额从义务主体应履行义务之日起，按天数计算，法律并未对滞纳金的上限作出规定，这意味着只要义务主体不履行义务，滞纳金就可以一直适用。因此，实践中出现了大量“天价滞纳金”，即滞纳金的数额远远高于本应缴纳的金额本身，本文前引案例即属于此种情况。然而，作为执行罚的滞纳金旨在督促义务主体尽快履行义务，但是不断加重、甚至高出本金的滞纳金负担，反而会使义务主体更加不愿意或者不能够履行义务，因而无法实现滞纳金本来的功能。有鉴于此，《行政强制法》对滞纳金的数额作出封顶限制，以符合比例原则的要求。[②]据此，《税收征收管理法》应当修改与此不符之处，对税款滞纳金的上限作出规定，使之不得超过未缴税款的数额。[③]

值得一提的是，为减轻纳税人负担，2015 年《税收征收管理法修订草案（征求意见稿）》（以下简称《草案征求意见稿》）中增加了滞纳金（或称税收利息）中止加收、不予加收的规定，[④] 但遗憾的是该建议最终未被

---

① 参见刘剑文、熊伟：《税法基础理论》，北京大学出版社 2004 年版，第 288～289 页。

② 例如，根据《道路交通安全违法行为处理程序规定》第 52 条，交通执法领域的滞纳金总额不得超出罚款数额。

③ 对于征收税款加收滞纳金的金额能否超过税款本金这一问题，国家税务总局曾在其官方网站上答复如下：“税收滞纳金的加收，按照征管法执行，不适用行政强制法，不存在是否能超出税款本金的问题。如滞纳金加收数据超过本金，按征管法的规定进行加收。”对此，笔者认为值得商榷，具体理由详见下文论述。http://www.chinatax.gov.cn/n8136506/n8136563/n8136874/n8137351/12026595.html，访问时间：2014 年 6 月 7 日。

④ 根据《税收征收管理法修订草案（征求意见稿）》第 60 条，下列期间，税收利息中止计算：（一）纳税人、扣缴义务人的财产、银行账户被税务机关实施保全措施或者强制执行措施，导致纳税人、扣缴义务人确实难以按照规定期限缴纳或者解缴税款的，从措施实施之日起至措施解除之日止；（二）因不可抗力，致使纳税人、扣缴义务人未按照规定期限缴纳或者解缴税款的，从不可抗力发生之日起至不可抗力情形消除之日止；（三）国务院税务主管部门确定的其他情形。非纳税人、扣缴义务人的过错，致使纳税人不能及时足额申报缴纳税款的，不加收税收利息。

采纳。

三、破产程序中税款滞纳金争议的法律救济

实践中，税务争议比比皆是，加之税法与行政法在税务争议解决方面的规定存在冲突，往往令当事人难以适从。倘若纳税主体进入破产程序，则使得情况更加复杂。欲解决破产企业与税务机关之间的税款滞纳金争议，唯有在准确界定争议性质的基础上采取相应的救济方式，并且妥善处理法律适用冲突等问题。

（一）税款滞纳金争议的救济方式

根据《税收征收管理法》第88条，纳税人与税务机关发生纳税争议时，必须先依照税务机关的纳税决定缴纳税款或者解缴税款及滞纳金或者提供相应的担保，然后才可以申请行政复议；如对行政复议决定不服，则可向人民法院起诉。相反，如果当事人对税务机关的处罚决定、强制执行措施或者税收保全措施不服，那么既可以申请行政复议，也可以向人民法院起诉。据此，争议性质不同，则救济方式不同。因此，当纳税主体与税务机关仅就税款滞纳金问题发生争议时，如何界定争议性质将直接影响当事人可能采取的救济方式。如果税款滞纳金争议属于纳税争议，那么纳税主体必须先缴纳税款及滞纳金，或者提供相应担保，然后才能申请行政复议，此为纳税义务前置；对行政复议决定不服的，可以向法院起诉，此为行政复议前置。如果税款滞纳金争议属于纳税争议之外的税务争议，则纳税主体既可以申请行政复议，也可以向法院起诉，无需复议前置。

关于税款滞纳金争议的性质，现行法律并无明文规定。[①] 然而，理论界和实务界还是倾向于将滞纳金争议视为纳税争议。在理论上，有学者认为，既然滞纳金的性质以损害赔偿为主，滞纳金争议总体上就应当归入纳税争议，而不是行政处罚争议。[②] 也有学者认为，滞纳金争议涉及计税依据，因而可以理解为纳税争议。在实践中，由于过于强调税款及时入库，税务机关普遍要求滞纳金争议遵循纳税争议的解决途径，即纳税主体必须

---

① 参见《税收征收管理法实施细则》第100条，该规定并未明确将税款滞纳金争议纳入纳税争议的范围。

② 参见刘剑文、熊伟：《税法基础理论》，北京大学出版社2004年版，第295页。

先履行纳税义务，才有机会申请行政复议；对行政复议决定不服的，才可以向法院起诉。如此一来，不仅加重纳税主体的负担，而且变相剥夺了当事人获得法律救济的权利。事实上，单纯地争论税款滞纳金争议的性质并无多少实际意义，关键在于采取何种程序设计更加有利于税务争议的解决。

暂且不论税款滞纳金争议到底应该采取何种救济方式，仅就纳税义务前置和行政复议前置的制度设计而言，就值得商榷。一方面，关于纳税义务前置的规定一直饱受诟病。人们普遍认为仅仅出于确保税款及时安全入库的考虑，就为当事人申请行政复议设置前提条件，其手段和目的之间实在缺乏必要的平衡，不仅严重违背了法治国家所要求的比例原则，甚至存在剥夺当事人申请救济的权利之嫌。① 对此，《税收征收管理法》在修订过程中曾试图发挥行政复议的主渠道作用，对在纳税上发生的争议，取消先缴税后复议的规定，② 可惜最终修订稿仍维持了纳税义务前置的规定。照此逻辑，因丧失清偿能力而无力负担税款和滞纳金的破产企业岂不毫无权利救济可言。

另一方面，行政复议前置的规定实属多余。尽管从理论上讲行政复议前置具有一定的合理性，如有效利用税务机关专业知识和经验快速解决纠纷，节约司法资源，降低相对人的诉讼成本等，但是从实证角度分析可知，由于我国复议机关缺乏独立性和公信力，难以作出公正的复议决定，相对人往往会选择向人民法院提起行政诉讼。如此一来，不仅降低争议解决效率，浪费行政和司法资源，而且容易产生新的争议，加剧当事人与行政机关之前的矛盾。基于以上分析，建议取消纳税义务前置和行政复议前置的双重限制，赋予纳税主体自主选择的权利。事实上，任何一个理性的当事人都会基于自身利益最大化的考量，在行政复议和行政诉讼之间作出选择，这不仅符合权利救济的应有之义，在某种程度上也会促成行政复议

---

① 参见刘剑文、熊伟：《税法基础理论》，北京大学出版社2004年版，第488页。

② 根据《税收征收管理法修订草案（征求意见稿）》第126条，纳税人、扣缴义务人、纳税担保人同税务机关在纳税上和直接涉及税款的行政处罚上发生争议时，可以依法申请行政复议；对行政复议决定不服的，应当先依照复议机关的纳税决定缴纳、解缴税款或者提供相应的担保，然后可以依法向人民法院起诉。

制度的改革完善。

此外，一旦纳税主体进入破产程序，税款滞纳金争议实际上就是破产债权争议。根据《破产法》的一般规定，法院受理破产案件后，债权人只有在依法申报债权并且得到确认后，才能行使在破产程序中的参与、受偿等权利。换言之，尽管破产程序启动前某项债权客观存在，但是只有经依法申报并取得确认后，破产债权才能够受偿。如利害关系人对债权确认的结果有异议，则应通过债权确认诉讼的方式解决，即向受理破产申请的法院提起诉讼。本文引例即为税务机关就破产企业欠缴税款产生的滞纳金提起的债权确认之诉。

（二）税款滞纳金争议的法律适用

2012 年 1 月 1 日起施行的《行政强制法》，有利于规范行政强制的设定和实施，保障和监督行政机关依法履行职责，维护公共利益和社会秩序，保护公民、法人和其他组织的合法权益。其中，该法规定的行政强制执行的方式之一即为加处罚款或者滞纳金。对于金钱给付义务的执行，《行政强制法》较《税收征收管理法》作出以下改进：在程序要求方面，行政机关作出强制执行决定前，应当事先催告当事人履行义务。在执行和解方面，行政机关可以在不损害公共利益和他人合法权益的情况下，与当事人达成执行协议；当事人采取补救措施的，可以减免加处的罚款或者滞纳金。在征收标准方面，加处罚款或者滞纳金的标准应告知当事人。在数额限制方面，加处罚款或者滞纳金的数额不得超出金钱给付义务的数额。相比而言，得益于对程序规则的重视、权利保护意识的增强以及立法技术的提高，上述规定无疑更加有利于保护行政相对人，尤其是纳税人的合法权益。

由于《行政强制法》与《税收征收管理法》在滞纳金的征收程序、标准和数额等方面的规定有所不同，因而导致法律适用冲突问题。根据法律适用基本原则分析，首先，二者同为全国人大常委会制定的法律，是同一机关制定的效力级别相同的同位法；其次，在税收强制领域，《行政强制法》是一般法，《税收征收管理法》是特别法；最后，就颁布时间而言，《行政强制法》是新法，《税收征收管理法》是旧法。因此，对于两法中的不同事项，应当遵循新法优于旧法，特别法优于一般法；而对于两法中同一事项的不同规定，即新的一般法与旧的特别法之间的冲突，则应根据《立法法》第94条的规定，法律之间对同一事项的新的一般规定与旧的特别规定不一致，不能确定如何适用时，由全国人民代表大会常务委员会裁决。

值得一提的是，为了与《行政强制法》相衔接，《税收征收管理法》在修订过程中先后对“滞纳金”进行了两次更名：2013年《税收征收管理法修正案（征求意见稿）》将“滞纳金”更名为“税款滞纳金”，并完善税收行政强制执行程序和费用承担规定；而2015年的《草案征求意见稿》则将“滞纳金”更名为“税收利息”，利率由国务院结合人民币贷款基准利率和市场借贷利率的合理水平综合确定。由此可见，立法者已经意识到两法在滞纳金规定上的冲突，两次更名均旨在与《行政强制法》中的滞纳金相区别，不过最终公布的修改决定①并未采纳上述修改建议，仍然沿用了“滞纳金”这一称谓。当然，更名之举似乎并未厘清税款滞纳金的法律性质及其与执行罚的区别，而且名称上的所谓区别显然无法成为税务强制不受《行政强制法》约束的正当理由。《税收征收管理法》应当修改或废止有违《行政强制法》的规定，尤其是对矛盾突出的滞纳金问题作出必要调整。作为由行政强制执行形成的税收附带债务，税款滞纳金的制度设计应当遵循法定、适度、合理、有效的原则，对于丧失清偿能力的破产企业而言更是如此。如此一来，既可以发挥税款滞纳金补偿、惩罚和督促的功能，又可以避免天价滞纳金的滥罚之嫌。遗憾的是，此次《税收征收管理法》修订充其量只是小修小补，仅仅强化了减免税征管规定，② 而此前《草案征求意见稿》中的诸多亮点几乎均未被采纳，并未如外界所预期的完善税收利息制度、取消先缴税后复议的规定以及实现与相关法律的衔接等。事实上，无论是从督促税务机关依法征税、保护纳税人合法权益的

---

① 《全国人民代表大会常务委员会关于修改〈中华人民共和国港口法〉等七部法律的决定》已由中华人民共和国第十二届全国人民代表大会常务委员会第十四次会议于2015年4月24日通过，自公布之日起施行。

② 最终，全国人大常委会只对《税收征收管理法》中有关行政审批的规定作出修改，即将第33条修改为：“纳税人依照法律、行政法规的规定办理减税、免税。地方各级人民政府、各级人民政府主管部门、单位和个人违反法律、行政法规规定，擅自作出的减税、免税决定无效，税务机关不得执行，并向上级税务机关报告。”

角度考虑，还是从顺应立法趋势、提升法治水平的角度出发，《税收征收管理法》都应对上述争议问题有所回应，借修改之机实现自我完善。

四、结语

由于我国税款滞纳金兼具行政执行罚和给付延迟之损害赔偿的性质，故破产企业在破产案件受理前因欠缴税款产生的滞纳金不得享有税收优先权，而应属于普通债权；破产案件受理后产生的税款滞纳金因受自动中止效力约束，则不属于破产债权。至于破产企业税款滞纳金的数额，目前0.5‰的加收率并无不妥，但是应当对其上限作出规定，使之不得超过未缴税款的数额，而且实际征收期间应为税款缴纳期限届满次日起至法院裁定受理破产申请之日止。此外，在破产程序中，税款滞纳金争议实为破产债权争议，无需纳税义务前置和行政复议前置，而应向受理破产申请的法院提起债权确认之诉。至于《行政强制法》与《税收征收管理法》之间的法律适用冲突，尽管原则上应由全国人民代表大会常务委员会裁决，但必须承认的是前者在滞纳金的征收程序、标准和数额等方面已有较大改进，而后者则亟需修改完善相关规定，这也是推进依法行政的应有之义。

（本文仅代表作者本人观点）

“通知—取下”规则背景下权利人的滥用取下通知责任*

——以美国 Lenz v. Universal Music Corp. 一案为分析对象

姜福晓**

一、权利人滥用取下通知责任的制度背景

为了回应数字技术对版权法带来的挑战，时任美国总统克林顿于1998年10月28日签署《数字千年版权法案》（The Digital Millennium Copyright Act，以下简称DMCA）。该法案的重要内容之一就是创设了限制网络服务提供者责任的避风港制度，该制度后来被包括我国在内的很多国家的版权立法仿效。

根据该法案确立的“通知—取下”规则（Notice and Takedown Rule），提供信息存储空间的网络服务提供者只要在接到权利人主张侵权的通知后立即删除或禁止

* 本文为山东省高校人文社会科学研究计划项目“新媒体时代著作权制度的应对与变革研究”（项目号：J15WE02）、山东省社会科学规划项目“人工智能产出成果的著作权规则研究”（项目号：18CFXJ01）阶段性成果。

** 烟台大学法学院副教授。

访问被控侵权的内容，就可以不承担损害赔偿责任。[1] 为防止权利人滥用取下通知，该法案一方面规定了“反通知”制度对权利人进行反制，另一方面，对权利人的“通知”所必须包含的内容作出了详细规定，其中必须包括的内容之一就是要有这样一个陈述，即权利人善意地相信对被控侵权材料的使用系未经许可的使用。[2] 同时，根据该法案规定，如果权利人故意作出侵权的虚假陈述，则其需要就由此造成的损失承担责任。[3]

然而，该法案对权利人的“善意相信”究竟属于客观善意还是主观善意并未作出明确规定。关于这一问题，美国第九巡回法院于 2004 年在 Rossi v. Motion Picture Association of America Inc. 一案中基于对国会立法意图和“good faith”含义的解释对这一问题作出了解答，认为权利人的“善意”是指主观上的善意，而非客观上的善意。这样一来，权利人只要主观上相信被控材料属于侵权即可，而不需要采取任何客观的行动来证明其善

---

① *See* 17 U. S. C. § 512 (c) (2012).

② *Id* § 512 (c) (3) (A) (v).

(3) Elements of notification. —

(A) To be effective under this subsection, a notification of claimed infringement must be a written communication provided to the designated agent of aservice provider that includes substantially the following:

……

(v) A statement that the complaining party has a good faith belief that use of the material in the manner complained of is not authorized by the copyright owner, its agent, or the law.

……

③ *Id* § 512 (f).

(f) Misrepresentations—Any person who knowingly materially misrepresents under this section— (1) that material or activity is infringing, or

(2) that material or activity was removed or disabled by mistake or misidentification, shall be liable for any damages, including costs and attorneys' fees, incurred by the alleged infringer, by any copyright owner or copyright owner's authorized licensee, or by aservice provider, who is injured by such misrepresentation, as the result of the service provider relying upon such misrepresentation in removing or disabling access to the material or activity claimed to be infringing, or in replacing the removed material or ceasing to disable access to it.

意。也就是说，发出取下通知的权利人不需要对其不知道的错误（Unknowing Mistake）负责，即使其对材料是否侵权的评估客观上是不合理的。①

美国第九巡回法院于2015年在Lenz v. Universal Music Corp. ②一案中重申了其在Rossi案中的“主观善意”观点，但对如何才能构成主观善意作出了具体要求，即权利人在发出取下通知前，其必须考虑被控侵权的材料是否构成合理使用。③

该案判决后，关于“通知—取下”规则中权利人承担滥用取下通知责任的成立条件，具体而言包括“善意相信”到底应当采用主观标准还是客观标准、权利人的合理使用分析义务的标准等问题引起了广泛的关注和讨论。我国借鉴了美国的避风港制度，并在《侵权责任法》《信息网络传播权保护条例》等法律法规中明确规定了“通知—取下”规则，并同样规定了权利人滥用取下通知责任制度。本文将对Lenz一案进行分析，并对我国的权利人滥用取下通知责任制度进行反思，以期为完善我国权利人滥用取下通知责任制度提供异域经验和有益启示。

二、Lenz案的基本事实及法院判决意见

（一）案件基本事实

2007年2月7日，原告Lenz录下了她小孩在自家厨房跳舞的视频，在该录像背景音中可以听到歌手Prince演唱的歌曲“Let's Go Crazy”。该视频长度为29秒，其中有大约20秒能听到上述歌曲，但是由于视频音质较差，听出上述歌曲有些困难。为了将其孩子跳舞的视频与朋友和家庭成员分享，Lenz于次日将该视频命名为“Let's Go Crazy #1”并上传到Youtube上。任何人都可以在Youtube上观看该视频。

Universal公司系“Let's Go Crazy”的版权所有人。2007年6月4日，Universal根据DMCA（17 U.S.C. §512）向Youtube发出了取下通知，以侵犯版权为由要求Youtube删除上述视频。Youtube接到通知后次日删除了该视频并通过电子邮件通知Lenz视频被删除是因为Universal指控该视频侵

---

① See Rossi V. Motion Picture Association of America Inc., 391 F. 3d 1000 (9th Cir. 2004).

②③ Lenz v. Universal Music Corp., 801 F. 3d 1126, 1134 (9th Cir. 2015).

犯版权。电子邮件同时向 Lenz 告知 DMCA 的“反通知程序”（Counter-notification Procedure）。在进行研究和咨询后，Lenz 于 6 月 27 日根据 DMCA（17 U. S. C. §512（g））向 Youtube 发出反通知，要求在 Youtube 上恢复其视频。Lenz 声称其视频对歌曲“Let's Go Crazy”构成合理使用，并未侵犯 Universal 的版权。Youtube 于大约 6 周后在其网站恢复了 Lenz 的视频。①

2007 年 9 月，Prince 发表声明，称其要“收回”（Reclaim）其在互联网上的歌曲。② 10 月，Universal 发表声明，称该公司和 Prince 要删除互联网上的一切涉及 Prince 的用户生成内容。③

2007 年 7 月 24 日，Lenz 根据 DMCA（17 U. S. C. §512（f））以虚假陈述为由将 Universal 起诉到加利福尼亚州北区法院，并同时提起侵犯债权和确认不侵权之诉。由于其他诉讼请求被地区法院驳回，2008 年 4 月 18 日，Lenz 修改诉讼请求，只保留了对 Universal 提起的虚假陈述之诉。该案双方争议的焦点是如果被告 Universal 也就是版权权利人未对原告 Lenz 使用歌曲“Let's Go Crazy”是否构成合理使用进行评估就发出取下通知，是否构成滥用“通知—取下”规则。在诉讼过程中，双方均请求法院就 § 512（f）中规定的虚假陈述问题作出即决判决（Summary Judgment）。2013 年 1 月 24 日，地区法院驳回了双方的请求。双方就此提出了中间上诉（Interlocutory Appeal），由美国第九巡回法院审理。

（二）美国第九巡回法院的主要判决意见

美国第九巡回法院认为：首先需要解决的问题是 DMCA（17 U. S. C. §512（c）（3）（A）（v））是否要求版权权利人在发出取下通知前考虑对方是否构成《美国版权法》第 107 条（17 U. S. C. § 107）中的合理使用；其次需要解决的问题是权利人 Universal 公司对“其善意相信对方的视频不构成合理使用”是否构成故意虚假陈述。美国第九巡回法院关于这两个问

---

① See Lenz v. Universal Music Corp. 572 F. Supp. 2d 1150 (N. D. Cal. 2008).

② Reuters, " Prince to sue YouTube, eBay over music use" (September 14, 2007), available at: https://www.reuters.com/article/music - prince - youtube - dc - idUSL1364328420070913.

③ Lenz v. Universal Music Corp. 572 F. Supp. 2d 1150 (N. D. Cal. 2008).

题的具体判决意见如下：

1. DMCA是否要求版权权利人在发出取下通知前考虑对方是否构成合理使用①

该案中，双方当事人对合理使用是否属于版权法所许可的行为存在争议。美国第九巡回法院与地区法院的观点一致，认为版权法明确地将合理使用视为法律许可的行为。换句话说，合理使用不是被法律豁免的行为，而是法律完全允许的行为。Universal公司认为，合理使用并非“法律许可的行为”（authorized by the law），而只是一种对本已构成侵权行为进行豁免的积极抗辩（affirmative defense）。美国第九巡回法院在对《美国版权法》第107条合理使用条款进行分析后认为，虽然合理使用在1976年《美国版权法》之前通常被认为属于积极抗辩，但在1976年《美国版权法》通过之后，合理使用便不应当再被视为一种被豁免的侵权行为，合理使用应当是一种权利。

基于上述理由，美国第九巡回法院认为，由于《美国版权法》第107条创设了一类非侵权使用，合理使用属于法律许可的行为（authorized by the law）。按照§512（c）（3）（A）（v）的规定，权利人的取下通知中必须包括的内容之一就是要有这样一个陈述，即权利人善意地相信对被控侵权材料的使用系未经许可的使用。② 如果一项使用属于“法律许可的行为”（authorized by the law），权利人在发出取下通知前应对此种行为进行考虑。而按照美国第九巡回法院上述关于合理使用性质的意见，合理使用属于“法律许可的行为”。因此，版权权利人在发出取下通知前必须考虑对方的行为是否属于合理使用。

2. 权利人Universal公司对其“善意地相信对方的视频不构成合理使用”是否构成故意虚假陈述③

该问题重点不在于法院是否认定被告Lenz的视频构成合理使用，而在

① Lenz v. Universal Music Corp., 801 F. 3d 1126, 1134 (9th Cir. 2015), IV (B).

② 17 U. S. C. § 512 (c) (3) (A) (v) 规定：“A statement that the complaining party has a good faith belief that use of the material in the manner complained of is not authorized by the copyright owner, its agent, or the law.”

③ Lenz v. Universal Music Corp., 801 F. 3d 1126, 1134 (9th Cir. 2015), IV (C).

于原告 Universal 公司是否属于“善意地相信原告视频不构成合理使用”。关于这一点，美国第九巡回法院与地区法院判决的观点相反，认为原告可以援引“实际知道理论”（actual knowledge theory），而不是“故意漠视理论”（willful blindness theory）。

首先，美国第九巡回法院认为对于原告 Universal 公司是否善意相信对方视频不构成合理使用问题上，应当使用主观相信标准。该案中，原告 Lenz 主张被告 Universal 应当知道原告的视频在法律上构成合理使用。美国第九巡回法院之前在 Rossi 案[①]判决中已经明确表明了其态度，即在 § 512（c）（3）（A）（v）中的“善意相信”（good faith belief）要求应适用主观标准，而不是客观标准。美国第九巡回法院在本案中进一步判决道：§ 512（f）针对不适当的取下通知明确规定了有限制的诉因，权利人只有在其发出的取下通知构成明知的虚假陈述（knowing misrepresentation）时才需要承担责任，即使权利人的虚假陈述属于不合理的错误，其也不需要承担责任。也就是说，必须证明权利人对虚假陈述的“实际知道”（actual knowledge）才能让其承担责任。关于为什么应当采用主观标准而非客观标准，美国第九巡回法院在 Rossi 一案中通过探究国会立法意图进行了解释，认为，如果国会认为应当适用客观标准，其会很容易地在立法中规定客观的合理标准。而事实上国会并没有这么做，说明了国会本意就是对这里的“善意相信”适用主观标准。[②] 根据这种主观标准，法院只需要探求权利人是否在主观上相信涉诉材料侵犯版权即可，而不需要探求权利人合理使用分析的客观合理性和正确性。简而言之，权利人只要进行过合理使用分析即可，而无须保证这种分析的正确或者合理。按照这一思路，本案的核心问题成为权利人 Universal 在发出取下通知前是否进行过合理使用分析。

Universal 公司如果构成“明知的虚假陈述”则需承担责任。本案中，Lenz 提出了 Universal 公司并没有形成“主观相信”的证据，因为 Universal 公司根本就没有考虑合理使用问题，而且其对此是知悉的。Universal 公司辩称其内部程序相当于对合理使用问题进行了考虑。该案中，必须认定 Universal公司的行为是否足以构成“主观的善意相信”。美国第九巡回法院

---

① Rossi v. Motion Picture Ass'n of Am. Inc., 391 F. 3d 1000 (9th Cir. 2004).

② See Rossi, 391 F. 3d at 1004.

认为，满足§512（c）（3）（A）（v）的要求，权利人不需要对涉嫌侵权的材料是否构成合理使用进行彻底调查，只需进行初步审查即可，但这并不意味着权利人不需要考虑合理使用问题。同时，美国第九巡回法院还认为，虽然不需要权利人对合理使用问题进行彻底调查，但仅仅“空头支票”（lip service）是无法满足上述要求的。虽然 Universal 公司主张现在的网络服务提供者都使用过滤算法（screening algorithms），但第九巡回法院认为，Universal公司没有提供任何证据证明其在向 Lenz 发出取下通知时使用了计算机程序对涉嫌侵权的材料进行识别。

其次，美国第九巡回法院认为原告不能援引“故意漠视理论”。证明构成故意漠视需要满足两个要件：（1）被告须主观上相信一种事实存在的高度可能性；（2）被告必采取蓄意的行为避免自己知道该事实。[①] 因此，如果主张被告构成“故意漠视”，原告 Lenz 须证明：（1）Universal 公司在发出取下通知前主观地相信涉诉视频构成合理使用具有高度可能性；（2）Universal 公司采取了蓄意行为避免自己知道这种合理使用。而 Lenz 在诉讼中没有提出证据证明第一个要件。因此，Lenz 不能援引“故意漠视理论”。

根据上述理由，美国第九巡回法院认为，原告 Lenz 可以根据§512（f）向被告主张虚假陈述责任，要求其赔偿原告的名义损失（nominal damages）。

（三）美国最高法院对该案的处理

美国第九巡回法院作出判决后，Lenz 上诉到美国最高法院，要求美国最高法院回答如下问题：美国第九巡回法院认为 DMCA §512（c）（3）（A）（v）中的“good faith belief”应采取主观标准是否正确？取下通知发出人不合理的相信（unreasonable belief），如在没有对取下材料进行合理使用的要素进行分析的情况下形成的相信，是否可以使其不承担§512（f）中的虚假陈述责任？[②] 美国最高法院于 2017 年 6 月 19 日拒绝了 Lenz 的复

① See Global - Tech Appliances, Inc. v. SEB S. A., 563 U. S. 754, 131 S. Ct. 2060, 2070, 179 L. Ed. 2d 1167 (2011).

② Petition 16 - 217 Lenz v. Universal Music Corp. Available at: http://www.scotusblog.com/wp-content/uploads/2016/09/16-217-petition-for-cert.pdf.

审令申请。[①]

三、对该案法院判决意见的评析

（一）案件判决后的社会反应

美国第九巡回法院对上述权利人合理审查义务的问题进行判决后，得到的评价褒贬不一。

持肯定意见者认为，该判决在权利人滥用取下通知的背景下正当其时，其对于解决“通知—取下”制度中权利人滥用取下通知的问题具有重要意义。[②] 在该判决之前，业界普遍担忧权利人滥用“通知—取下”规则，从而抑制合理使用和言论自由。[③] 尽管 Section 512（g）规定了反通知（counter notification）程序对权利人的取下通知进行反制，但有观点认为，内容上传者有可能并未意识到其有反通知的权利，或者由于担心反通知会泄露自己真实身份而招致侵权诉讼，而不敢提出反通知。[④]

持怀疑态度者认为，该案在遏制权利人滥用取下通知方面可能起不到太大作用。[⑤] 怀疑论者理由有如下几点：第一，美国第九巡回法院在判决中对“实际知道”的解释采用主观标准会不当加重原告的举证负担。因为主观标准意味着原告要想证明被告“明知的虚假陈述”（knowing misrepresentation），就必须证明被告并非实际相信被取下材料不属于合理使用。而证明这种“实际相信”的不存在，就意味着原告必须证明被告的主观精神

---

① Certiorari Denied - Lenz v. Universal Music Corp., Available at: https://www.supremecourt.gov/orders/courtorders/061917zor_6537.pdf.

② Press Release, Important Win for Fair Use in ‘Dancing Baby’ Lawsuit, at: https://www.eff.org/press/releases/important-win-fair-use-dancing-baby-lawsuit.

③ See, e.g., Section 512 Hearing at 48, 63-67, 246-47.

④ See, e.g., Brief for Org. for Transformative Works et al. as Amici Curiae Supporting Appellee and Cross-Appellant at 16, Lenz v. Universal Music Corp., 801 F.3d 1126 (9th Cir. 2015) (Nos. 13-16106, 13-16107).

⑤ Harvard Law Review, Copyright Law - Digital Millennium Copyright Act - Ninth Circuit Requires Analysis of Fair Use before Issuing of Takedown Notices, Harvard Law Review 129 (2016).

状态，而这几乎是不可能完成的任务。① 第二，法院判决并未明确权利人应当如何对取下材料是否构成合理使用进行分析的具体要求，这会导致权利人为了避免承担虚假陈述责任而仅仅采取有名无实的形式性合理使用分析程序，因而根本无法遏制滥用取下通知的行为。

基于上述理由，怀疑论者认为“明知的虚假陈述”中明知（knowing）应当采用轻率（recklessness）标准而不是判决中的实际知道标准，从而使§512（f）中“明知的虚假陈述”也包括那些草率作出的侵权陈述。② 简而言之，根据这种轻率标准，不仅未进行合理使用分析的行为构成“明知的虚假陈述”，进行了合理使用分析但由于合理使用分析达不到合理标准的行为也构成“明知的虚假陈述”。

（二）美国第九巡回法院判决的意义及不足

在社会普遍担忧权利人滥用“通知—取下”规则的背景下，该判决将合理使用分析义务纳入§512（f）框架下的虚假陈述责任，对于权利人滥用取下通知权利具有一定的遏制作用。该判决后，权利人想要在发出取下通知后避免承担虚假陈述责任，就必须在发出取下通知前对涉案材料进行合理使用分析。对于拥有大量版权的商业巨头而言，要证明其采取了合理使用分析义务，通常要证明该企业已将合理使用分析程序纳入其常规工作内容。这对于保障网络用户对相关材料的合理使用权利，促进言论自由具有积极作用。

但是，该判决的不足也是明显的。由于美国第九巡回法院的判决对§512（c）（3）（A）（v）中的“善意相信”（good faith belief）采用的是主观标准，只要权利人证明其对涉案材料进行了合理使用分析，即可证明其“善意相信”，从而不构成§512（f）中的虚假陈述。故在该案中，只要Universal能够证明其对原告的材料进行了合理使用分析，不管这种分析程序是否合理，就可以避免§512（f）项下的虚假陈述责任。虽然在本案

① Benjamin Wilson, Comment, Notice, Takedown, and the Good - Faith Standard, 29 ST. LOUIS U. PUB. L. REV. 613, 632 (2010).

② 详细观点见 Harvard Law Review, Copyright Law - Digital Millennium Copyright Act - Ninth Circuit Requires Analysis of Fair Use before Issuing of Takedown Notices, 2295 Harvard Law Review 129 (2016).

中由于法院最终没有认定 Universal 对涉案材料进行了合理使用分析，进而认定 Universal 需要承担虚假陈述责任，但如果 Universal 一旦能够证明其进行了合理使用分析，即便是使用计算机算法对涉案材料进行合理使用分析，那么原告很可能无法获得 § 512（f）项下的救济。而现实中对权利人滥用取下权利的担忧主要集中在权利人草率作出取下通知的情况（采取合理使用分析但该合理使用分析程序不充分），而非权利人确定知道涉案材料不构成侵权的情况（根本就未进行合理使用分析）。[①] 因此，在这种主观标准下，§ 512（f）中的责任只能遏制根本未采取合理使用分析程序就发出取下通知的行为，而无法有效规制采取了合理使用分析程序但该程序达不到合理标准的情况。这样，该判决对于滥用取下通知行为的规制意义就大打折扣。

另外，Lenz 一案还体现了美国法院在该问题上的犹豫态度。首先，该案中法院虽然最终采纳了主观标准，但审判法官之间存在一定分歧，Smith 法官对此并非持完全一致态度。其次，在该案之前，虽然 Rossi 一案[②]也同样采取了主观标准，但 Online Policy Group v. Diebold, Inc. 一案却采取了相对客观的标准。在该案中，加利福尼亚北区地区法院认为，“知道”（Knowledge）是指“一方如果采取合理的注意就应当知道其作出了虚假陈述”。[③] 由此可见，在 § 512（f）虚假陈述责任问题上，同一法院内部观点也存在一定分歧，不同法院之间甚至态度相反。

---

① See Harvard Law Review, Copyright Law – Digital Millennium Copyright Act – Ninth Circuit Requires Analysis of Fair Use before Issuing of Takedown Notices, 2295 Harvard Law Review 129（2016）.

② Rossi V. Motion Picture Association of America Inc. , 391 F. 3d 1000（9th Cir. 2004）.

③ Online Policy Group, et al. v. Diebold Incorporated, 337 F. Supp. 2d 1195（N. D. Cal. 2004）at 1204.

四、Lenz案对完善我国权利人滥用取下通知责任制度的启示

（一）我国权利人滥用取下通知责任制度

在著作权法领域，[①] 我国对“通知—取下”规则进行规定的主要法律文件为国务院2006年公布实施的《信息网络传播权保护条例》（以下简称《条例》）[②]、《最高人民法院关于审理侵害信息网络传播权民事纠纷案件适用法律若干问题的规定》以及《侵权责任法》第36条。其中，与规制权利人滥用取下通知有关的规定主要体现在《条例》中：

1. 第14条对取下通知应当包含的内容进行了规定。该条第1款第（3）项规定通知书应当包含“构成侵权的初步证明材料”，第2款规定“权利人应当对通知书的真实性负责”。

2. 第16条对反通知制度进行了规定。与第14条类似，该条规定反通知（“书面说明”）应当包含“不构成侵权的初步证明材料”，并规定“服务对象应当对书面说明的真实性负责”。

3. 第24条规定了权利人通知错误的责任。根据该条规定，因权利人的通知导致网络服务提供者错误删除涉案材料，或者错误断开与涉案材料的链接，给服务对象造成损失的，权利人应当承担赔偿责任。

我国上述规定与美国DMCA的相关规定主要有如下不同：

1. DMCA对取下通知须满足条件的规定中没有我国《条例》第14条规定的“构成侵权的初步证明材料”的要求。而是代之以“要有这样一个陈述，即权利人善意地相信对被控侵权材料的使用系未经著作权所有者、

---

① 2014年公布实施的《最高人民法院关于审理利用信息网络侵害人身权益民事纠纷案件适用法律若干问题的规定》（法释〔2014〕11号）对网络侵害人身权益的“通知—取下”规则进行了规定。

② 该条例于2013年修订，但关于“通知—取下”规则的相关规定没有变化。虽然有学者在讨论“通知—取下”规则时提到2000年《最高人民法院关于审理涉及计算机网络著作权纠纷案件适用法律若干问题的解释》（法释〔2000〕48号，现已失效），但本文认为该司法解释的相关规定只是在网络服务提供者共同侵权责任的框架下对权利人侵权警告作出的规定（第8条、第9条）。参见熊文聪：《避风港中的通知与反通知规则——中美比较研究》，载《比较法研究》2014年第4期。

著作权所有者的代理人或法律许可的使用”。[1]

2. DMCA 规定，反通知不需要如我国《条例》规定的“不构成侵权的初步证明材料”，而是要求有这样的陈述：“用户（通知人）善意地相信材料被删除或断开连接是由于错误或误认导致的，并愿意对此承担伪证的处罚。”[2]

3. 关于权利人滥用通知行为的责任问题，我国与美国规定存在很大区别。根据 DMCA 规定，如果权利人故意（knowingly）作出侵权的实质性虚假陈述，则其需要就由此造成的损失承担责任。[3] 而是否构成故意的实质性虚假陈述，则需要看权利人的取下通知是否符合“善意地相信对被控侵权材料的使用系未经著作权所有者、著作权所有者的代理人或法律许可的使用”的条件。至于何为“善意”该法案没有明确规定，以致这一问题成为司法实践中的争议焦点。[4] 与 DMCA 形成鲜明对比，按照我国《条例》第 24 条的规定，只要最终证明发生了错误删除材料或断开涉案材料的连接，给服务对象造成损失的，都应当承担赔偿责任，权利人的主观状态系善意或是恶意在所不问。

另外，根据 DMCA § 512（f）规定，如果任何人对“材料是侵权的”或者“材料是不侵权的”作虚假陈述，需要对由此而遭受损失的权利人、网络用户或网络服务提供者承担赔偿责任。也就是说，对于权利人而言，

---

① 17 U. S. C. § 512（c）（3）（A）（v）.

（v）A statement that the complaining party has a good faith belief that use of the material in the manner complained of is not authorized by the copyright owner, its agent, or the law.

② 17 U. S. C. § 512（g）（3）（C）.（C）A statement under penalty of perjury that the subscriber has a good faith belief that the material was removed or disabled as a result of mistake or misidentification of the material to be removed or disabled.

③ See 17 U. S. C. § 512（f）.

④ 参见 Lenz v. Universal Music Corp., 801 F. 3d 1126（9th Cir. 2015）, Rossi V. Motion Picture Association of America Inc., 391 F. 3d 1000（9th Cir. 2004）, Online Policy Group, et al. v. Diebold Incorporated, 337 F. Supp. 2d 1195（N. D. Cal. 2004）。前两个案件对“善意”采纳了主观标准，第三个案件则采纳了客观标准。另参见熊文聪：《避风港中的通知与反通知规则——中美比较研究》，载《比较法研究》2014 年第 4 期。

如果其虚假陈述，可能对其有赔偿请求权的主体不仅包括网络用户，也可能包括网络服务提供者；对于网络用户的虚假陈述，则赔偿请求权主体不仅包括权利人，也包括网络服务提供者。而我国《条例》第24条中的赔偿权利主体只有网络用户（服务对象）。

由此可见，我国与美国关于权利人滥用取下通知责任制度的机理是不同的。在美国DMCA中，要求权利人发出取下通知时作出善意的承诺，如果权利人违反这种承诺，则需要承担虚假陈述的责任。在我国，要求权利人发出取下通知时要提供构成侵权的初步证明材料，如果造成错误删除材料或断开连接，则权利人需要对网络用户承担责任。

（二）我国权利人滥用取下通知责任制度的不足与完善

在上述我国与美国关于权利人滥用取下通知责任制度的诸多不同中，最大的差异在于权利人滥用取下通知责任的成立要件。通过上述对Lenz一案的分析可见，在DMCA框架下，权利人对滥用取下通知承担责任需要考虑其主观状态。而根据我国《条例》第24条，不论权利人主观状态如何，只要因权利人通知而导致错误删除或断开，权利人就应当对服务对象的损失承担赔偿责任。① Lenz一案所引起的争议和广泛关注，给我们重新评估我国权利人滥用取下通知责任制度的合理性提供了契机。

作为讨论前提，有必要分析《条例》24条中“错误删除”“错误断开”中“错误”的判断标准。关于这里“错误”的标准，笔者并未在现有文献中找到权威解释。从该条的文义和语境看，一种最可能的解释是如果事后经过司法审判确认服务对象的行为并未构成著作权侵权，而网络服务提供者根据权利人的取下通知删除了涉案材料或断开相关连接，那么此时就构成“错误删除”或“错误断开”。

---

① 虽然有学者认为《条例》第24条中的责任属于过错责任，但本文认为，从文义解释的角度，该条并未要求考察权利人的主观状态，不论权利人主观状态如何，只要因权利人的通知而发生错误取下或删除的后果，权利人即应对服务对象的损失承担责任。参见崔越：《论滥用通知行为的法律规制及其完善》，载《电子知识产权》2016年第10期。另参见王烈琦、唐艳：《论著作权法“通知—取下”规则的移植问题》，载《知识产权》2017年第7期，该文认为《条例》第24条中的责任属于严格责任。

不构成著作权侵权的情形至少包括权利主张人对涉案材料实际不享有著作权、权利人的著作权已落入公有领域、对方的行为构成合理使用等几种情形。在这几种情形中，对方行为是否属于合理使用的司法判断相对而言具有最大的不确定性，这种不确定性主要来自于合理使用制度本身的弹性和合理使用行为的多样性。对于权利人而言，即使其经过审慎的分析评估后认为对方的行为构成侵权，并掌握对方侵权的初步证据，司法审判的最终结果仍然可能是对方构成合理使用。这在著作法发展史上的诸多涉及合理使用的案件中体现得淋漓尽致。在这种情况下，让权利人承担错误删除的赔偿责任的合理性就值得探讨。首先，《条例》第 24 条规定错误删除赔偿责任的立法目的在于防止权利人滥用通知。[①] 权利人对对方行为是否属于合理使用进行审慎评估后发出取下通知，显然不属于滥用通知行为。如果该情况下让权利人承担赔偿责任有悖该条的立法目的。其次，反通知制度可以对权利人的通知构成一定的制约，从而实现双方之间的力量平衡。如果相对方认为自己的行为不构成侵权，其可以通过反通知制度进行反制，而无需通过严格责任对相对方提供过强的保护。

综上所述，有必要对我国《条例》第 24 条中的权利人的滥用取下通知责任进行完善，将权利人的责任由严格责任转向过错责任。只有在权利人恶意发出取下通知而导致相对方损失的情况下才需要承担责任。一种可行且立法成本较低的立法方案可以是“因权利人的恶意通知导致网络服务提供者错误删除作品、表演、录音录像制品，或者错误断开与作品、表演、录音录像制品的链接，给服务对象造成损失的，权利人应当承担赔偿责任”。至于何为恶意，由法院在具体案件中根据权利人对合理使用分析的审慎程度等具体情况进行裁量。Lenz 一案对于完善“通知—取下”制度最大的贡献在于确立了权利人在发出取下通知时的合理使用分析义务，其最大的问题在于没有对权利人合理使用分析的审慎程度提出要求，因而有可能使权利人的合理使用分析义务流于形式。我国可以通过案例指导制度通过指导性案例提供判断权利人“恶意”的合理标准。通过查询裁判文书

---

① 参见 2006 年 5 月 24 日《国务院法制办负责人就〈信息网络传播权保护条例〉有关问题答中国政府网记者问》，载 http：//www. gov. cn/zwhd/2006 – 05/29/content_294127. htm。

网、北大法宝等数据库，尚未发现关于权利人滥用取下通知责任的相关案例。因此，对我国而言，完善现有的权利人滥用取下通知责任，没有任何司法制度负担。当然，由于著作权制度涉及权利人、网络服务提供者、使用人等多方利益，进行制度完善时有必要通过征求意见、立法听证等立法程序充分考虑各方利益主体的诉求。这样，既可以更好实现该条的立法目的，也可以更好实现著作权法上的利益平衡。判

（本文仅代表作者本人观点）

债权准占有人相关法律问题研究

魏启证*

案情概要

本案为二诉之客观合并。① 诉一上诉人为徐××美、徐×贤、徐×彬、徐×辉（因上诉人徐×福死亡而承受诉讼），对造上诉人为台湾新光商业银行股份有限公司台中分公司（以下简称为台中分公司）；诉二上诉人为徐××美，被上诉人为台湾新光商业银行股份有限公司大墩分公司（以下简称为大墩分公司）。②

1. 两诉之上诉人徐××美、徐×贤、徐×彬、徐×辉起诉主张：诉外人陈×慧在大墩分公司担任襄理，对该公司客户提领款项有复核权责，竟利用职务上之机会，陆续盗领徐××美、徐×贤、徐×彬、徐×辉之被继承人即徐×福在台中分公司账户内存款，于2006年7

* 深圳大学法学院助理教授、法学博士。

① 参见我国台湾地区最高审判机关2010年度台上字第2126号民事判决。

② 前诉参见我国台湾地区“台中地方法院”2007年度重诉字第284号民事判决；台湾地区“高等法院台中分院”2008年度金上字第4号民事判决；台湾地区最高审判机关2008年度台上字第2313号民事判决；台湾地区“高等法院台中分院”2008年度金上更（一）字第5号民事判决；台湾地区最高审判机关2010年度台上字第115号民事判决；台湾地区“台湾高等法院台中分院”2010年度金上更（二）字第1号民事判决。

月19日至25日间，合计盗领600万元；复盗领徐××美在大墩分公司账户内存款，于2006年7月17日，合计盗领300万元。爰依我国台湾地区“民法”第603寄托物返还请求权,[①]及我国台湾地区“民法”第188条雇用人之损害赔偿责任,[②]择一为请求等情，求为命台中分公司给付甲等600万元，大墩分公司给付乙300万元，并均加计法定迟延利息之判决。

2. 其中上诉人徐××美另主张：陈×慧盗领其存款之其中255万元，系以无折取款方式领取之事实，则陈×慧并未持徐××美真正存折，而仅以盗盖徐××美印鉴章之取款凭条盗领取徐××美上开存款，陈×慧上开领款行为，于形式上观之，其并非徐××美之准占有人，新光大墩分公司在未审核陈×慧是否为真正债权人之情况下，即擅自付款予徐××美以外之第三人，其所为之清偿，难认系善意之清偿，不生清偿之效力。至陈×慧上开盗领之行为，系其个人之不法行为，自无成立表见代理之余地。另陈×慧利用机会盗领乙上开存款，与徐××美交付印鉴章委由其处理其他领款事务间，并无相当因果关系存在，自无台湾地区“民法”第217条第1项规定之适用。[③]

3. 两诉之被上诉人台中分公司及诉二被上诉人大墩分公司主张：(1)其等系依约定核验印鉴及密码后付款，无须验明交易人之身份，因此，已对徐××美、徐×贤、徐×彬、徐×辉发生清偿效力；纵受领人非存款人，其等系善意向债权之准占有人清偿，依台湾地区“民法”第310条第

---

① 台湾地区“民法”第603条规定：“寄托物为金钱时，推定其为消费寄托。”

② 台湾地区“民法”第188条规定：“受雇人因执行职务，不法侵害他人之权利者，由雇用人与行为人连带负损害赔偿责任。但选任受雇人及监督其职务之执行，已尽相当之注意或纵加以相当之注意而仍不免发生损害者，雇用人不负赔偿责任。如被害人依前项但书之规定，不能受损害赔偿时，法院因其声请，得斟酌雇用人与被害人之经济状况，令雇用人为全部或一部之损害赔偿。雇用人赔偿损害时，对于为侵权行为之受雇人，有求偿权。”

③ 台湾地区“民法”第217条第1项规定：“损害之发生或扩大，被害人与有过失者，法院得减轻赔偿金额，或免除之。”所谓被害人与有过失，须被害人之行为助成损害之发生或扩大，就结果之发生为共同原因，始足当之。

2 款规定，亦生清偿效力。[1]（2）且本件亦有过失相抵规定之适用。另徐××美、徐×贤、徐×彬、徐×辉之被继承人即徐×福交付存折、印章及告知密码予陈×慧，应有概括授权其提领系争款项，纵无授权，亦应负表见代理责任。（3）陈×慧并无机会利用职务上之便侵害存款人之权利，其盗盖徐××美印章于空白取款条，纯系其个人犯罪行为，与执行职务无关等语，资为抗辩。

裁判要旨

本案台湾地区最高审判机关判决认为：

1. 活期存款户与金融机关之间为消费寄托关系，第三人持真正存折并在取款条上盗盖存款户真正印章向金融机关提取存款，金融机关不知其系冒领而如数给付，为善意地向债权之准占有人清偿，依台湾地区”民法”第 310 条第 2 款规定，对存款户有清偿之效力。本件陈×慧持徐××美、徐×贤、徐×彬、徐×辉之被继承人即徐×福及徐××美真正存折并在取款条上盗盖其二人真正印鉴章，分别向善意之台中分公司及大墩分公司提取 600 万元及 200 万中之 45 万元，乃原审合法确定之事实，依上开说明，自生清偿之效力。

2. 上开盗领行为，系陈×慧个人之犯罪行为，与其职务无内部关联。因此，不能令台中分行及大墩分公司依台湾地区“民法”第 188 条第 1 项负雇用人连带损害赔偿责任。[2]

3. 另依台湾地区“银行法”第 7 条，活期存款除有约定外，提取存款

---

① 台湾地区“民法”第 310 条第 2 款规定：“向第三人为清偿，经其受领者，其效力依左列各款之规定：二、受领人系债权之准占有人者，以债务人不知其非债权人者为限，有清偿之效力。”

② 就受雇人之行为是否是执行职务行为，实务见解系采客观说，即受雇人利用职务上予以之行为，及与执行职务之时间或处所有密切关系之行为，亦即客观上足认受雇人之行为与其执行职务有关即可。参见台湾地区“最高法院”2001 年台上字第 1235 号判决。另有见解就关于执行职务范围之认定，应采取内在关联说之判准，即指凡与雇用人所委办职务具有通常合理关联之行为皆属之。而对此，雇用人可为预见，事先防范，并计算其可能之损害，将之内化于经营成本，予以分散。参见王泽鉴：《侵权责任法——特殊侵权行为》，台湾地区三民出版社 2006 年版，第 131 页。

必须凭存款户之存折，始得为之，此亦为众所周知之事实，系社会多数人普遍所存在之通念。① 陈×慧于2006年盗领255万元，均系以无折取款方式领取之事实，为大墩分公司所不争执，复为原审所合法认定，因此，不能认为陈×慧为债权之准占有人，而生清偿之效力。

4. 又依台湾地区"民法"第169条规定之表见代理②及第217条第1项规定，陈×慧上开盗领徐××美存款共255万元部分，既未持徐××美之存折，外观上并不符合提取存款之规定，大墩分公司无遭受不测损害之虞，且徐××美之行为，亦非损害发生之共同原因，自无表见代理及与有过失之适用。综上，徐××美等及新光大墩分公司上诉旨论，分别以原审认定事实、适用法律之职权行使暨其他与判决基础无涉之理由，各自指摘原判决对其不利部分为不当，求予废弃，均非有理由，遂驳回上诉人之上诉而告确定。

评析

债务之清偿，系日常交易生活中最频繁之行为，对于债权人或其他有受领权之人以外之人为清偿者，原则上无效。因此，债务人为消灭其债务，非对真正债权人或其他有受领权之人为清偿不可。而债务人因相对人具有正当受领权限之外观，信赖其外观而清偿之情形，屡有多见。是以，以交易安全为前提，并为达交易行为之快速及经济活络，民法因而设计债务人对于无受领权限之人为清偿者，在符合一定条件下，得生清偿之效果。此即对于债权准占有人为清偿（我国台湾地区"民法"第310条第2款）、对于收据（受取证书）之持有人为清偿（我国台湾地区"民法"第309条第2项）等规定，本文主要讨论为有关债权准占有人之问题。

我国台湾地区"民法"第310条第2款规定："受领人系债权之准占有人者，以债务人不知其非债权人者为限，有清偿之效力。"对于债权准

---

① 我国台湾地区"银行法"第7条规定："本法称活期存款，谓存款人凭存折或依约定方式，随时提取之存款。"

② 我国台湾地区"民法"第169条规定："由自己之行为表示以代理权授予他人，或知他人表示为其代理人而不为反对之表示者，对于第三人应负授权人之责任。但第三人明知其无代理权或可得而知者，不在此限。"系指表见代理人在客观上有授权之外观，足使第三人信其为有授予代理权之正当理由，为保护交易安全，以免第三人遭受不测损害，乃使本人负授权人责任。

占有人清偿之问题，即准占有与债权准占有人之概念为何？债务人向债权准占有人给付之效果及其要件为何？债务人是否以无过失为必要？债权准占有人与表见代理人的概念与区分等相关之问题，我国台湾地区教科书就台湾地区“民法”第310条第2款规定所为之论述，多仅就该款之条文字义加以拆解而已，未有深入探讨。因此，本文试图做较为深入之分析。另在银行实务上，存折及印鉴的占有具有何种意义，或以伪造变造之存簿或印鉴取款有何效果，亦属相当重要之问题。综上各点，将由本文援引实务上之判决探讨之。

一、概说

债之关系，系本质上存在于债权人与债务人间，债权人得依债之本旨请求债务人为一定之作为或不作为，债务人有义务为之。因此，债之特色系相当重视相对人之特性，债系发生在特定主体之间的法律关系，即债之相对性。无论是债权人或债务人，都必须是特定的。[①] 债之存在，最终目的即透过债务人依债之本旨为清偿，实现债务内容，使债权人获得满足，而后债归于消灭。而债之消灭原因，不一而足。按我国台湾地区“民法”债编通则所规定债之消灭原因共有有5种，即（1）清偿；（2）提存；（3）抵销；（4）免除；（5）混同。所谓清偿，系清偿人依债务本旨，实现债务内容，致债之关系消灭之给付行为。而债务之清偿，原则上必须向债权人或其他有受领权人为之，始生清偿之效力，例如债权人之代理人、受任人、破产管理人、质权人等，又若属收据之持有人，亦生清偿之效力。[②] 因此，若债务人所为清偿之对象，系非债权人或无受领权之人，即属无效之清偿，自不发生债之关系消灭问题，该笔债务仍然存在。惟债务之清偿，属现今社会中日常生活惯见之事，为保护交易之安全，以期待清

---

① 参见王利明：《债法总则研究》，中国人民大学出版社2015年版，第697页。

② 我国台湾地区“民法”第309条第2项规定：“持有债权人签名之收据者，视为有受领权人。但债务人已知或因过失而不知其无权受领者，不在此限。”此处所谓收据乃系指证明受领事实之文件，亦即受领证书。收据之持有人未必知悉有受领权，但法律为保护清偿人之动的安全，对于持有收据之人，视为有受领权，而认为清偿人之清偿行为系有效。参见郑玉波著、陈荣隆修订：《民法债编总论》，台湾地区三民出版社2002年版，第614页。

偿之迅速方便，故我国台湾地区“民法”第310条订有向第三人为清偿，经其受领后，亦生清偿效力之规定，系属于例外规定。其中，我国台湾地区“民法”第310条第2款规定受领人若系债权之准占有人，即外观上具有受领该笔债务实现之内容者，若债务人主观上不知其非债权人，而对其清偿，则该清偿亦生债务清偿之效果。此规定，背后实系对于交易安全之保障与给予真正权利人保护之拉扯。避免绝对倾向其中一种目标，立法者设定一定之要件作为条件，在清偿人（即债务人或第三人）符合该要件之情况下，给予其债务清偿之法效，以保护交易安全，反之，则不生债之消灭效果，以保护真正债权人之利益。亦即，依债之特性，债务人本即应依债之本旨对债权人或其他有受领权之人为清偿始生债消灭之效力，惟事实上清偿人常因相对人具有正当受领权限之外观，因信赖该外观而对之清偿之情况，法律为保护交易安全及债务人之利益，并追求事实上之便利，以达清偿之迅速易行目标，故订有例外规范，于具备一定之条件下，债务人或清偿人虽非对债权人或其他有受领权人为清偿，亦发生清偿之效力，产生债之关系消灭之效果。

针对向债权准占有人清偿是否发生债之消灭之效力，乃一般日常交易生活中常见之争议问题。究竟清偿人有无我国台湾地区“民法”第310条第2款之适用，于实务上，发生相当多适用上问题。常见者例如，非债权人或其代理人，却持真正债权人之银行存折及盖印伪刻之名章之取款条，向银行提取存款。又例如一方以印鉴留存于他方，第三人盗用或伪造使用印鉴印章，向他方请求支付现款。上开二例，非债权之受领权人于外观上皆具有受领人地位，债务人对其之清偿行为，是否发生债之消灭之效力，亦即债务人之清偿是否有效，是否能有我国台湾地区“民法”第310条第2款之适用，容有相当大之争议，法院见解也相当不一致。此二争议，之后分别有台湾地区最高审判机关1979年度第6次民事庭庭推总会议决议（三）及台湾地区最高审判机关1984年度第11次民事庭会议决议为其定调，分述如下。

1. 台湾地区最高审判机关1979年度第6次民事庭庭推总会议决议（三）

提案：民四庭提案：某甲持银行存折及盖印伪刻之名章之取款条，以存户自居，向银行提取存款后，经科学机器鉴定结果，发现取款条所盖存户印文与所存印鉴不符，但其不符肉眼所能辨识。如果银行不能证明某甲确为存户本人或其他有受领权之人，银行可否主张某甲为我国台湾地区“民法”第310条第2款所指债权之准占有人，认其清偿已生效力，有甲、乙二说。

决议：台湾地区“民法”第310条第2款之适用，须受领人为债权之准占有人，并以债务人不知其非债权人为要件。某甲持银行存折及盖有伪刻之名章之取款条，以存户自居，向银行提取存款后，经科学机器鉴定结果，发现取款条所盖存户印文与所存印鉴不符，但其不符肉眼所能辨识。似此情形，某甲所持之银行存折虽属真正，但取款条上所盖印文既属伪造，依台湾地区最高审判机关1968年台上字第2965号判例所示旨趣，某甲不能认为消费寄托关系中债权之准占有人，银行既设印鉴，即不容借口非肉眼所能分辨而主张不知其非债权人，谓有该款之适用。(同甲说)

2. 台湾地区最高审判机关1984年度第11次民事庭会议决议

提案：负责人交议：关于当事人约定：一方以印鉴留存于他方之印章，纵令被第三人盗用或伪造而使用，如他方认为与印鉴相符，亦应负一切责任，此项约定是否有效之问题，请就研究报告三之（二）乙种活期存款部分讨论。

决议：乙种活期存款户与金融机关之间为消费寄托关系。第三人持真正存折并在取款条上盗盖存款户真正印章向金融机关提取存款，金融机关不知其系冒领而如数给付时，为善意地向债权之准占有人清偿，依台湾地区“民法”第310条第2款规定，对存款户有清偿之效力。至第三人持真正存折而盖用伪造之印章于取款条上提取存款，则不能认系债权之准占有人。纵令金融机关以定式契约与存款户订有特约，约明存款户事前承认，如金融机关已尽善良管理人之注意义务，以肉眼辨认，不能发现盖于取款条上之印章系属伪造而照数付款时，对存款户即发生清偿之效力，亦因此项定式契约之特约，有违公共秩序，应解为无效，不能认为合于同条第一款规定，谓金融机关向第三人清偿系经债权人即存款户之承认而生清偿之效力。

二、本案所涉及的三个法律争点

（一）准占有与债权准占有人之法律概念

1. 准占有之基本理论

关于准占有，系有我国台湾地区“民法”第966条第1项（财产权，不因物之占有而成立者，行使其财产权之人，为准占有人）为其定义。①所谓准占有，指基于占有表征无体财产权（含债权）之文件或其他有体物件，而占有无体财产而言。所以称为准占有，乃相对于有体物之占有。盖无体财产本为无体，不具对之占有所必须之形体的存在。肯认其得以文件或其他有体物表征无体财产权之存在而成立准占有，纯属规范设计上之拟制。

而就准占有之成立要件而言，共有四个要件如下：（1）为自己之意思；（2）须以财产权为标的；（3）须以不因物之占有而成立之财产权为限；（4）须事实上行使其权利。而关于准占有之客体，共有地役权、抵押权、矿业权、渔业权、著作权、商标权、专利权等无体财产权，撤销权、解除权等形成权及债权，皆得为准占有之客体。

2. 债权之准占有人之讨论

关于债权准占有人之概念，其应如何认定，我国台湾地区“民法”并无明确规定，应可依台湾地区“民法”第966条规定认定，债权为不因物之占有而成立之财产权之一种，故行使债权之人，即系债权之准占有人。从而所谓债权准占有人，即指虽非真正之债权人，惟以为自己之意思，事实上行使债权之人。② 而因此之“行使”，并不以真正债权人之行使为限。

---

① 有人认为该定义并不准确，认为妥当定义应是“财产权，不因物之占有而成立者，得以占有表征该财产之文件或其他物件准占有之。基于该文件或其他物件之准占有而行使其财产权之人，为准占有人。”参见黄茂荣：《准占有》，载《植根杂志》25卷4期，2009年4月，第155页。

② 参见台湾地区最高审判机关1953年台上字第288号判例：“财产权不因物之占有而成立者，行使其财产权之人为准占有人，债权乃不因物之占有而成立财产权之一种，故行使债权人之权利者，即为债权之准占有人，此项准占有人如非真正之债权人而为债务人所不知者，债务人对于其人所为之清偿，仍有清偿之效力，此通观台湾地区‘民法’第310条第2款及第966条第1项之规定，极为明显。”

故不论是否系真正之债权人，只需自称为债权人而行使债权，且在一般交易观念上，具有足以使人相信为真正债权人之外观，即为债权之准占有人。再者，条文中所称“行使权利（债权）”可知应系指掌握行使债权之凭证（例如债权之证明文件、借据）进而主张债权内容之人，惟依前所述之台湾地区最高审判机关1984年度第11次民事庭会议决议之见解，该等债权凭证应属真正始有构成债权准占有之可能；若该等债权凭证系伪造者，则无从成立债权之准占有。①

常见债权准占有人之实务上案例，例如盗领银行存款。金融业界可以说是最早开始将电脑运用于业务执行的业种之一，透过电脑化的流程，使金融机构在内部事务之处理上更加迅速通畅。而此种便捷化的概念亦逐渐套用于对外与顾客间的交易，于现代金融交易中，最常见者为，消费者将金钱存入金融机构，二者间订立消费寄托契约（我国台湾地区“民法”第602条第1项②、第603条③），一般约定之交易凭证，不外乎透过核对印鉴、存簿、金融卡以及密码，借以认定当事人之身份，是以存款户对于金融机构之金钱债权，应以掌握核对印鉴、真正存簿、金融卡以及密码之人认定为债权之准占有人。

（二）向债权准占有人清偿之效果及清偿有效之要件

1. 向债权准占有人清偿之效果

民法上之清偿，原则应按法律或约定，依债之本旨向债权人或有受领权之人履行其债务，始生债务消灭之效力，当事人间债之关系归于消灭，即生清偿之效果。当债务消灭，将致给付义务消灭、从属性权利消灭以及附随义务基本上消灭之效果。④ 而向无受领权人所为之清偿，当然为无效，债务人自不得向债权人主张清偿之效果，债务人仅得向无受领权人主张不

---

① 参见林诚二：《向债权准占有人清偿之效力》，载台湾地区《月旦法学教室》第93期，第12页；林诚二：《民法债编总论（下）》，台湾地区瑞兴出版社2001年版，第375页。

② 台湾地区“民法”第602条第1项规定：“寄托物为代替物时，如约定寄托物之所有权移转于受寄人，并由受寄人以种类、品质、数量相同之物返还者，为消费寄托。自受寄人受领该物时起，准用关于消费借贷之规定。”

③ 台湾地区“民法”第603条规定：“寄托物为金钱时，规定其为消费寄托。”

④ 参见王利明：《债法总则研究》，中国人民大学出版社2015年版，第697~700页。

当得利请求返还受领之给付。[①] 行使债权者若系真正债权人，其为债权之准占有人，故无疑问，然行使债权者纵非真正债权人，亦足为债权之准占有人。非真正债权人而为债权之准占有人者，例如债权让与无效之受让人、表见继承人、银行存折与印鉴章之持有人、受有无效之移转债权命令之人等，如以为自己之意思，行使各该种债权，即系各该种债权之准占有人。清偿受领人系债权之准占有人者，如系真正债权人或有受领权人，则有清偿之效力，不待言之；惟若准占有人具有有权受领之外观而实非真正债权人或有受领权者，我国台湾地区“民法”第310条第2款例外规定债务人纵向非真正债权人或有受领权人之债权准占有人清偿，只要债务人不知其非真正债权人或有受领权人者，仍生清偿效力。此规定之由来有谓系基于权利外观理论而来，亦即债权之准占有人于交易上产生具有权利之外观，故为保护信赖此一外观之债务人，而使债务人之清偿发生清偿效力。[②] 反之，若债务人主观知悉具有受领外观之人并非真正债权人或有受领权之人，即无上开规定之适用，系争债之关系仍未消灭。

2. 向债权准占有人清偿有效之要件

债权准占有人若为无受领权人，向无受领权人为清偿原则上不生清偿效力，但依台湾地区“民法”第310条第2款之规定例外发生清偿之效力，依台湾地区“民法”第310条第2款发生清偿效力之要件，分析如下：(1) 受领者必须准占有该债权。鉴于债权为无体财产权，所以该债权必须以文据将之有体化，始能对之准占有。在现代金融交易中，将存款有体化之文据通常为存折。此外，在实务上债权人提款之请求常另有印鉴之要求者，除占有存折外，占有印鉴，可能作为判断是否为准占有人之辅助或是该占有人是否系经授权而取款之依据。[③] (2) 须向第三人清偿。按台湾地区“民法”第310条所规定者，系向第三人为清偿之问题，故本款规定之适用，亦须向第三人为清偿始可。第三人系指债权人以外之人，因而

---

① 参见林诚二：《民法债编总论（下）》，台湾地区瑞兴出版社2001年版，第374页。

② 参见林诚二：《向债权准占有人清偿之效力》，载台湾地区《月旦法学教室》第93期，第13页。

③ 参见黄茂荣：《准占有》，载台湾地区《植根杂志》25卷4期，2009年4月，第158~159页。

向债权人本人清偿，纵该债权人已无受领权或其受领权受限制（例如台湾地区“破产法”第 75 条之情形），[①] 亦无本款之适用。[②] （3）有清偿行为。[③] （4）债务人不知受领者非债权人。[④] 债务人须为善意，即不知准占有人为非真正债权人或有受领权人为限，至于债务人之不知有无过失，则非所问。

就债权准占有人于现今社会交易实务上常见之案例态样，本文梳理实务上之判决后，可归纳出“真正存折及真正印章类型”“存折及印章有一为伪造或变造类型”“无折取款类型”三种类型，详见如下。

（1）真正存折及真正印章类型。①台湾地区最高审判机关 2010 年度台上字第 2126 号判决：“……本件陈 × 慧持徐文福、徐 × × 美真正存折并在取款条上盗盖其二人真正印鉴章，分别向善意之被上诉人及新光大墩分公司提取徐文福、徐 × × 美之 600 万元及 45 万元，乃原审合法确定之事实，依上说明，对徐 × 福、徐 × × 美自生清偿效力……”②台湾地区“高等法院”2013 年度上字第 1336 号民事判决：“张 × 筑办理附表二之提款事务时，有向被上诉人提出真正存折、以真正印鉴盖章之取款凭条，及出示正确通提码，邓 × 诠复未举证证明被上诉人明知张 × 筑非债权人，自应认张 × 筑为邓 × 诠之债权准占有人。则被上诉人交付存款予张 × 筑，并未违反善良管理人之注意义务，且足以发生被上诉人依其与邓 × 诠间之消费寄托契约，返还寄托物予邓 × 诠之效力。是邓 × 诠主张依台湾地区‘民法’第 184 条第 1 项前段规定，或消费寄托契约，请求被上诉人给付如附表二所示‘盗领金额’及其利息，为无理由……”

（2）存折及印章有一为伪造或变造类型。①台湾地区最高审判机关 2011 年度台上字第 605 号判决：“金融机关就客户具领存款，究以何种方法判别印章之真伪，为其内部处理业务之问题，纵令金融机关之职员，以肉眼判别印章之真伪，并无过失，然存款为第三人伪刻印章所冒领，金融

---

① 参见台湾地区“破产法”第 75 条：“破产人因破产之宣告，对于应属破产财团之财产，丧失其管理及处分权。”

② 参见刘春堂：《民商法论集（二）》，作者自版 1990 年版，第 7 页。

③ 参见黄立：《民法债编总论》，台湾地区元照出版社 2006 年版，第 688 页。

④ 参见台湾地区最高审判机关 1979 年度第 6 次民事庭庭推总会议决议（三）。

机关仅得对该冒领人为损害赔偿之请求，要不得以第三人冒领之事由，主张对于存户已生清偿之效力……”②台湾地区最高审判机关2010年度台上字第609号判决：“被上诉人抗辩上诉人之印鉴证明与江×玲盗盖印章之支票影本上之印文，极为相似，难以分辨，故被上诉人应无过失等语。惟银行既设印鉴，即不容借口非肉眼所能分辨而主张不知其非债权人，谓有台湾地区‘民法’第310条第2款之适用，本件江×玲所持系争支票印章既非真正，即非上开条文所称之债权之准占有人，自无适用……”

（3）无折取款类型。①台湾地区最高审判机关2010年度台上字第2126号判决：“陈×慧以无折取款方式领取并未持徐××美真正存折，而仅以盗盖徐××美印鉴章之取款凭条，即向新光大墩分公司领取徐××美上开存款，陈×慧上开领款行为，于形式上观之，其并非徐××美之准占有人，新光大墩分公司于未审核陈×慧是否为真正债权人之情况下，即擅予付款予徐××美以外之第三人，其所为之清偿，难认系善意之清偿，对徐××美自不生清偿之效力……”②台湾地区最高审判机关2010年台上字第2138号判决：“按台湾地区‘银行法’第7条规定：‘本法称活期存款，谓存款人凭存折或依约定方式，随时提取之存款。依此规定，得无折取款者，须银行与存款人间有特别之约定，始得为之。’……认其有默示同意取款人得无折取款，土地银行之行员如于取款人提出杨美云等二人加盖印鉴之取款凭条请求付款而为给付，可生清偿之效力……”

依上开法院判决所整理出之三种类型，可知在“真正存折及真正印章类型”中，实务见解认为第三人所持有者系真正债权人之真正存折并以真正印章盗盖在取款条上，向债务人请求履行债务，若债务人系善意不知第三人并非债权人或有受领权之人，则该履行将发生清偿之效力。在“存折及印章有一为伪造或变造类型”中，法院认为要生债务清偿之效力，必以所提示之存折或印章皆系真正为必要。无论印章或存折，有一系伪造或变造，债务人即不得以肉眼无法辨识为由，主张清偿发生效力。换言之，此际债务人对真正债权人仍负有债务，仅得对冒领人主张不当得利利益返还或侵权行为损害赔偿。在“无折取款类型”中，法院认定是否有清偿效力之关键在于是否有无折取款之特约。按活期存款存款人本得依存折或依约定之方式，随时提出提领存款之请求。若存款人与银行定有无折取款之特约，银行对提出加盖存款人印鉴之取款凭条之人为给付，生清偿之效力。

此际受领人系债权之准占有人，而银行并无从得知受领人非真正债权人，自有台湾地区“民法”第310条第2款之适用。而若无无折取款之特约，则取款人必须持真正存折及印章向银行请求清偿，若其一为伪造，银行仍对之给付，依前述之法院见解，并不生清偿效力，自不待言。在此无特约可无折取款之情形下，取款人未持真正之存簿及印章，仅以盖有印章之取款凭条提示，从形式上观察，其并非债权准占有人，银行仍对其给付，难认系善意之清偿，并无台湾地区“民法”第310条第2款之适用，亦即，不生清偿之效力。

3. 台湾地区“民法”第310第2款“不知”概念之调整

台湾地区“民法”第310条第2款中之“不知”，多数认为不以债务人无过失为必要，[①] 但另有认为如债务人有过失而向债权准占有人清偿时，应不生清偿效力，理由有三，分别为：(1) 公示程度不足。台湾地区“民法”设有公示制度者，仅有动产及不动产之物权，一般债权原则上并无法律上之公示制度，而依台湾地区“民法”物权编第948条观之，主张动产善意受让者，尚以“善意且无重大过失”为限，则信赖债权准占有者却仅需“不知”，有失平衡。(2) 与民法其他规定相较失衡。依台湾地区“民法”第309条第2项规定，债务人“因过失而不知”持有债权人签名之收据者非真正受领权人而仍向其清偿者，不生清偿效果。则两相对照下，台湾地区“民法”第310条第2款之“不知”显然过于宽松。[②] (3) 消费寄托契约所生之义务。依消费寄托契约之内容，受寄人应负有一定之注意义务（台湾地区“民法”第590条参照），其应包括受寄人清偿时以适当方式确认受领清偿人之身份，确认之方式以金融服务为例，在透过ATM交易者，固可认为仅需正确金融卡以及提款密码；但临柜交易时，金融机构仍应确认提款者之身份，否则难谓其已尽注意义务。[③]

因此，承上述理由，我国台湾地区“民法”第310条第2款之“不

---

① 参见郑玉波著、陈荣隆修订：《民法债编总论》，台湾地区三民出版社2002年版，第616页。

② 参见林诚二：《债法总论新解——体系化解说（下）》，台湾地区瑞兴出版社2010年版，第477页。

③ 参见林诚二：《向债权准占有人清偿之效力》，载台湾地区《月旦法学教室》第93期，第13页。

知”，不应以债务人无过失为必要，应加上“过失”要件。亦即，借由调整“不知”之概念，以达衡平以及对真正权利人之保护。且，将债务人主观上加上“过失”要件，始能使台湾地区“民法”之体系化解释更为妥适。

（三）债权准占有人与表见代理之区分

债权之准占有人，须以自己享有债权之意思为要件，则冒称其为债权人之代理人者，我国台湾地区学说上认为，尚非债权之准占有人。又无权代理，系指行为人无代理权而以本人名义为代理行为，依外观上有无足以令他人相信有代理权之事实，可区分为表见代理与无权代理。前者，规定在我国台湾地区“民法”第169条已如前述，因本人对于客观上有令他人误信之外观具有可归责，故负有授权人责任。后者，即狭义之无权代理，表见代理外之无权代理均属之，因本人未为授权，行为人并无代理权，且并无足以使人误信有权之外观，故本人自不负授权人责任。① 无代理权而表示为债权人之代理人者，非以自己之意思行使债权，解释其为准占有人，不符准占有人之定义，债务人若向其清偿，是否发生清偿之效力，并非按照台湾地区“民法”第310条第2款规定，不如认系无权代理，依无权代理之法律效果定之，如有表见代理情形者，则依表见代理规定定清偿效力之有无。② 亦即，若属于无权代理之情形，则视本人承认无权代理人之行为与否，分别有不同之效果。若属于表见代理之情形，本人自负授权人责任。

在债权准占有案件中有争议者，为行使对于无体财产之权利者是否为

---

① 按台湾地区“民法”第170条规定：“无代理权人以代理人之名义所为之法律行为，非经本人承认，对于本人不生效力。前项情形，法律行为之相对人，得定相当期限，催告本人确答是否承认，如本人逾期未为确答者，视为拒绝承认。”次按我国台湾地区“民法”第110条规定：“无代理权人，以他人之代理人名义所为之法律行为，对于善意之相对人，负损害赔偿之责。”在无权代理之场合，无权代理行为并非当然无效，若本人承认，仍对其发生效力。若本人拒绝承认，则无权代理人对善意之相对人，就其无权代理之法律行为，对相对人负损害赔偿责任。

② 参见孙森焱：《民法债编总则（下）》，台湾地区三民出版社2006年版，第1045页；邱聪智：《新订民法债编通则（下）》，作者自版2003年版，第721页；林诚二：《民法债编总论（下）》，台湾地区瑞兴出版社2001年版，第376页。

真正权利人，从而准占有人必须以自己之名义行使权利始构成准占有之典型问题。倘准占有人系以他人名义行使权利，则纵使其占有表征无体财产之文件，判断其行使权利之行为的效力，还是以其代理权之有无为准。亦即，若系以自己名义且准占有债权，自有我国台湾地区“民法”第310条第2款规定之适用，若系以他人名义行使权利，则必区精确区分有无代理权而有不同之效果。若有代理权，债务人对其清偿，自生清偿之法效，若无代理权，则以客观上有无使第三人误信之事实为断，分别适用表见代理或无权代理规定处理。其中，对于债权准占有人与表见代理之区分，实务上有见解说明，例如我国台湾地区最高审判机关2009年台上字1777号判决：“按债务人向第三人为清偿，经其受领者，如受领人系债权之准占有人者，以债务人不知其非债权人者为限，有清偿之效力。台湾地区‘民法’第310条第2款定有明文。所谓债权之准占有人系指虽非债权人，惟以为自己之意思，事实上行使债权，依一般交易观念，足使他人认其为债权人者而言。倘无代理权而表示为债权人之代理人者，若债务人向其清偿，是否发生清偿之效力，则属表见代理之问题。是冒称为债权人之代理人者，非‘为自己’之意思行使债权，自与债权之准占有人有间，不可不辨。”除此之外，多数法院之见解则较为粗糙，并未有精确之区分，亦即首先并未区别准占有人究系以自己名义或他人名义行使权利，仅认为如果行使权利人占有表征无体财产之文件及行使其权利所需之印章有足为代理权之授予的认定依据，则可认为系债权准占有人，对其清偿有系争规定之适用，而并不区分受领人主观上系为自己或他人之意思行使权利。本文认为仍应分别情形分辨该当准占有、表见代理或无权代理，以分别适用之。

三、本案法律行为分析

本件系两诉之客观合并，从我国台湾地区“台北地方法院”开始，历经7次审理，始由台湾地区最高审判机关终审确定。而台湾地区最高审判机关法官在审理本案时，主要系依四点理由为判决。

针对法院所持第一点理由而言，即陈×慧持徐××美、徐×贤、徐×彬、徐×辉之被继承人即徐×福及徐××美之存折，即盗盖在取款条上其二人印鉴章皆为真正，且本件被上诉人主观上并不知悉，从而为清偿，具有消灭债务之效果。针对此点理由，法院之判断显系受前述台湾地区最高审判机关1984年度第11次民事庭会议决议影响。本文认为，如此认定并无不妥。盖台湾地区“民法”第310条第2款就债权准占有人之规定，系基于权利外观理论而来，且着重于权利归属之外观，本件行使债权者即陈×慧所持有者，系债权人真正之存折及印鉴，于交易外观上而言，足以令不特定第三人误信。因此，此时法律特别保护交易安全，故在债务人不知之情形下，其清偿发生债务消灭之法效。

针对法院所持第二点理由而言，认为陈×慧用盗盖徐××美印鉴章之取款凭条，以无折取款方式领取徐××美于银行之存款之犯罪行为，与其于银行工作执行职务行为无关连，从而银行毋庸就其犯罪行为对徐××美负雇佣人侵权责任。法院就受雇人执行职务范围之认定，显系采取客观说，仅以客观上社会一般第三人足认受雇人之行为与职务范围有关联即可。然而，本文认为，站在给予被害人损害更多填补的可能性下，应采取内在关联说。本件陈×慧系银行襄理，负责银行内部稽核，审查等管理事务工作，且职位较一般职员为高，对于一般职员之工作，必须给予监督，其持徐××美印鉴章之取款凭条以无折取款方式提示于行员之行为，不论以社会上任何合理理性第三人之角度观察，对于系争行为与其日常执行之职务间具有通常合理关联，应认肯定。而对于陈×慧之犯罪行为，其雇佣人即银行系可预见，故可事先防范，调配分散风险，衡诸被害人即徐××美无从预防之风险，应优先给予其保护，给予充分填补损害之机会。从而，应认陈×慧以无折取款方式领取徐××美于银行之存款之犯罪行为系故意侵害徐××美之侵权行为，应负侵权行为损害赔偿责任，而与陈×慧有雇佣关系之银行，因陈×慧上开犯罪行为与其日常所执行之职务具有通常合理之内在关联，而银行因指挥监督关系之缺失，故应对徐××美负雇佣人侵权行为损害赔偿责任。

针对法院所持第三点理由而言，即依我国台湾地区“银行法”第7条之规定，除存款户与银行间订有除凭存折外，可另以他种方式如无折取款之方式提取存款之约定外，活期存款必须以提示存折之方式，始得随时提取。本件因徐××美与大墩分公司并无特别约定，故必须以存折提示始得提取存款。若以其他方式提取存款，大墩分公司仍为给付，并不生清偿效力。本文认为，法院此点见解洵属正确，盖作为消费寄托合同之一造，且为专业之金融机构，对于金融法规知之甚详，本件徐××美与大墩分公司间并无特别约定可使用存折取款以外之方式领取存款，从而本件陈×慧以无折取款之方式向大墩分公司提取徐××美之存款，并未提示存折，大墩分公司仍给付存款，因陈×慧非债权准占有人，且大墩分公司并非“不知”其非债权人”，因此，无台湾地区“民法”第310条第2款规定之适用，徐××美与大墩分公司间之消费寄托债之关系仍未消灭。惟大墩分公司得对陈×慧主张不当得利或侵权行为，自不待言。

针对法院所持第四点理由而言，即陈×慧盗领徐××美于大墩分公司内之255万元，因其系以无折取款之方式提取，盗领当时并未提示徐××美之存折，并不符合我国台湾地区“银行法”第7条提取存款之规定，从而大墩分公司并无任何遭受不测损害之可能，且徐××美纵曾将存折交予陈×慧保管，惟此部分对于损害之发生，并无任何原因力。因此，徐××美对于损害之发生并无过失，无台湾地区“民法”第217条第1项规定之适用。本文认同上开见解。盖本件纵徐××美先前曾将其存折交予陈×慧保管，惟陈×慧系以无折取款之方式为盗领，根本未使用存折，外观上并无使大墩分公司误信其系徐××美之代理人，或有得到徐××美之授权，徐××美并无可归责性，亦即并无创造权利外观使大墩分公司误信，无交易安全风险之虞，简言之，本件根本无讨论表见代理之余地。此外，就本件大墩分公司虽已给付却无清偿效果之损害，徐××美对于该损害之发生，并无任何过失。盖本件陈×慧系以无折取款方式提示，徐××美先前虽将其存折交予陈×慧保管，惟此二者间并无因果关系，因此，徐××美并无任何过失可言，毋庸承担台湾地区“民法”第217条第1项与有过失责任。然若本件陈×慧系以存折取款，即有讨论徐××美先前将其存折交予陈×慧保管有无表见代理规定以及与有过失规定之适用空间，自不待言。

四、结语

综上所述，我国台湾地区“民法”第310条第2款规定债务人向债权之准占有人为清偿，得生清偿之效力，是为一债务人向非真正债权人或无受领权人为清偿生清偿效果之例外规定。向无受领权人所为之清偿，本属无效，惟债务之清偿，乃一般交易生活上常见之事，为达清偿之迅速简便以及维护交易之安全，民法始对之设有例外之规定。其中，最值得注意，且于实务上发生争论最多者，系台湾地区“民法”民法第310条第2款规定。此规定系基于“权利外观”理论而来，以保护债务人之善意清偿为目的，以达交易安全之宗旨。在现代金融交易常见的银行存款盗领案件中，银行欲主张其给付已生清偿之效果，必须证明其系向该存款户之债权准占有人为清偿，始得生债务消灭之效果，否则银行仅得向该无受领权之取款人请求不当得利返还该给付。又取款人是否为债权之准占有人，在实务上其必须占有表征该存款户之债权的真正存簿及真正印鉴，始认其为债权之准占有人；若取款人所凭以取款之存簿或印鉴有其一为伪造或变造者，则不得谓之债权准占有人，银行对其之给付不生清偿之效果，仍须对真正存款户依消费寄托契约关系给付存款户之存款。实务之见解有台湾地区最高审判机关1979年度第6次民事庭庭推总会议决议（三）、台湾地区最高审判机关1984年度第11次民事庭会议决议、台湾地区最高审判机关2010年度台上字第2126号判决等可供参阅，即此意旨。

关于债务人依台湾地区”民法”第310条第2款规定清偿有效之要件中，有关“不知”之要件，依台湾地区学者通说认为仅需债务人非明知受领人非为债权人为已足，有无过失皆在所不问，惟有学者以债权之公示程度不足、体系解释之均衡及消费寄托合同之义务特性为由，认为该要件有检讨之必要。在实务上银行盗领案件中，常所争执之点为取款人所占有之存簿及印鉴是否为真正，而忽略银行行员应尽的注意义务，即应尽取款人身份之基本查证义务，若有过失，则银行给付是否生清偿之效力即有检讨之必要。故本文认为，当债务人欲主张其向债权准占有人清偿为有效，必须为非明知且无过失。

另外有关债权准占有与表见代理之关系应予区分，不容混淆。债权之准占有人，须以自己行使债权之意思为要件，若自称其为债权人之代理人而为债权人行使债权者，并非为债权之准占有人，而应系认为无权代理，依无权代理之法律效果决定清偿之效力，如有表见代理情形，则依表见代理之法律效果定之。判

（本文仅代表作者本人观点）

——编辑后语——

2018年已经结束，民法典各分编草案也已提交全国人大常委会审议，标志着我国“编纂民法典”进程又进入了一个新的阶段，预示了一个结构合理、体系完备、规范科学的民法体系即将形成。比较法学家拉贝尔曾言：“有法律而无相关判决，犹如仅有骨骼而无肌肉，通说理论则为法律之神经。”故而，完善的法律制度体系是以立法、判决和理论三者相互勾连促进为前提的。在民法典立法稳步推进之际，第十五届法官与学者对话论坛也顺利召开，在法官与学者、理论与实务之间搭建了一个交流与研讨的平台，参会法官和学者以“民法典分则编纂中的主要问题研究”为主题展开了深入的交流碰撞，群策群力为立法提供了许多真知灼见，加深了理论与实务的理解和共识。

在法官与学者对话论坛中，产生了许多思想火花，《判解研究》编辑部择其珠玑以飨读者：浙江省新昌县人民法院的朱森蛟院长、张娟娟庭长和浙江省绍兴市中级人民法院的孙世光庭长合作撰写的《向左还是向右：知识产权侵权责任入编民法典的进路抉择》一文，作者根据自身在审理知识产权侵权责任纠纷过程中的启发，阐释了民法典在传统侵权责任话语体系下保障知识产权的兼容性，指出侵权责任法律制度的补充适用价值可以发挥其对知识产权侵权行为的整体规范作用，然后通过对知识产权侵权责任进入民法典的两种模式进行对比分析，提出民法典应将散见于各知识产权单行法的侵权责任概括抽象出一般规则，置于侵权责任编中予以明确规定，切中了知识产权司法实践中的痛点，亦不乏宏阔的视野，足堪“一家之言”。重庆市第五中级人民法院的王伯文庭长和李家兴法官合作撰写的《以房抵债裁判规则再思考——从实证分析和比较法角度切入》同样是发端于作者自身的裁判实践，通过对案例的追踪反思了法官在以房抵债纠纷作出不同裁判结果的法理考量，进而借助类型化和比较法的研究方法提出相应的完善措施，有助于法官更好进行利益衡量。北京市朝阳区人民法院田强法官和崔析宗法官合作撰写的《执行调查中被执行人人格权谦抑保护——基于实证和法益保护冲突的视角》从实践中执行调查权的三重困境出发，评析了执行调查权的运行模式的利弊得失，然后多角度论证了执行调查权多维度配置的可行性，并构建了三类两级执行调查模式，有助于缓解执行调查难题，实为理论结合实践的佳作。辽宁大学的李岩教授和华雪薇研究员合作撰写的《动态质押的物权法解释框架》一文针对商业实践衍生新出现的质押期间质物可以增加、置换或部分解押的担保形态，提出动态质押的概念，并从多角度证成其并不违反物权法定原则，建议民法典将其予以明定化完成向典型物权的转换，体现了学者对于商业实践的敏锐洞察力和理论概括能力，值得细细品读。江苏省南京市秦淮区人民法院的蒋子翘法官的《论不动产抵押物转让的法律规制》一文，针对实践中频繁出现的不动产抵押物转让的难题，在分别评析不动产抵押物转让的物权变动效力和转让合同效力的基础上，建议法官应否定其物权变动效力以保护抵押权人，同时保障合同的效力以兼顾买受人利益，实现利益的平衡，值得司法裁判所借鉴。韩国警察大学法学系教授金星洙教授所撰写的《中国民法典分则编纂中的主要问题——以韩国民法体系比较为中心》长文，以中韩两国民法体系的比较为视角，分别评述了民法典的与外部体系、内部体系和分则编等问题，为我国民法典编纂提出了诸多殷切期望，叙事宏阔却又说理透彻，对于我国民法典编纂颇有裨益。

作为民法的特别法，消费者权益保护法一直是民法理论和司法实践重点关注的领域，本辑专论部分刊载了北京高级人民法院马强副院长的大作《商品局部欺诈与我国消法惩罚性赔偿数额计算标准存在问题之探讨》，作者从案例出发提出了商品局部欺诈的问题，并在阐述商品局部欺诈构成要件的基础上，对惩罚性赔偿的三种立法模式进行对比分析，进而主张我国对于商品局部欺诈的惩罚性赔偿应采用弹性金额模式，以实现惩罚性赔偿制度的遏制、制裁、惩罚的功能，不仅体现了作者对于民法理论娴熟掌握，亦不失为一种仁智并现的司法对策。

以案说法是理论联系实践的最佳典范，也是《判解研究》所一直提倡发扬的写作范式，本辑的案例评析专栏择取了三篇文章：第一篇是北京航空航天大学法学院乔博娟老师的《破产程序中税款滞纳金的性质与清偿》一文，该文发端于对一起破产债权确认纠纷案的思考，从理论和规范的双重层面对税款滞纳金的法律性质、债权顺位以及数额确定进行研析，提出对破产程序中滞纳金清偿的科学且可行之适用模式。第二篇是烟台大学法学院姜福晓副教授的作品《“通知—取下”规则背景下权利人的滥用取下通知责任——以美国 Lenz v. Universal Music Corp. 一案为分析对象》，该文通过对美国 Lenz v. Universal Music Corp. 一案的评析，反思了我国的权利人滥用取下通知责任制度，指出了我国现行法的不足，为完善我国权利人滥用取下通知责任制度提供了异域经验和有益启示。第三篇是深圳大学法学院魏启证老师的《债权准占有人相关法律问题之研究》一文，该文借助于我国台湾地区发生的两则案例，提出了债务人向债权准占有人清偿债务的效力问题，并在厘清与之相关的法律争议点的基础上，说明向无受领权人之清偿本属无效，惟为达到清偿之便捷和交易之安全，民法才能例外允许其有效，为我国大陆处理类似案件提供了有益镜鉴，亦丰富了民法学理论研究。

如果说案例是法律的生命，那么只有获得学说之检验和支持才能持久，案例与学说俱不可偏废，本辑的法学专论栏目择取了三篇理论研究文章：第一篇是西北政法大学经济法学院曹燕教授所撰写的《落实企业带薪年休假的地方司法探索与理论解构——基于北京、上海相关劳动争议裁判文书的实证研究》一文，作者凭借区域性全样本示例型案例研究以及类案比对研究方法，对地方法院裁判年休假争议案例提出的司法标准进行了实证研究以及理论解构，论证了落实年休假地方司法标准的正当性，为完善我国年休假劳动争议裁判规则提供新的标准和理据，具有重要的理论和实践价值。第二篇是最高人民法院章扬法官所撰写的《合同解除异议权的权利属性及运行规则研究》一文，该文在明确解除异议权的权利属性的基础上，厘清了解除异议权之行使规则，有利于统一司法裁判规则，保护守约人的合同权利，稳定交易秩序。第三篇是中国应用法学研究所陈敏光助理研究员所撰写的《知识产权诉讼中不当得利证明责任研究——基于罗森伯格法律要件分类说的分析》，作者从司法实践中的案例出发，结合与我国民事诉讼实践甚为贴合的罗森伯格法律要件分类学说，探讨了知识产权诉讼中不当得利证明责任问题，为“根据侵权人获利计算赔偿”这一司法实践提供更好的理论支撑，契合了知识产权进入民法典的倡议，实为从民法角度讨论知识产权问题的佳作。

在两百年前，德国历史法学派宿儒萨维尼就曾言明，法律首先产生于习俗和人民的信仰，完全是由沉潜于内、默无言声而孜孜矻矻的伟力，而非法律制定者的意志所孕就的。果如此言，则法律之进步绝非立法者一家之事务，司法实践和学术研究不仅不能自外于立法，为其指陈问题之所在和完善之对策乃是当仁不让的责任与荣光。躬逢民法典之盛事，《判解研究》编辑部将一如既往地秉承立足司法实践，探求法治精神，积极推动国家法制建设和法学研究发展的理念，着重促进实践与理论的融合，为编纂民法典贡献砖瓦之效。

——征稿启事——

《判解研究》系教育部人文社会科学重点研究基地——中国人民大学民商事法律科学研究中心主办、《判解研究》编辑部编辑、人民法院出版社出版的，面向海内外公开发行的全国性法律专业连续性出版物。本刊秉持“加强判解研究，推进司法改革”的宗旨，以裁判实践以及相关法律、司法解释的研究为基本关注，设有法学专论、司法解释之窗、法官论坛、判例评析、公报案例评析、焦点笔谈、调查与研究、海外判例选介等多个栏目，力图多视角、全方位地追踪和展示中国的判例、司法解释及相关研究之全貌，总结司法经验，探求法治精神，积极推动国家法制建设与法学研究的发展。

本丛书恪守求实、严谨、公正的办刊理念，弘扬兼容并蓄的学术传统，诚邀法学理论及实务工作者惠赐佳作。来稿要求：

1. 来稿应属未以任何形式公开发表过的作品。本丛书不接受一稿多投，因此类行为给本丛书造成不良影响和损失的，将予以严肃追究。

2. 本丛书对来稿的篇幅原则上不作限定，但对于全文低于八千字或超过二万字（含注释部分文字）的稿件，适用更为谨慎的编审程序。

3. 来稿应遵守本丛书注释体例，注释以必要和合理为原则，不使用伪注；标点符号、数字的使用应遵守国家有关规定。

4. 案件评析的稿件应包含案情概要、裁判要旨以及学理评析三部分，且前两部分所占篇幅应限制在全文的五分之一以内；所评须为真实案例，并附注裁判文书字号。

5. 本丛书用稿实行匿名评审制度，请作者将姓名、出生年月、性别、工作单位、职称、学位、职务、通讯地址、联系电话、电子邮箱等个人信息，单独放在首页，稿件正文不要体现上述信息。

6. 本丛书不退来稿，稿件采用后，编辑部会及时与作者联系；稿件寄出后两个月未收到用稿通知，作者可另作处理。

7. 凡本丛书所发表的文章，自发表之日起一年内，由本刊享有专有版权和使用权，任何转载、摘登、翻译或集结出版等事宜，均须事先得到本刊编辑部的书面许可。

8. 来稿请寄：北京市海淀区中关村大街59号中国人民大学明德法学楼1015室《判解研究》编辑部（100872）；或发送邮箱：panjieyanjiu@163.com。

《判解研究》编辑部

附：《判解研究》注释体例

1. 文中注释一律采用脚注，每页独立注码，样式为：①②③等；

2. 非直接引用原文时，注释前加“参见”；引用非原始资料时，请注明“转引自”。

3. 请规范数字用法，其中非直接引用法条的序号用阿拉伯数字(包括正文)。

4. 注释及参考文献范例：

（1）著作类：

①《马克思恩格斯选集》（第4卷上册），人民出版社1972年版，第24页。

②佟柔：《中国民法》，法律出版社1990年版，第67页。

（2）论文类：

①苏永钦：《私法自治中的国家强制》，载《中外法学》2001年第1期。

（3）文集类：

①龚祥瑞：《比较宪法学的研究方法》，载《比较宪法研究论文集》（第一集），南京大学出版社1993年版。

（4）译作类：

①［古希腊］亚里士多德：《政治学》，吴寿彭译，商务印书馆1983年版，第54页。

（5）报纸类：

①张志铭：《现代化与中国律师制度的发展》，载《光明日报》2003年9月23日。

（6）古籍类：

①［清］沈家本：《沈寄簃先生遗书》甲编，第43卷。

（7）辞书类：

①《新英汉法律词典》，法律出版社1998年版，第24页。

（8）网络资料类：

①郑成思：《“入世”、知识产权保护与民商法的现代化》，载中国法学网 http：//www.iolaw.org.cn/showNews.asp？id =243，访问时间：2007年4月29日。

（9）英文类：

①L. Fuller，The Morality of Law，revised edition，New Haven：Yale University Press，1969，p. 143.

② See Roscoe Pound，The Spirit of the Common Law，New Brunswick：Transaction Publishers，1999，pp. 179 ~ 180.

③Joseph Raz，“Legal Principles and The Limits of Law”，81 Yale Law Journal（1972），p. 839.

④H. L. A. Hart，“Jhering's Heaven of Concepts and Modern Analytical Jurisprudence”，in Essays in Jurisprudence and Philosophy，London：Oxford University Press，1983，pp. 269 ~ 270.